梦山书系

教育工学

教育理论向实践转化的理论探索

刘庆昌 著

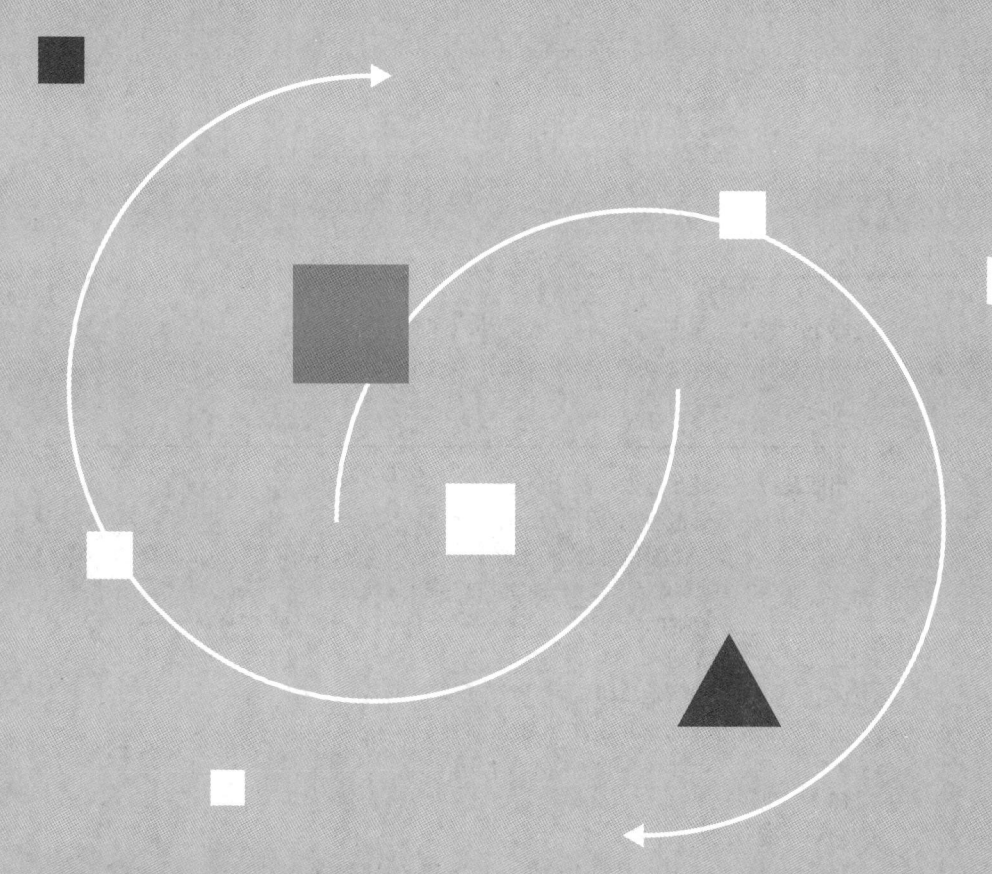

海峡出版发行集团 | 福建教育出版社

图书在版编目（CIP）数据

教育工学：教育理论向实践转化的理论探索 / 刘庆昌著. —福州：福建教育出版社，2016.7
ISBN 978-7-5334-7178-1

Ⅰ.①教… Ⅱ.①刘… Ⅲ.①教育理论—研究 Ⅳ.①G40

中国版本图书馆 CIP 数据核字（2016）第 065209 号

Jiaoyu Gongxue

教育工学

——教育理论向实践转化的理论探索

刘庆昌　著

出版发行	海峡出版发行集团
	福建教育出版社
	（福州市梦山路 27 号　邮编：350001　网址：www.fep.com.cn
	编辑部电话：0591—83779615　83726908
	发行部电话：0591—83721876　87115073　010—62027445）
出 版 人	黄　旭
印　　刷	福建省地质印刷厂
	（福州市金山工业区　邮编：350011）
开　　本	720 毫米×1000 毫米　1/16
印　　张	15
字　　数	222 千字
版　　次	2016 年 7 月第 1 版　2016 年 7 月第 1 次印刷
书　　号	ISBN 978-7-5334-7178-1
定　　价	33.00 元

如发现本书印装质量问题，请向本社出版科（电话：0591—83726019）调换。

目 录

引 论—1
 一、教育工学的提出—2
 二、教育工学的范围—11
 三、教育工学的基础—19

第一章 工程视野中的教育活动—28
 一、工程视野中的教学—29
 二、工程视野中的训育—37
 三、工程视野中的教育辅助活动
  ——以学校管理活动为例—50

第二章 教育活动中的工程行为—59
 一、教育活动中的设计行为—60
 二、教育活动中的制造行为—72
 三、教育活动中的控制行为—80

第三章 教育理论向教育实践的工学转化—96
 一、理论及教育理论—96
 二、实践及教育实践—107
 三、教育理论向实践转化的理论探索—127

四、教育理论向实践转化的现实路径—139
　　五、两种事件的教育工学解读—150

第四章　教育工程师—156
　　一、教育工程师的现实存在方式—157
　　二、教育工程师的职业化—167
　　三、教育工程师的培养—197

余　论—219
　　一、教育学会更加完整—220
　　二、教育实践会更加理性—223
　　三、教育理论与教育实践的关系会更加和谐—227

后　记—232

引 论

在教育学的教育和研究中，我较早地注意到了包括我自己在内的教育学工作者的两种倾向，一是我们对于教育现实本能性的批判倾向，二是我们同样近乎本能的对于教育现实的改造倾向。这两种倾向共同促成了教育学工作者颇有使命感和责任意识的集体形象。但令人遗憾的是，每当这种倾向与教育现实发生真实的触碰时，教育学工作者所获得的却多是失意与茫然。教育实践似乎并不领情，甚至会批评和嘲讽教育学工作者不切实际的态度和只擅空谈的能力，获得这样的反馈，他们的失意和茫然就在所难免了。尚未涉入教育实践领域的研究生们，在他们的论文设计中，动辄提建议、提方案，好像只有这样才能显示自己所学知识的价值，而结果往往是，那些建议和方案并不存在有效的对象，他们的"研究"也就沦为信誓旦旦的并不高明的游戏。回顾这些事实，我很不情愿地意识到了教育学工作者武断地远离了教育本体论的思辨，同时又毫无策略地向实践奔扑过去。结局是：（1）由于远离了教育本体论的思辨，教育学理论基本上是匍匐于现象的描述和对现实简单批判后的理想表达；（2）由于无策略地奔扑向实践，多会遇到教育实践者的不解与冷漠，从而，教育学工作者要么对实践者产生偏见，认为他们不可理喻，要么对自己和教育学的价值产生怀疑。实际上，教育学工作者应该清楚，教育学工作不能简单地在超越的思辨和具体的实践之间摇摆，从一个端点到另一个端点是可以具有连续性的，如果这种连续难以自然实现，借助于人的创造性思维也不是没有可能。教育工学或应属于教育本体思辨和具体教育实践之间的一种服务于两者连续的创造性思维。教育工学，很像是教育工程学的简称，但在我这里并不完全是这样。教育工程学已经够简洁，哪有必要再省去一个字呢？这说明教育工学在我这里是有一些个性化的考虑的。之所以没用"工程学"这一概念，是因为我并不是要把教育作为一种工程事物来进行研究，也因为"工程"的已有内涵，容易让人们对我的思考产生多余的误解。事实上，这种误解在多年来的学术性交流中已经出现。之所以使用"工学"这一概念，是因为工学指代的是主要研究实际问题解决的工程方面的学科，其中包含着抽象的一般，即"研究实际问题的解决"。在我看来，这一抽象的一般既明示了工学的基本追求，也划定了工学的基本范围。如果再考虑工学在术语学上与理学的无法分离，我们几乎能够轻易地认知到，教育工学一方面要关注教育实际问题的解决，另一方面，教育工学必然处于各种抽象程度不同的教育理论和具体的教育实践之间。这两个方面的内涵对于教育学工作者来说应该既不难理解也不难接受，他们对于教育现实的批判和改造会因为教育工学而更为顺利。而随着教育工学的提出和推进，教育学工作者在教育现实的改进方面将能够更有作为。

一、教育工学的提出

一个研究领域在我们头脑中的自觉和系统呈现，其根源也许真的在我们所在的时代之中，但最初一念的对一个问题的意识又往往是与个人的灵感相联系的。教育工学的提出，在我这里首先是个人理论思维的结果，至于其他的因素至少在最初并没有完全出场。按照在我意识中出现的时间顺序，教育工学的提出依次与以下三种因素有关。

（一）个人的相关理论思考

20世纪90年代初期，政府对中小学教师和校长开展了较大规模的培训，在这样的背景下，教育实践领域逐渐产生了对教育专家的自觉需求。那时，我刚刚开始步入教育研究领域，但已经能够感受到来自教育实践领域的热情。我经常被邀请到中小学校或教师培训学校做教育教学方面的报告，在校长和教师眼里，我俨然是一个教育专家，自己也潜意识地认为自己就是一个教育专家了。然而，当冷静之时，我又会想，我真的是一个教育专家吗？我究竟能够解决教育实践领域的什么问题呢？在这样的反省中，我逐渐意识到，我实际上是算不上教育专家的，即便是专家，也只能算是一个教育理论方面的专家，对于教育实践我甚至不拥有充分的发言权。基于这种思考，我把教育专家划分为教育理论家和教育实践家，前者包括教育哲学家和教育科学家，后者包括教育工学家（工程师）和教育艺术家。"教育工学"和"教育工程师"的观念就是在这样的背景下出现的。

1996 年，我又一次触及"工学"，指出"一个系统的学科研究，一般要波及哲、理、工、艺四个层次。哲即哲学，旨在寻找本质和普遍规律；理即理学，旨在探索内部机制；工即工学，旨在研究转化过程；艺即技艺，主要解决应用中的问题"。[①] 这是一个武断的观点，没有进行任何的论证，它唯一的意义就是能够说明在那一时期，"工学"在我的意识中已经是一个具有一定强度的概念，而且与哲学、理学、技艺形成了一个序列。这样的情形到了 2001 年的一篇论文中又一次出现，在其中，我继续强调"任何一个学科内部都可分为哲、理、工、艺四个层次"，还进一步说明"'工学'一说是相对于哲学、理学、文学而言的……但把工学作为一个学科的内部层次，实为笔者的一管之见"。[②] 这一段文字的主要意义则在于它能够说明"工学"概念在我的意识中已经扎根了。

2007 年，我发表了《教育工学初论》[③] 和《论教育学的范围》[④]，实现了对"教育工学"的理论自觉。《教育工学初论》一文，首先论述了教育工学的

[①] 刘庆昌，林明榕：《试论学习科学的价值》，《教育与学习研究》，1996 年第 2 期。
[②] 刘庆昌，敬少丽：《试论教学效率研究的意义》，《教育理论与实践》，2001 年第 12 期。
[③] 刘庆昌：《教育工学初论》，《教育理论与实践》，2007 年第 5 期。
[④] 刘庆昌：《论教育学的范围》，《西北师范大学学报》，2007 年第 4 期。

教育学意义，指出了教育工学的缺席及其消极影响，最后阐述了教育工学的一般原理和问题域。这可以说是我的教育工学研究的纲领和宣言书，对教育工学进行了负责任的积极主张。从教育工学观念的产生到明确的系统论述，经历了十多年，这中间既内含着一种坚持，也内含着一种谨慎。教育工学的教育学意义在《论教育学的范围》中得到了进一步的论述，此文主张教育学研究分历史研究、理论研究和应用研究三大领域，其中的理论研究有教育哲学和教育科学两个层次，应用研究有教育工学和教育技艺两个层次。论观点，一如既往，但教育工学在这里被纳入教育学的结构，它与教育学的关系彻底明朗。实际上，在教育工学的系统论述出现之前，教育工学工作在我这里已经开始了。比如，2001年已在进行的"教育知识实在化"研究，就既有基本理论的研究，也有工程取向的研究。[①] 而2005年的博士论文《论教育思维》[②]，因揭示出教育思维是教育理论走向教育实践的认识性中介，几乎可以说就是教育工学研究的哲学准备。综上也不难看出，教育工学观念在我个人的意识中是一个连续的、不断自觉的发展过程。

(二) 教育学科自身的完善

应该说个人的相关理论思考与学科的存在状态是息息相关的，一个有判断力的研究者，他所着力研究的地方一般就是学科发展薄弱的地方。就我国教育学研究的情况看，在很长一段时期内，偏向理论性的思考和议论要远远多于解决问题的应用研究。狭隘的科学研究评价标准也限制了人们进行应用研究的动力。2001年，国家推行新一轮基础教育课程改革以后，应用研究明显好于以往，但对应用研究投入热情的基本上是教育实践领域的人们，教育学研究人员也许在观念上具有了面向实践的倾向，但务实的应用研究尚付阙如。各种因素使得我国的教育学研究至今仍存有结构性的缺陷，其对教育实

[①] 2001年，作者发表了《论教育知识的实在化》，《山西大学师范学院学报》，2001年第2期；2002年，作者获批全国教育科学"十五"规划课题"教育知识实在化工程研究"，课题编号：FAB011453。

[②] 在《论教育思维》基础上形成的《教育思维论》，2008年由广东教育出版社出版。

践的影响力仍然是一个需要解决的问题。教育学研究在教育实践工作者眼里，既可能是高深的，也可能是空疏无用的。如此，教育学的学科形象受损是其一，更值得重视的是教育学的学科价值会受到人们的怀疑。

为了学科形象和价值，一部分教育学研究者是作出了努力的，他们中间的一些人会对教育进行深刻的思辨或规范的实证研究，以形成优质的教育思想和理论，也有一些人则通过在实践中实现教育思想和理论的力量，以改变教育学在教育实践者那里的形象。这后一种工作基本上就是应用研究工作了，其中具有代表性的领域莫过于教学设计。教学设计是一门运用系统方法解决教学问题的学问，以教学效果最优化为目的，以解决教学问题为核心，本质上是要把教学原理转化为教学材料和教学活动。因而也可以说教学设计是属于教育工学活动的。事实上，大多数人是把教学设计归属于教育技术学的，而所谓教育技术学，就其当代意义来说，是连接教育科学理论和教育教学实践的桥梁，几乎就是彻头彻尾的顶着"技术"名称的教育工学。

教育技术学的兴起是 20 世纪 60 年代的事情，而在此之前，已经有人在关注教育理论影响教育实践的问题。1945 年，查特斯（W. W. Charters）发表了《是否存在教育工程学领域》，其中一些论述可谓教育工学的先声。他指出：

> 教育思想家并不总是对实现他们的观点感兴趣。他认为如果他出售自己的思想，别人会将其转化为实践。典型的思想家不是工程师，构建方法结构以及在实践中运用思想的项目所要求的耐心和毅力不是思想家的必备特征。
>
> 思想家存在另外一个缺陷。他不知道自己的思想是否是好的，因为他既不能规划将其用于实践的操作，又不能在实践中检验其思想。无法操作和检验思想是教育理论家的瑕疵，而不可避免的是，原创思想在用于实践时必须进行调整或直接摒弃。
>
> 幸运的是，教育中一群人都对思想的具体化感兴趣。他们通常是课程教师，长于规划和实施项目，而这些能够给理论以巨大支撑……这些

人是建构者，他们发明思想，或只将思想看作是享受生产项目以及实施项目深层快乐的初始阶段。对这些人而言，"教育工程师"的术语或许是可取的。

教育工程师接受某种待开发的思想、待解决的困难或待回答的问题。在教育技术词汇中增加"教育工程"是恰如其分的事。工程师们会乐于外借这个词汇，如同长兄对幼弟，教育领域也需要这样的术语作为提醒，提醒该专业需要更多的工程师辅助教育思想家。[①]

查特斯明确意识到了教育思想家的角色意识，即他们是以创造和传播自己的思想为己任的，而把思想转化为实践则是"别人"的事情。在查特斯看来，这是思想家的一种缺陷，对此我不敢苟同。如果真出现了兼具思想和把思想转为实践能力的人，当然是一件幸事，但这样的人毕竟凤毛麟角。随着教育思想、理论的丰富和复杂，尤其是随着整个教育的发展，在教育系统中的分工合作已经成为普遍的事实。具体而言，由于现实赋予教育以更大的责任，学校的教师和其他教育工作者，为了完成工作任务几乎精疲力尽，一个人要想既有思想创造又有思想支配下的实践十分艰难。正因此，教育思想者才逐渐从教育工作者中分离了出来，渐渐地出现了教育理论和教育实践的分化。有了历史学的立场，我们可以理解这种分化是一而二的过程，即由兼做思想和实践的一人变化为分作思想和实践的二人的过程，但站在当下，我们感受到的就只是分化，甚至会产生教育理论和教育实践原本平行存在的错觉。事实是教育理论和教育实践虽然始终没有完全脱离，但教育理论家和教育实践者两个阵营即使在今天仍是若即若离。教育理论家延续他们前辈的思维，会认为自己创造和传播了理论，教育实践者就会转换；而教育实践者则会认为教育理论家应该为他们提供解决实际问题的处方。

假如这样的格局不能加以改变，教育思想家、理论家与教育实践者仍将

---

① Charters W. W, Is There a Field of Educational Engineering? Educational Research Bulletin, Vol. 24, No. 2 (Feb. 14, 1945), pp. 29—56.

各自自拉自唱,而且相互的成见也难以消除。针对这种情况,人们也力图有所作为,一般的思路是倡导教育思想家和理论家走向实践,而教育实践者学习和应用理论,但很难有所成效。我以为问题的症结在于人们忽略了两个阵营之间难以逾越的鸿沟。思想家、理论家的本分就是创造思想,实践者的本分就是完成工作任务,建议他们在心理上相互靠近是正当的,但要他们相互走进对方的领域应是勉为其难。教育学要实现自己的价值,在通往实践的跑道上,需要具有接力跑的意识。具体地说,在教育思想家、理论家与教育实践者之间,需要有一种角色来承担桥梁的作用。有了一种中间角色,教育思想家、理论家就可以心安理得地创造思想与理论,教育实践者也可以专心致志于自己的现实工作。试想,自然科学中的基础研究者和一线的生产者之间无有冲突,不就是因为在两者之间有工程的桥梁吗?理科重学理,工科重实际问题的解决,生产者重工作任务的完成,各得其所,自然和谐。这种和谐的局面也是逐渐形成的,源头应是从18世纪中叶开始孕育直至19世纪中叶以后蓬勃展开的工业革命。法国哲学家孔德(1798—1857)在1830年出版的《实证哲学讲义》中指出:"严格字义上的科学家和实际生产管理者之间,如今正在开始出现一个工程师的中间阶级,它的具体功能是将理论和实际联系起来。"[①] 而伴随着工程师的出现,工科自然就逐渐兴盛起来了。工程师和工科,让自然科学成果影响产业实践的渠道畅通,科学的价值因由工程师的作为得以弘扬,以致科学主义也成为一种普遍的意识形态。这种情形难道不该发生在人文社会科学领域吗?

事实是这种情形并没有同步地发生在人文社会科学中。即使发生了,各学科之间的情形又有所不同。不过从总的趋势看,社会科学中的工科意识也会逐渐自觉和强烈起来。在我国,早在1980年,钱学森就把自然科学领域的经验推演到了社会科学中,他说,"社会科学要从社会科学走向社会技术,就像自然科学走向工程技术一样,应用社会科学,要像工程师设计一个新的建筑一样,科学地设计和改造我们的客观世界。技术化是社会科学与社会实践

---

① 转引自王沛民等:《工程教育基础》,浙江大学出版社,1994年版,第20页。

之间不可逾越的中间环节"。① 钱学森的这种呼吁在我国是具有前瞻性的，站在世界范围内，他的观点也是对知识影响实践的时代精神的表达。在教育领域，二十世纪六十年代逐渐兴起的教学设计就是从教育科学到教育技术的一种探索。虽然包括教育在内的社会活动其丰富性和复杂性要远远大于物质领域的生产，但我们要认识到这里的丰富和复杂主要是参与社会活动的人以及人群文化的丰富与复杂，并不影响思想、理论向实践的逻辑转换。任何观念的东西要对现实发挥作用或转变成为现实，均可借用工学的力量。

在今天，即便在教育领域中认识到工学的意义并不是一件令人惊奇的事情，重要的是这种意识能否得到普遍的认可，还有能否对这种意识进行系统的理论建构。若说明确的工学意识，查特斯1945年不就有了吗？但他在1951年发表的《教育工程师的时代》中却说道，"不幸的是，在过去的五十年中，教育中太多的领导一直沉浸在理论观念中，得意于在限制条件下应用理论。他们共有一种神秘倾向，轻视绩效方法的地位。他们认为方法属于课堂操作人员。他们觉得关注方法会破坏教育的创造精神，使得教学机械化。他们的口号是：向教师呈现思想，他自己会找到应用的方法。当教育者围桌而坐时，教育工程师处于下席"。② 这说明整个20世纪上半叶美国的教育界，对于教育思想、理论和教育实践之间的工程中介仍然未加重视。反观我国今天，教育界的人们重视绩效已成客观，但想借助教育理论与思想提升绩效的领导和教师就很少了。在教育理论领域又有几人热衷于教育理论向教育实践的转化研究呢？不过这并不意味着教育理论工作者没有把他们的理论转化到实践中去的愿望，而是他们会认为自己无能为力，或认为把理论转化到实践中去应该由他人来完成。这里的他人能是谁呢？是一线的教育实践者吗？可以是，但那是实践者自己的事情，就像一部分教育理论家也可以亲自把自己的理论转化到实践中去一样。在他们两者之间，真的需要一种中间角色，即教育工程师。

---

① 钱学森：《从社会科学到社会技术》，《文汇报》，1980年9月29日。
② Charters W. W, The Era of the Educational Engineer, Educational Research Bulletin, Vol. 30, No. 9 (Dec. 12, 1951), pp. 230—246.

而站在教育学学科立场上，我则主张在教育理论和教育实践之间，应该合理建构一个应用研究的层面，这一层面分两个部分，一是教育工学，二是教育技艺。按照我关于教育学的理解，教育学包含着教育史学、教育哲学、教育科学、教育工学、教育技艺五个部分。其中，教育史学，一方面是历史学的取向，运用有限的史料建构教育的历史，另一方面是教育学的取向，以教育的历史整体为研究对象，走向极致就是教育哲学；教育哲学和教育科学共同构成教育学中的理论研究；教育工学和教育技艺共同构成教育学中的应用研究。应该说，这些学科的元素目前是完全具备的。即使是相对薄弱的应用研究，教育工学和教育技艺的工作都客观地存在着。比如，现有的教育技术学，尤其是其中的教学设计领域，就是地道的教育工学研究；而教育、教学艺术研究正是教育技艺层面的研究。不足在于，由于越来越多的人远离了学科自身的思辨，转向实践和问题，使得这些业已发生并正在兴旺的研究无法纳入教育学的结构之中。我们提出教育工学，很重要的一个方面就是考虑到了教育学学科体系的完善和学科健康发展的问题。

（三）教育实践的发展

恩格斯指出："科学状况却在更大的程度上依赖于技术上的状况和需要。社会一旦有技术上的需要，这种需要就会比十所大学更能把科学推向前进。整个流体静力学（托里拆利等）是由于16世纪和17世纪意大利治理山区河流的需要而产生的。"[①] 这一认识对于具有较强实践韵味的知识领域来说是具有普遍意义的。如同流体静力学一样，其他学科新的研究领域的出现，也是社会中一定领域实践的需要。研究者对一个新领域的兴趣，感觉上很像是偶然的和个人化的，或者很像是研究者所在学科自身逻辑运动的必然，但如果深入地分析，都能够发现深层的社会实践需要的引导。研究者的卓越往往表现为他们比平常人更能敏锐地洞察到某种社会需要的萌芽和生长的趋势，从

---

① 马克思，恩格斯：《马克思恩格斯选集》（第一卷），人民出版社，1995年版，第505页。

而进行了超前的研究。教育工学的提出其实也是这样的。查特斯主张教育工程学，基本上是面对教育实践现实的思考，有趣的是他看到了现实教育领域人们的不需要，而在他内心则一定是认为教育领域的人们对于教育工程学应该需要。而且他内心的这种认识又必定受到了现实教育以至社会中相关现象的启示，那些现象或能直接反映、或能折射出教育实践对教育工程学的需要。只是大多数人无视或轻视了那些现象，所以查特斯就成为教育工程学的先行者。

以教学设计的提出为例，我们也能看出教育实践需要的作用。从理论根源上讲，教学设计受到了系统工程学和行为主义学习心理学的影响，但从行动根源上讲，教学设计却是第二次世界大战期间和之后，像加涅、布里格斯、梅里尔等教育心理学家被征集去指导与士兵、工人等培训相关的教材的研究与开发的实践。在此过程中，他们尝试着把心理学和教学技术进行整合，"显然，为了解决日益增长的有效发展的训练和教学的需要，20 世纪 50 年代的教育倾向工程学观点"。[①] 在我国，教学设计在八十年代末开始引进，中间经历了一段理论探索，到九十年代中期以后才逐渐走向应用。在这一历程中，该领域的研究者主动传播与介入实践之功不可磨灭，但教育实践的需求才是最深刻的动力。有研究者在阐述教学设计在我国的历程时说道，"教学设计……根植于教学设计实践。如今，在信息技术与学科课程整合的实践需求推动下，如何将信息技术环境下教学设计的理念、教学设计的指向以及学习情境的设计等有机地整合，如何实现教学效果的最优化已经成了教学设计理论探索的热点"。[②] 这段话明确表达了教育实践需求对于相关研究的推动。

教育工学在今天被我们强调，主要是对教育专业化及与此紧密联系的教师专业发展需求的理论回应。专门化、制度化的人类教育具有悠久的历史，专业化的教育到今天最多也只是一种趋势。然而，令人欣慰的是，由于 2001 年以来政府强力推行基础教育课程改革，中国中小学教师对专业发展产生了浓厚的兴趣，教育专业化，尤其是教学专业化对教育领域的人们来说也逐渐

---

① 高文：《教学系统设计研究的历史回顾》，《电化教育研究》，2005 年第 1 期。
② 高洁，杨改学：《二十年来我国教学设计研究的回顾与反思》，《现代教育技术》，2008 年第 3 期。

转化成为一种较为深刻的观念。这样的兴趣和观念带来的是教育工作者对于教育理论的需求。在校长或学者们的推动下，中小学教师学习教育理论的现象已经不再是新闻。但是，教师和其他教育工作者面对教育理论时，他们的动力几乎不约而同地遭到不同程度的损减，原因也基本相同，即教育理论在深刻的同时又远离于他们的实践。我们的确应该意识到，教育工作者学习教育理论和阅读文学作品的动机是完全不同的。他们阅读文学作品既可以为了审美的需求，也可以为了满足对于故事的好奇，而他们阅读教育理论文献的动机，即使不是唯一也主要是为了把他们的教育工作做得更好。也就是说，教育工作者是为了改善自己的实践而去接触教育理论的。因而，当他们感觉到教育理论无法学以致用时，自然会减少兴趣，有时候还会对教育理论产生一些成见。

面对这一事实，任何带有情绪的批评都是徒劳，建设性的作为是创造性地解决已经存在的问题。显而易见的是：教育思想家并不总是对实现他们的观点感兴趣，而教育实践者面对理论又无法独立地学以致用。那么，在教育思想家和教育实践者之间架起一座桥梁就成为一种必然的选择。这座桥梁可以让思想家的思想走向实践，也可以把实践者的疑惑和愿望传递给思想家。教育工学就是要发挥这样的桥梁作用。

二、教育工学的范围

总体上说，教育工学是要在教育理论和教育实践之间架起一座桥梁，但要把这种作用具体和实在化，还需要通过我们在教育实践的背景下进行细致的分析。当我们主张教育工学属于教育学的"哲、理、工、艺"连续体中的一个层次时，教育工学实际上是作为教育学的一个下位的分支学科来呈现的。而一个学科，无论它处于什么层次，其基本的范围、领域是必须清楚的。依照传统的观点，一个学科的合理存在是以它具有独特的研究对象为前提的。教育工学，就研究对象来说，无异于教育哲学、科学和技艺，都是教育，这是它成为教育学有机构成的基本理由。但工学的层次和立场又决定了它与其他层次和立场的教育学研究具有不同的旨趣。尽管我们不轻易使用"工程"

一词，但这并不影响教育工学是以工程思维为其灵魂的。教育工学不进行思维的僭越，不追寻"教育是什么"和"教育应该是什么"，它要关注的是实然的教育操作以及理论家所主张的教育应然中的操作问题，更需注意的是这种关注是在工程思维的背景下进行的。因此，教育工学首先会在工程的视域下审视和分析教育活动，并进一步研究教育活动中的工学操作；其次，会把教育理论向教育实践的工学转化作为核心进行探讨；最后，教育工学还会对教育工学的实践主体（我们称之为教育工程师）进行规定和描述。把这几方面综合起来也就是教育工学的基本旨趣，也可以理解为教育工学的基本范围。

(一) 教育工程

经典的工程理论是以"工程"为对象的，教育工学既然借鉴已有的工程思想，就无法回避这一问题。但我们也要知道，"工程"这个概念，在社会生活领域的使用，更多情况下是非正式的，具有类比的、隐喻的意义。正在兴起的社会工程研究，目前也是在较宏观的社会改造活动意义上使用"工程"概念的。那么，我们所说的教育工程是怎样的呢？简言之，教育工程就是已经存在的教育活动以及与教育活动形影不离的教育管理活动和教育改革活动自身，只是我们以工程的眼光看待了，这些活动就成了教育工程。这样说，是不是所谓的教育工学也就是用了工学的概念而并无实际的意义呢？当然不是。想一想，今天被称为工程的建筑、水利、制造等活动，在人类尚无工程的眼光时，它们是工程吗？有了这样的认识，教育工程的概念就容易接受了。

这里的关键，是工程的视域。具体地说，就是工程思维的方式和工程理论的框架。比较起来，工程思维的方式要更为本质一些，因为，已有的工程理论，其"工程"的内涵要么指代自然科学原理应用到工农业生产部门中而形成的各学科的总称，要么指代结构或功能比单一产品更加复杂的某种"人造系统"（建筑物、轮船、飞机、航天工程等）。可以看出，一般意义上的工程，是物质的，又是生产的，并未延伸到非物质的、非生产的领域。即使我们有时候说教育是一项系统工程，甚至客观上已经存在了具有明确工程取向的教育技术学（在日本就称为教育工学），"工程"在教育领域中仍然是一种借来的概念。这种借用的合理性则是因为工程思维所具有的一定范围内的普适性，且因为教育活动也是一个系统而非某种单个的行为，甚至不只是包括了人的行为。实际上这种概念的借用，"工程"并非孤例，"艺术""诊断""测量"等等，都是一种借用，借用之时，人们一方面是注意到了行为层面的相似性，另一方面也更重要，即人们注意到了行为后面的思维方式的普适性。概括起来，工程的视域虽不排除工程理论的分析框架，但主要是作为面对教育、审视教育参照系统的工程思维和系统方法，由此我们也许可以说教育工学就是工学取向的教育学。

（二）教育工学操作

教育工程是工程视域中的教育活动及相关活动自身，教育工学操作就存在于教育活动之中。不过，教育工程之中的操作绝不只是教育工学操作，还包括许多有意义的人类行为。比如在日常的教育生活中，教育者内在的爱心溢于言表，以致一颦一笑都可能属于教育行为，这就与工学的趣味大相径庭。按照经典的工程理论，设计、制造、控制是最为典型的工程学问题，以此推演，教育设计、教育制造和教育控制就是最基本的教育工学操作问题。由于"制造"过分机械的倾向不符合教育的内在精神，所以，教育制造可以转换为教育塑造。这样，教育工学操作的内涵就是教育设计、教育塑造和教育控制。

看到设计、塑造、控制这样的词汇，一定会让许多的教育者感到不爽，即使是我自己面对没有解释和说明的此类词汇，也会有一种异样的感觉。毕竟在我们的理想中，教育是一种趋近神圣的活动，若依人本主义的教育理想，教育是教育者和受教育者精神的相互作用，是一个心灵敞开的对话过程，这中间哪有工学操作的影子和藏身之所呢？然而，当我们理智的时候，应该认识到无论多么神圣和富有精神性的人类活动，如果不借助于有心计的操作，都可能走不出观念的边界或沦为平庸的行动。教育者应是务实的，只要有利于受教育者的进步和发展，难道还要清高到免谈设计、塑造和控制的程度吗？艺术是精神的、审美的，为了艺术品的精神韵味和审美价值，艺术家是要精心构思与设计的，是要运用专业规律塑造艺术形象的，也是要对他所需要的

"材料"进行驾驭和控制的，难道艺术会因此而损减它的本质吗？理论是思想的、深刻的，为了理论的思想品质和深刻程度，理论家要构思与设计、要运用自己的理性思维塑造他的理论，在此过程中也要对相关的"材料"（资料）进行驾驭与控制，理论难道会因此而损减它的本质吗？

其实，有些现象只是首先在某个实践领域中显现出来，却可能是人类一切实践领域的通项。哲学之所以能具有普遍的指导意义，就是因为它能够抽象出那种被称为"通项"的东西。设计、制造（塑造）、控制，就属于人类实践活动的通项。教育作为一种实践活动，是有目的的；要达到目的，就需要考虑手段；以知识、技能为主体的内容、以师生相互作用为形式的方法共同构成手段。现在我们对教育实践活动作一分析：在教育走向专业化的今天，人们已经不满足于把教育活动建立在教育者的本能、习惯和他们所在的传统之上，而是要在专业的意义上运行教育。在此背景下，设计就成为最耀眼的概念。暂时搁置设计的内涵，把它放在实践活动的过程中，也就是颇为讲究的准备。以教学为例，准备就是所谓的备课。可备课的历史差异和个体差异是十分显著的。一位古代的老秀才教私塾，也是要备课的，但他的意识中极可能只备内容，而不备教学。一个教书人，懂得书就足矣。今天的教师就大不相同了，他们在教学理论的影响下，其备课已经发展为对"课"即教学的准备。换言之，教师的备课是对教学系统的准备，这种准备会自然走向设计。教学的过程是教学设计案的实际运行，在此过程中，教师会对各种因素进行控制，以实现对学生最佳的塑造。对于这样的分析，在今天人们应是不会感到异样的。这也说明教育活动中的工学操作已经成为部分的观念或实践的事实。教育学需要对此进行关注，并发现、揭示教育活动中的工学操作。

（三）教育理论向教育实践的工学转换

在进行教育工学操作的时候，教育者如果获得过教育理论，他们会不可避免地调动理论来支持具体的操作。在此过程中，客观上存在着发生在一个教育者个体身上的理论影响实践的过程，这是教育理论为教育实践服务的较为典型的情形。不过人们也要清楚地知道，能够被教育者轻松运用以支持教育操作的理论是较为少数的,更多的教育理论或思想只是以教育者个人理论修养的形态存在。人们可以为这种情况的存在寻找到众多的原因,但有一个因素才是最核心的,即教育者不具备把一切的教育思想和理论转化到实践中去的能力。现代职业劳动已是一个系统,一个人是不可能完成系统工作任务的。在实践层面,具体的工作任务,一个教育者要和同样作为实践者的同行共同合作才能完成;在理论与实践有机统一的大教育系统中,一个教育者要认识到教育理论家与他们共同分工完成着教育的任务。由于教育理论和教育实践在历史的过程中,知行逐渐由统一而分离,以至平行运动,还要出现另一种新的分工,也就是处于教育理论与教育实践之间的转化者,即教育工程师。教育工程师就像一切的工程师一样,要用相关的理论解决教育实践中的实际问题,也要把自己或同行认可的教育理论、思想向现实形态转换,而这后一种作为实际上更符合斯宾塞所说的最初的工程师的形象。

  理论向实践的工学转换,并没有进入已有的工程学核心,却又是一个不折不扣的工学问题。尤其对于教育系统来说,教育活动在生活中的随意性和在学校的封闭性,使得教育工程师既无条件也无必要出现在教育的现场。如果在每一个教育的现场都存在着一个教师之外的教育工程师,我们的教育一定是可笑的。当然,这也就意味着,教育者,尤其是学校的教师,他们能够也必须承担一部分教育工程师的责任,具体而言就是要独立承担教育活动中的工学操作。如此,教育工程师的角色就只能在建设教育理论与教育实践之间桥梁的过程中实现。教育工程师所架起的桥梁是教育理论和教育实践双向互通的,不过把教育理论转化到教育实践中去会更符合人们对于教育工程师的期望。人们会期望教育工程师创造性地寻求教育理论走向教育实践的可靠的路径。

  教育工学赖以成立的第一前提就是弥合教育理论与教育实践的必要性,它自然要把教育理论向教育实践的工学转化作为自己的重心。对于理论和实践的关系,哲学认识论告诉了我们一个道理:理论从实践中来,又要回到实践中去指导实践。这个道理显然是说给理论家的,一是要告诉他们理论不是理论系统内的游戏,理论的源头在实践中;二是要告诉他们创造出来的理论不是供自己把玩和理论家之间相互欣赏的，需要让理论回到实践中去对实践的改善发挥指导性的影响作用。应该说这一道理在人类生活的很多领域都得到了一定程度的实现，尤其是在物质生产领域，不仅较大程度地实现了理论的价值，且加速了应用科学理论的发展，更使工程师成为整个物质生产系统中的核心人群。相对而言，在教育领域，教育理论向实践的转化虽然没有政治学理论、经济学理论、伦理学理论等等向实践转化那么艰难，但也不是一件容易的事情。可以说明这种不易的起码有两种因素：一是核心的教育理论即教育活动理论，它的实现直接依赖于教育实践主体的品性和能力，因而，即使一个教育者在认知上掌握了具体的教育理论，也会因自身实践素质的不足而使教育理论无用武之地。二是迄今为止，教育领域尚未就教育工学理论和教育工学实践形成基本的共识。尽管教育理论工作者越来越重视实践，但他们的重视多半是一种研究者价值观念的历史性转变，他们会比以往更加关注实践，至于把教育理论转化到教育实践中去，他们则仍然会寄希望于不可能存在的天赐之力。尽管教育实践者渴求理论对他们实践的改善，但他们的岗位角色和学习经验又使他们无暇或无力依靠自己满足那种渴求，从而他们对于教育理论也会逐渐产生一种敬而远之的态度。显然，需要有一种人及其活动的存在，这一种人就是教育工程师，他们的活动就是实现教育理论向教育实践的转换。

（四）教育工学实践的主体——教育工程师

从工程教育的思维出发，我们应该考虑教育工学的服务对象，应该掌握并能够实现教育工学理论的人是怎样的人。现在，不是教育领域中存在的教育工程师需要教育工学，而是教育工学的实现需要教育工程师的出现。教育工学有必要对教育工程师做出一种预设性的描述和规定。这将使教育工学具有典型的实践品格。事实上，到目前为止，并不存在一种被称为教育工程师的人，但这并不意味着不存在教育工程师所要做的事，更不意味着不应存在教育工程师这样的人。安德森（Richard C. Anderson）在1961年就意识到，解决研究与实践之间的差距并不是简单的沟通问题，而是工程学的问题。基础研究和理论不会自己就带来教育实践中的进步。基础研究的成果就是对变量之间关系的陈述。这些陈述对教育实践工作者来说，永远没有直接价值，即便这些陈述被人们充分理解而且用心地去应用它们，教育也不能继续依靠教师的即兴而作来填补科研和实践之间的鸿沟。[1] 显而易见，在研究、理论与教育实践者之间需要有一种角色来发挥连接的作用，那就是教育工程师。

教育工程师是教育工学实践的主体。从工作角色上讲，教育工程师既不同于理论研究者，也不同于教育现场的教师，作为一种中间人物，他们需要融合理论的素养和实践的智慧，以使他们与理论和实践均能自然对接。同样作为中间人物，教育工程师也不同于一般大众意识中的工程师。这种不同一方面因为教育理论和自然科学理论大异其趣，一个是事实性的，一个是价值性的，另一方面因为教育实践和物质生产的性质完全不同，一个是人与技术的结构运动，一个纯粹是人与人的结构运动。这就要求教育工程师不能仅仅是一个专家，还需要是一个心性上的人文主义者。这样的人究竟是一个什么样的人，教育工学必须给出自己的描述和规定，否则，无论多么精致的教育思想和理论都找不到它合适的实现者。人类几千年来所创造的教育思想和理论已经足够多了，在某些问题上，似乎逻辑的可能性都已经穷尽，但我们的教育活动的现实似乎还在遥远的近代甚至古代。走向实践的渠道不畅通，使得教育思想和理论只好积压在仓库之中，时长日久，教育实践者面对教育思想和理论时难免无所适从。教育学应该用理论的方式先行创造出教育工程师的形象，并用理论的方式引导一个教育工程师时代的到来，届时一个结构合理的教育劳动者群体结构会形成，教育学的价值也会因此而得到应有的发挥。

由于教育工程师尚未成为现实，而教育实践对教育工程师又存在着客观的需要，教育工学很有必要考虑教育工程师的教育和培养问题。自然科学滋养起来的工程理论与实践，可以给我们很多启示。工程实践始于18世纪工业革命时期，但成熟的工程教育到了20世纪后半叶才逐渐确立。有研究者说，

---

[1] Anderson C. Richard, The Role of Educational Engineer, Journal of Educational Sociology, Vol. 34, No. 8 (Apr., 1961), pp. 377—381.

我国的工程教育就总体观念来说大致处在美国二十世纪五六十年代的水平。那是一种什么样的观念呢？简单地说，就是把工程教育委身于科学教育甚至等同于科学教育，把工程视为科学的附属，还有就是把工程教育和工程技术教育混为一谈。[①] 这种观念当然会制约工程人才的培养。我们教育领域，充其量只有教育科学教育，培养教育工程师的教育工程教育总体上是不存在的。为了教育和教育学的发展，我们不能重蹈物质领域工程教育的覆辙，而应该在教育工学的思考中有意识地思考未来教育工程师的培养和教育问题。

  综上所述，教育工学具有工程思维的品质和教育学的立场，旨在连接教育理论与教育实践，终极意义是借助教育理论向实践的转化来改善教育的现实。作为教育学的一个研究领域，教育工学有自己预期的任务和有限的研究范围。它首先要用工程思维审视教育活动，发现一种人文性社会实践活动中的工程内涵，在此意义上形成教育工程的概念。其次，教育工学要揭示存在于教育活动中的作为人类实践活动通项的教育工学操作，揭示出这一点可以让教育活动多一份清晰少一份模糊，还可以为教育活动的专业化找到切入口。再次，教育工学要研究教育理论向教育实践的转化问题，这是教育工学的核心问题，同时又为教育理论家和教育实践者双边关注。最后，教育工学要以理论的方式预先描述和规定教育工学实践的主体——教育工程师，这从某种意义上表达了一种最深刻的教育工学立场，即不仅阐明道理，还要制造道理的践行者。如上的研究，对教育理论、思想的现实化必然会起到促进的作用。2010年6月，教育部为了贯彻《国家中长期教育改革和发展规划纲要（2010—2020年）》和《国家中长期人才发展规划纲要（2010—2020年）》，启动了"卓越工程师教育培养计划"重大改革项目。这一举动反映了国家发展对工程技术人员的紧迫的需求。虽然此计划仍是传统工程概念下的工程教育改革，无涉教育工程师，但因此而形成的软环境对教育工程师和教育工学的提出、推进是有利的。而且某种思路也可以被我们直接借鉴，比如，"卓越计划"实

[①] 陈劲，胡建雄：《面向创新型国家的工程教育改革研究》，中国人民大学出版社，2006年版，第4页。

施包括工科的本科生、硕士研究生、博士研究生三个层次，培养现场工程师、设计开发工程师和研究型工程师等多种类型的工程师后备人才。这对我们思考教育工程师的内部结构大有裨益。

三、教育工学的基础

通过关于教育工学的提出和范围的论述，教育工学应该不会被人们认为是一种哗众取宠的臆想，但要让教育工学真实地存在，要做的事情就太多了，所以，教育工学的建构注定是一个有意义却也艰难的过程。我们要面对的第一个问题是，教育工学要在什么样的基础上进行建构呢？这个问题所包含的内容在我看来主要是对教育工学建构的可能性和合理性的追问。可能性的追问可以归结为有了什么样的基础，教育工学才能成为现实；合理性的追问则可以归结为必须建立在什么基础上，教育工学才能够既符合人的意志又合乎教育理论发展的逻辑。因而，这一对于教育工学基础的追问，看似简单却是十足重要的。其实，任何一个学科都会客观上存在着基础的问题，关键是研究者能否自觉意识到。如果研究者能够意识到所在学科的基础，他们的研究思路会清晰，研究的结果也能够轻易地归置到学科结构的合适位置。教育工学的建构既有理论的基础，也有实践的基础，大致包含以下成分。

（一）教育理论

教育理论作为教育工学的第一基础，完全是因为教育工学是教育学整体的一个有机的层次。换言之，教育工学是在关于教育（应该）是什么的理论基础上所做的向教育实践迈进的应用转化研究，这样的研究既把教育理论带向其最终的归宿，同时也应答了教育实践对教育理论的需求。什么样的教育理论是教育工学的基础呢？答案是教育哲学和教育科学。这一点在笔者对教育学范围认识的背景下是很好理解的，当然，对于不熟悉或不认可"哲、理、工、艺"这种层次划分的人们，我们还是要进行必要的论证。

教育哲学既可以是前教育科学的教育思想存在，也可以是后教育科学的教育思想存在，无论属于哪一种情况，都不能改变其追寻教育的本质、意义并在与教育实践的碰撞中产生教育哲理的追求。在知识论的意义上，作为前教育科学的教育哲学，可以为教育科学提供有价值的进入知识确证程序的观念材料；作为后教育科学的教育哲学，则可为基于教育科学的教育工学研究提供价值论的引导。教育活动是有一定规律可循的，这也是教育科学可以存在的前提。然而教育活动作为主体性的人类实践活动，个人意志和教育规律在其中的作用是同等重要的，这就为教育哲学作用的发挥留下了余地。我们可以想象，教育工学要连接教育理论与实践，自然要注意到教育理论中哲学和科学的两种成分，还要注意到教育实践中价值和规律的两种成分，这样才能够让教育理论和教育实践自然合理地对接。

教育工学是对教育理论的应用和转化，对此，有一个问题是十分要害的，即什么样的理论是要应用的，什么样的理论是要转化的。这样的问题搞不清楚，教育工学很可能走向模糊和纸上谈兵。如果我们基本认可教育哲学是对教育本体论和价值论的思考，教育工学实际上就是要让教育实践合于教育的本性，让内含价值性的教育理念转化成为教育现实；同样的，如果我们基本认可教育科学是对教育活动中客观规律的认识，那么教育工学实际上是在应用和转化教育科学的过程中运用教育科学、揭示教育规律的理论。归结起来，教育哲学为教育工学提供可资应用和转化的关于教育本性和意义的认识以及合乎人类利益的教育理念；教育科学为教育工学提供可资运用的关于教育规律的认识。正是在此意义上，教育理论成为教育工学的第一基础。

（二）工程理论

教育工学在教育理论与教育实践之间的架桥意向，决定了它无法离开工程理论而进行。在人类的物质生产领域，工程已经相当成熟了，探索和征服大自然的重大举措，也让工程理论得到了快速发展。工程科学不仅仅是一种知识系统，而且已经转换为较为成熟的工程教育的内容。工程哲学在工程理论和实践的基础上也初具形态。反观工程理论，它一方面以科学的方式描述和揭示了不同生产领域的工程机制和方法，另一方面以哲学的方式高度抽象概括了人类的工程思维。物质生产领域的工程实践及其机理，对于教育工学的构建自然会有影响，但更重要的是工程哲学所抽象概括的工程思维会成为教育工学的灵魂。严格地讲，教育工学并非教育之学，而是教育理论应用和转化的工程之学。近年来，工程思维越来越受到人们的重视，而且研究者也把工程思维和理论思维进行了严格的划分，揭示了其最为本质的概念、范畴和路线，这对教育工学的作用是直接的。教育工学要采取工程思维和工程学视野，工程思维能为教育工学提供知识建构的方法论启示。

对于工程思维已有专门的哲学研究，同时，工程思维也贯穿在工程哲学和工程科学的理论之中，我们需要从多种渠道来获得关于工程思维的基本内涵。

学者徐长福对于工程思维的思考是比较系统的。他首先对工程做了分析，把世界视为物品的集合，又把物品分为自然物品和人工物品；人工物品有很多，那些具有一定规模的物品便是工程；工程分两类，即有形的和无形的；有形工程是一种实物建构，以自然物质为材料，具有时间和空间的规定性，可称之为物质形态的工程；无形工程包括关系建构、状态建构和符号建构等，虽离不开自然物质载体，但直接的建构材料是社会性或精神性的因素，可称之为人文社会工程。① 依据此认识，作为整体的教育系统就是一种人文社会工程，教育结构是一种空间关系结构，教育过程是一种时间关系结构。而着眼于教育应然建构的主题，基本上就是指向教育结构和教育过程的。在工程学的视野下，我们就是要关注教育要素在空间和时间中的关系及其运动状态。以教育理论应用和转化为其重心的教育工学，则要把抽象、理想的教育理论和思想落实到空间和时间的系统中。徐长福进一步认为，工程不仅仅指物品的完成状态，还必须把包括策划、设计、施工等在内的整个建构过程也看做工程。② 这就为我们所说的教育中的工学行为提供了理论的基础。

学者李伯聪则精心建构了工程哲学。与徐长福的"物品"视角不同，他采取了"活动"的视角。李伯聪的《工程哲学引论》一书的副标题为"我造

---

① 徐长福：《理论思维与工程思维》，上海人民出版社，2002年版，第24页。
② 徐长福：《理论思维与工程思维》，上海人民出版社，2002年版，第25页。

故我在",一个"造"字便展现了工程的动态特征。站在活动的立场上,他认为,工程是从计划开始的,计划是对具有特殊个性的对象和工程活动主体的行动的设计;工程活动最本质的内容和最核心的阶段是操作;由于工程活动的实施不是由个人而是由一个集体来执行,所以需要相关的组织和制度。计划、操作、组织制度因此也成为他的工程哲学的基本范畴。当然,李伯聪还认识到工程哲学是目的论哲学,从而把目的作为工程哲学的核心范畴。[①] 在我看来,目的是一切实践活动的第一表征,它作为一种意识始终存在于计划、操作甚至组织、制度建构的活动中。把两位学者的认识结合起来,我们会发现,李伯聪所说的活动意义上的工程,即工程活动,正是徐长福所说的包括策划、设计、施工等在内的整个建构过程。那么,完整的工程概念就是有规模的人工物品以及建构它的计划、操作过程。

工程理论对教育工学建构的主要启示在于:(1)教育虽为具有较强人文性的活动,但要有效地实现其目的,仍然需要运用工程思维来进行控制,说到底,教育是行动、实践而非理念。实际上,徐长福在述及无形工程的材料时,就把教育视为人格工程,认为"当我们通过教育来培养理想人格时,那尚不理想的被教育者所充当的就是人格工程的材料"。[②] (2)教育理论的应用与转化,本质上是要把美好的教育理念与教育活动的空间、时间、主体、目的有机地结合起来。因为,理论的抽象表现在其中的观念是不依赖于具体情境和主体、不指向任何具体的目的和任务的,而实践则是发生在具体时空中的、有特定目的和任务追求的。让理论回到实践中去,不是简单地把理论变成行动,而是让理论成为实践的灵魂。

(三)教育技术学研究

应运而生的教育工学研究,目前仍然寄居在教育技术学中,虽然名不正言不顺,但毕竟成长了起来。不过,也正因为名不正言不顺,教育工学并不

[①] 李伯聪:《工程哲学引论》,大象出版社,2002年版,第21页。
[②] 徐长福:《理论思维与工程思维》,上海人民出版社,2002年版,第29页。

能展现出自己的应然之态。不管怎么说，教育技术学是我们今天进行教育工学建构的直接营养。教育技术学的历史并不长，一般会以美国教育传播与技术协会1963年发表的教育技术的定义作为教育技术研究的开端，至今也就半个世纪。教育技术学，或者谨慎地说，教育技术研究在自身的发展过程中，其关注的焦点和研究的问题是不断变化和丰富的。就中国来说，最初人们关注的是有形技术中带"电"的媒体，可以说是对用于教育的"设备"的研究；当人们发现设备不用，等于没用，用了设备并不必然带来教育、教学效果的提升时，就开始思考电化教育问题，并倾向于强调电化教育的教育性质；再向前推进就是对教学设计的研究。在教育技术研究的发展中，到今天因其关注教学设计，某种程度上也催生了像我们这样的关于教育工学的进一步思考。之所以如此说，是因为"教学设计是教育技术学研究的核心"，从功能上看，"教学设计是教育、学习等理论和教育、教学实践之间的连接学科和实践学科"。[①] 这种功能，不正与我们所说的教育理论在教育实践中的应用和转化相契合吗？我们可以说，教学设计实际上属于先行一步的教育工学研究，但它只是教育工学研究的一个成分。尽管如此，它却是教育工学研究直接的营养来源。

  提到教学设计，不可不说加涅。他首先是一位心理学家，但思维的触角延伸到了教学论、教学设计甚至教育技术学的基本理论领域。1974年加涅等人出版了《教学设计原理》(Principles of Instructional Design)，1987年主编出版了《教育技术学基础》(Instructional Technology: Foundation)，这两部著作在教育技术学领域是具有革命性影响的。有研究者评价加涅对教育技术学的贡献时说，他"促成了学习理论、教学理论与教学实践的连接——教学设计的形成与发展，为教育技术学找到了自己的主战场"。[②] 也就是说，因为加涅的工作，教学设计成为教育技术学研究的核心和主战场。教学设计所充当的学习、教学理论和教学实践之间的桥梁作用，倒让人觉得教育技术学一

  [①] 刘美凤：《教育技术学学科定位问题研究》，教育科学出版社，2006年版。
  [②] 徐晓雄，桑新民：《教育技术学视野中的加涅思想研究》，《电化教育研究》，2003年第10期。

方面可以说更关心了像教学设计这样的无形技术，另一方面也可以说它不知不觉中离开自己的初衷，走向了教育工学。如果我们的理解有些道理，那么，教学设计岂不是寄居于教育技术学之中的、先行的教育工学研究？

为了说明教学设计与教育工学的联系，我们不妨走进加涅的教学设计。概括地讲，加涅的教学设计是以帮助有目的的学习过程而非教学过程为目的的。具体来说，对教学的设计主要包括以下的内容：确定表现性目标、分析学习任务、设计教学顺序、根据学习类型不同的原则设计教学、选择媒体技术、设计单节课、学生行为表现测量设计。[①] 审视这一过程，我们可以发现两个特点：一是目标确定和任务分析先行，二是设计意识贯穿始终。加涅认为，学习过程会受到许多变量的影响，它的教学设计抽象意义上是学习条件的设计。在设计过程中，设计者实际上既要考虑学习的目标和任务，又要考虑学习理论和教学理论，这就使教学设计过程成为学习理论、教学理论在教学实践中的应用过程。教学设计在今天是很受教师青睐的领域，相关理论研究成果在教育技术学中也相当丰富，这无疑为我们的教育工学研究提供了一个角度的坚实基础。我注意到研究者有时候会把教育技术学定位在方法论的层面，而不是走向技艺，如果是这样，我真的意识到教育技术学在研究领域中促进了教育工学的产生，而当教育工学得以合理存在的时候，教育技术学也许会回归到它较为经典的意义上。

（四）教育工作者的实践智慧

自古以来优秀的教育实践者总在把自己的或他人的思想、理论化为自己的力量，这种个人的知识经过提炼是可以丰富教育工学的。可以说，与教育工学对应的实践活动客观上已经存在了，只是那些实践活动没有接受任何外在理论的支撑而已。学校里不乏有教育工学能力的校长和教师，他们有时候会为了效率或效果独立地构思和设计工作过程并付诸实施，有时候会非常明确地感兴趣于某种教育思想或理论并按自己的理解在实践中加以体现。正是

---

① R. M. 加涅等著，王小明等译：《教学设计原理》，华东师范大学出版社，2007年版。

这样的教育工作者和他们的类工学行为，使得教育理论和思想对实践发挥了引领作用。认识到这一点，我们就能明确教育工学作为一种知识体系是有其实际对象的，而不是对教育理论、工程理论、教育技术学的机巧的组合或演绎。研究领域的确存在着那种在几种知识体系的边缘或交叉处寻找灵感的现象，但如果没有实际的事物与新的交叉知识体相对应，通常也是没有实质意义的。已经存在的类教育工学行为，自然是教育工学的对象，而换一个角度，教育工作者在类教育工学行为中所形成的智慧，也是教育工学理论建构的坚实基础。

不过，教育工学真要从教育工作者相关实践智慧中汲取营养并不是一件简单的事情。"理论从实践中来"，在人类认识的早期很容易存在并被人们明确意识到，在今天，各种知识体系逐渐形成，而人的实践活动从整体上讲落后于理论所包含的设想，人们就很难有机会体验"理论从实践中来"了。当然不排除具有实践天赋的教育工作者个体，他们在教育现场表现出来的机智和对思想、理论的感悟力及转化力常常让人击节赞赏。从道理上讲，这种教育工作者的机智、感悟力和转化力是值得总结和概括的，但在操作层面上却很艰难。艰难的原因首先是教育工作者的类工学行为是一个连续的整体，如果没有外部的指令，他们根本不会思考自己对工作过程的构思、设计或者对某种思想、理论的运用是一个怎样的过程。其次，真正的实践智慧必然存在于行为的深层，个人内省和他人抽象概括恐怕都难以奏效。如此说，教育工学的实践基础是不是虽然存在却因难以呈现而少有意义呢？我们是否就可以忘记可资利用的教育实践智慧而对教育工学进行纯粹的理论建构呢？答案是否定的。

也许我们应该解放思维，较为开放地理解"理论从实践中来"这一命题。实际上，实践中是没有理论的，但实践及其主体的观念却可以在不同的意义上对理论研究者的思考发挥促进的作用。比如，卓越的教育实践本身能够调动研究者审视的欲望；卓越的实践者的想法或困惑能够激发研究者的灵感。只有细微到这样的层面，我们才能真正理解什么是"理论从实践中来"。人们经常说要总结经验，我想这件事情可以分两个侧面来说：其一是实践者自己总结自己的经验，通过总结获得原先处于自动化状态的行为的结构或程序；其二是研究者对实践者经验的总结，通过总结主要是要获得支撑实践卓越的依据，当然也不排斥对实践活动结构和程序的理论化说明。然而，令人遗憾的是无论以上哪一个侧面的总结，都必然会破坏实践的整全和连续性。思考至此，作为理论研究者，我不得不承认理论的局限性，但为了实践的发展，理论研究者仍然要在自己行动的边界内有所作为。

　　布迪厄认为，"实践有一种逻辑，一种不是逻辑的逻辑，这样，才不至于过多地要求实践给出它所不能给出的逻辑，从而避免强行向实践索取某种连贯性，或把一种牵强的连贯性强加给它"。[①] 他在这段话中实际上表达了对经验的理性总结和理论的实践推行这两种行动的怀疑甚至否定。这对于我们惯常的思维方式来说是一种挑战，很直接地影响着教育工学建构的立场和过程。我服膺布迪厄的认识，因为我也意识到任何理论都无法用语言表述出实践的整全和连续性，但这并不会影响我们对教育工学的继续建构。如果理论的建构可以从实践及其主体那里获得启示，反过来，教育工学为何不能为教育实践提供启示呢？我们的教育工学思考的起点之一的确是教育实践的发展，但我们决不会承诺教育工学的思考能给教育实践带来什么具体的收益。布迪厄让我们对实践有了异样的感觉，我们也很有必要逐渐改变教育实践者对理论的过分要求。教育工学研究的对象是教育实践的操作层面以及教育理论的应用和转化，但它自身仍然是理论的形态。一切有关的实践者不必有从教育工学中寻求处方的意图，也许把它作为一种纯粹的阅读物对待反倒会有意外的收获。

　　我们基本理清了教育工学建构的基础。概括起来讲，教育工学因在教育学的结构序列中，又为教育基础理论（哲学、科学）和教育实践双边服务，必然要把自身之外的教育理论作为自己的基础；教育工学因采取工程的视野看待教育并要运用工程思维，也必须把自身建立在已有的工程理论基础之上；由于教育技术学从电化教育中脱胎而出，而且逐渐以教学设计为其核心内容，

---

① 皮埃尔·布迪厄：《实践感》，译林出版社，2003年版，第133页。

事实上成为教育工学的先行者,所以,教育工学的建构不能忽视这一直接而丰富的知识资源;而教育工学鲜明的实践价值取向,使得它很自然地会把教育实践尤其是教育者的实践智慧作为自己的坚实基础和思考背景。至此,我们为教育工学画了一个大致的轮廓,阐明了它提出的背景和建构的基础,并说明了它的基本范围,具体的思考随后将逐渐展开。

教育工学的建构是一项艰难的工作,但当想到这样的工作能够对教育理论的价值实现,进而对教育实践的发展有所助益,也就有了克服困难的勇气。教育工学的具体问题就要逐渐呈现了,现在有人如果问我"你将要做什么",我的答案是:对教育理论与教育实践的关系做一次工学的思考。这也是教育工学的主旨。

第一章　工程视野中的教育活动

教育工学，与其说是一种知识的构想，不如说是一种认识论的立场。作为一种认识论的立场，教育工学仍然是以教育为研究对象的，只是不像教育哲学那样追寻教育现象中的本质或是构想教育的精神，不像教育科学那样重视教育运动中的规律性联系，也不像狭义的教育技艺学那样关心教育劳动中的具体操作问题。由于工程的根本旨趣在于使技术设计变为现实，把观念、模式、规划付诸实施，工程关注的是"工作""改造"和"控制"的过程，所以，教育工学的立场，会包含着整体的思维、实践的眼光和操作的兴趣。这也就是所谓的工程视野。具体而言，工程的视野，首先是一种整体的思维，它不拘泥于教育的片段和局部，而是统摄教育活动的全程和全方位；其次，工程的视野是一种实践的眼光，它虽然不拘泥于教育的片段和局部，但会视教育为由具体片段和局部构成的整体，而且，在工程的视野中，教育活动是有明确目的和利益追求的过程；再次，工程的视野是一种操作的兴趣，它会直接介入"做"的层面，着重关注"做"的过程中理论与利益的平衡。在本章开始的时候。我还要强调的是我们的教育工学关心的是作为活动的教育，而非作为一个社会分支系统和事业的教育。这样，工程在教育工学里就是一种视野、立场、眼光、兴趣，与类似"985""211"一样的工程是不搭界的。一种视野就像一种磁体，一旦启动，对象中的相应成分会活跃起来并突显出来，这就是转换视野考察对象的认识论价值。工程视野的内在品质，使得教育活动的某些特征会显现出来，具体地说，教育活动的目的性、结构性、程序性、技术性和标准性，在工程的视野中能够自然地显影，从而，教育活动在我们的头脑中成为一种现实性的工作过程。在工作的意义上，教育活动是以"目的——手段——结果"的格式存在的。在目的中，有结构问题、标准问题；在手段中，有程序问题、结构问题，也有标准问题；结果是活动的自然结局，存在着对照检验问题，具体地说就是评估，其中有标准问题。还要说明的是，教育是一个理论上的抽象概念，教育工学中的教育是一个实践上的工作概念，因而，教育工学里严格地讲是没有"教育"的，只有承载教育意图的教学和训育，以及规范和发展教学和训育的管理和改革等活动，因而，在现实的意义上，核心的教育活动当然是教学和训育，但围绕核心教育活动进行而存在的管理和改革作为辅助性活动我们也不能置之不理，只有这样才能够完整地反映作为现实存在的教育。事实上，当学校这一专门的教育机构出现后，教育活动已经不再是纯粹发生在教育者和受教育者之间的单一活动，而成为一个以教学和训育为核心的工作系统，进而，教育的运行也就有了工程的意义。

一、工程视野中的教学

我们可以设想存在着自在而在的实际的教学，但这样的教学也只能存在于设想之中。具体个体意识中的教学都是某种视野中的教学，因而具有不同视野的人，他们意识中的教学是有差异的。那些处在教育系统之外的普通人，他们面对教学的时候是一种感觉的视野，教学在他们的意识中可能就是一个场景，在其中有教师和学生围绕着书本你来我往；那些课堂里的教师，他们和教学融合在一起，浑然一个整体，几乎不会把教学作对象性的思考，教学对他来说就是一种实实在在的、已经格式化的生活；而对教学理论家尤其是对具有哲学兴趣的教学理论家来说，教学是他们进行理性考察的对象，他们会采取不同的理论视野，并会通过界定的方式把握教学的本质或真相，教学在他们的意识中就是一个抽象的概念。与以上诸种情形相比较，具有工程视野的人，因其整体的思维、实践的眼光和操作的兴趣，可以在意识中形成别具一格的教学形象。在他们眼里，教学是目的明确的工作行为，是结构明晰的程序运动；教学主体遵循效果、效率优先，兼顾善美的原则。

（一）教学是目的明确的工作行为

在工程的视野中，教学是现实的行动，是具体而整体的工作。作为一种现实的行动，教学自然有现实的行动目的；作为一种具体而整体的工作，教学的目的是可操作的和可分解的，这就不同于理论意义上抽象的目的规定，也不同于日常经验视野中的模糊或肤浅的目的陈述。教学设计的先驱加涅在这一方面做了具有典范意义的工作。加涅在《学习的条件和教学论》中，先把学习结果划分为五种类型：智慧技能、认知策略、言语信息、动作技能、态度。后来谈及学习任务分析时指出，学习任务必须归入五种学习结果中的一种，任务的每一个程序性成分必须进行进一步的分析。[①] 之所以这样做，是为了揭示学习任务完成的前提条件，因而他所进行的是"为教学设计而进行的任务分析"。加涅认识到学习任务可以在不同的具体程度上进行描述，也意识到在什么样的具体程度上描述人类任务一直是一个令人困惑的问题。我们暂且不必去想具体的程度，至少可以从加涅的思考中获得一种启示，即抽象的、宽泛的、肤浅的教学目的陈述，必然不利于为达到目的而进行的设计和实际操作。

人类的实践活动是有意识的，这意味着实践者既知道自己在做什么，也知道自己的做是为了什么。知道自己在做什么说明实践者对所做有所认知，知道自己的做是为了什么说明实践者对所做的目的有所认知。说一个人的活动有目的，仅是一种性质上的说明，并不能反映出一个人的有目的处于何种水平。即使是日常的生活活动都是有目的的，只是在此类活动中目的通常隐蔽地存在，潜在地引导着活动的进行。在这里，目的自然是有的，但很难说

---

① R.M.加涅等著，王小明等译：《教学设计原理》，华东师范大学出版社，2007年版，第268页。

是明确的。如果具备了工程的视野,这种情况就不复存在了。这样的人不喜欢模糊,习惯于把模糊的目的清晰化,把整体的目的目标化(部分化或阶段化),把定性的目的定量化,把描述性的目的操作化。通过这样的转化,人的活动的目的就明确了。教育是一种人文性的实践活动,有时候人们更愿意把它视为近于艺术的活动,因而对于过分精细的观念会有一些疑虑。这种疑虑也非多余,因为纯粹的工业性思维会把整体拆成碎片,会把一切精神性的事物化为枯燥的物质性零碎。综合地思考,在现代社会,教育已不是少数人闲暇之后传承和享受文化的事件,而成为形成人力资本、服务社会发展的事件,没有工业性的思维参与也是不可想象的。

过于强调操作和细节肯定是一种偏执,对于这一点加涅也有所感悟。他说:"人们可能会假设,深入到程序步骤的人类任务的分析,是发现学习所必需的。然而,情况并非如此。让我们来考虑一下,分析的方法深入到这一层面到底能揭示些什么。一个宽泛的教育目的,如'保持健康',被分解成一些所谓工作任务的部分。其中的一个例子就是'刷牙以便清除口腔中的食物的残渣'。"[①] 没有人否认部分的工作任务会把学生引向最终的学习目标,但从加涅的语气中,我们也能感受到一种疑惑或至少是谨慎。应该说教育的艰难和神圣就在于无论是其目的还是手段都存在着无法科学化的空间,而教育的轻易与明朗又在于其目的和手段都存在着可以科学化的空间,因而,教育实践者需要根据可能性和必要性在目的的明确程度上进行艺术地抉择。加涅指出,"在什么样的具体程度上描述人类任务,一直是一个令人困惑的问题。看来最好的解决办法就是考虑描述的交流目的。这就是说,描述的具体程度应该由对这样一个问题的考虑来决定,即'把什么交流给谁'"。[②] 此话在纯粹的学习范围内是充分的。如果我们再考虑到人的认知和人格的深层本质的不可测量,而那些不可测量的部分又是教育所最为珍视的,就更能理解工业性的思维应

---

① R. M. 加涅等著,王小明等译:《教学设计原理》,华东师范大学出版社,2007年版,第267页。
② R. M. 加涅等著,王小明等译:《教学设计原理》,华东师范大学出版社,2007年版,第262页。

有限度。

当有人对教学的目的能做像加涅那样的任务分析时,教学在他那里就是一种工作行为。工作行为简单地说就是发生在具体时空中的、意在完成具体工作任务的行为。翻转一个方向,工程思维是近于工作思维的。教育学是研究教育的,但这里的教育是经过思维处理过的教育意象而非具体时空中的教育工作,教育学研究也因此把自己与"工作研究"区别开来。教育工学是教育学的构成,自然也不是工作研究,但是教育工学却欣然欢迎"教育工作"概念,并会把自己的服务对象确定为工作者及其工作。教育工学面对教育采取的是工程的视野,在工程的视野中,教学就是一种工作行为。有趣的是在汉语中,工作一词,有操作、制作之义,甚至有工程、任务之义,与现代工程的视野相映成趣。

具体到课堂,教学就是教师和学生的"做"。在最高的抽象层次上,教师在教,学生在学。教育哲学就是在这一层面上思考教学的。《学记》中讲"学然后知不足,教然后知困。知不足然后能自反也;知困然后能自强也。故曰教学相长也"即如是。降一个抽象层次,教育科学会把教分解为讲授、示范、指导等等,把学分解为听讲、模仿、感悟、理解等等,并会研究教和学之间的互动以及具体的教学行为与教学结果之间的关系。可以说,我们的教学理论的精华基本上是教育哲学和教育科学的产品,其固然精到,但与工作现场的距离也是遥远的。教育工学接受教育哲学的启示,承接教育科学的分析,对接教育工作的现场,要在教育任务的约束下设计教学行为的结构和程序,控制其运行的条件,以达到最优化的教育效果。在这样的思虑中,教和学不再是一个概念,也不再是一个变量,而是与任务、效率以及价值原则相联系的工作行为。

(二)教学是结构明晰的程序运动

持有结构论的观点,我们会感觉到任何事物和事件都是有结构的。相反,如果我们不具有结构论的观点,事物与事件就是一个自然而模糊的存在。不能否认,在多数教师那里,教学的进行是传统的自动再现,在其中教师遵循的是未经分析和反思的惯例。在这样的情势下，教师会觉得他所做的、学生所做的均属天经地义，从而教学的结果如何在他们的意识中基本上是取决于外在环境条件、个人天赋以及学生的智能和勤奋程度。对于以教学为思考对象的人来说，没有结构论的观点，他们关于教学的种种思维的努力自然会集中在教者和学者的素质上。这一点在中国古代的教学思想中表现得较为突出。《学记》中就多谈到"学者""教者""善学者""善教者"，主题则是学者学、教者教的德性和策略，基本不整体地涉及教学活动，因而我们见不到有关教学活动的结构和程序的描述。而在工程的视野中，教学就是一种结构明晰的程序运动。也许我们会感觉到结构和程序也在科学，甚至哲学的视野中，但工程视野中的结构和程序是有其特殊性质的。

我们以教学的程序为基点作一比较。

夸美纽斯理论中的教学基本程序是：（1）由对事物的直观到对事物的理解；（2）再由对事物的理解到关于所理解事物的知识的记忆；（3）最后是用语言或书面表达的练习把所记忆的知识表达出来。

赫尔巴特理论中的教学基本程序是：（1）明了：给学生明确地讲授新知识；（2）联想：使学生将新知识与旧知识联系起来；（3）系统：指导学生在新旧知识的基础上作出概括和总结；（4）方法：引导学生把所学知识用于实际（习题解答、书面作业等）。

以上两种教学程序的认识均是哲学思维和科学思维融合作用的产物。夸美纽斯基于自然的方法意向和感觉主义的哲学认识论，实际上描述了一个在他的意识中十分自然的学习过程，时间程序明确，但空间结构模糊，教师的教是隐匿的。就程序本身来说，是一种对某种客观自然的描述，而非对教学的设计或构想。赫尔巴特把心理学作为教育学的科学基础，把人的一切心理活动都归结为观念的运动。基于此，他把教学过程划分为两个基本环节，即"专心"和"审思"。所谓"专心"，指深入钻研学习材料，力求清晰地认识个别的事物；所谓"审思"，指深入理解和思考，把"专心"中认识的个别事物集中起来，使之相互联合形成统一的东西。明了、联想、系统、方法的教学程序就是在此基础上形成的。与夸美纽斯相比较，赫尔巴特的教学程序有所变化，最明显的特征是在表述上我们能够看到教和学两种行为的关系，实际上是看到了一种空间上的结构。依我主观的直觉，赫尔巴特的教学基本程序不是对某种客观自然的描述，而是基于科学（观念心理学）的程度较弱的设计。若说两者的共同之处，是他们均无自觉的工程思维，因而，虽然他们都具有鲜明的实践立场和取向，但他们的教学程序仍属于原理性质的东西。

杜威关于教学程序的认识是一个值得注意的转型。之所以说是一个转型，理由有二：

其一，杜威具有把一种教育理念转换为教育操作思路的主观自觉和实际作为。他认为，教育是经验的改造过程，这是他教育理念的一个侧面。更重要的是他对经验进行了不同于以往的认知，强调经验首先是"做"的事情，亦即行动，而行动一定是探究和思维的行动。离开了探究，经验便没有任何意义，"没有某种思维的因素，便不可能产生有意义的经验"。[①] 有了这一重要的认知，他的"从做中学"及"教学法的要素和思维的要素是相同的"的思路就顺理成章了。正是基于此种认识，杜威把教学过程分为五个阶段，提出了五步教学法。他具体是这样陈述的："教学法的要素和思维的要素是相同的。这些要素是：第一，学生要有一个真实的经验的情境——要有一个对活动本身感兴趣的连续的活动；第二，在这个情境内部产生一个真实的问题，作为思维的刺激物；第三，他要占有知识资料，从事必要的观察，对付这个问题；第四，他必须负责有条不紊地展开他所想出的解决问题的方法；第五，他要有机会和需要通过应用检验他的观念，使这些观念意义明确，并且让他自己发现它们是否有效。"[②] 这也就是我们通常所说的"暗示——提问——假设——推理——试验"思维或教学五步法。

其二，杜威具有自觉的教学设计意识。这一点从无争议，对教学设计研究者来说，这是一个历史事件。一般认为，杜威在《我们怎样思维》中所设想的特殊的"连接科学"，即能够把心理学与教育教学实践连接起来的科学，

[①] 杜威：《民主主义与教育》，人民教育出版社，1990年版，第153页。
[②] 杜威：《民主主义与教育》，人民教育出版社，1990年版，第179页。

就是研究教学设计的。而在我看来，这种"连接科学"在精神上就是教育工学。

从夸美纽斯到赫尔巴特直至杜威，呈现出了一种变化，即教学逐渐地从认知的对象演化为认知基础上的设计对象。而当教学成为设计的对象时，它就不是一种观念物，而是一种工作行为了。在设计者意识中，教学必定是结构明晰的程序运动。

可以说，前述教育思想巨人对教学程序的认识，都是自己哲学或心理学思想作用的产物，具有思想上的价值，却缺乏知识论的价值。更关键的是，基于自身思想的教学构想或设计会淡化客观的立场。所以，我们有必要尝试不限于任何的哲学认识论和教育理念，采取工程的视野观照教学工作行为。综合相关知识，在工程的视野中我们觉察到了教学工作是如下的程序运动：

第一步：教学的分析与设计

（1）教学目标的确定与分析：教师对学生在学习后应实现的目标进行确定，并把目标转换为具体的学习任务。

（2）达成目标的条件分析：弄清楚目标达成或任务完成需要具备的各种条件。

（3）教学内容与学情分析：分析教学内容和学生与理想条件的差异。

（4）教学过程设计：把目标、任务及达成条件与具体的教学内容和具体的学生联系起来综合思考，构想教学活动的基本程序。

（5）评价方法设计：形成测量目标达成的工具。

第二步：教学程序运动

第三步：目标达成测量和教学反思

（三）具有工程视野的教学主体遵循效果效率优先、兼顾善美的原则

如果一个教学主体具有了工程的视野，他的教学工作往往会遵循效果效率优先，兼顾善美的原则。这是一种我们可以观察到的现象。导致这一现象的原因，尚没有实证的研究，我们只能揣度支持工程视野的工程知识和立场是主要的原因。工程关注"做"，其对"做"的设计基于相关的科学，即便是

做着具有内在人文追求的教学,持有工程立场的人也会把效果、效率放在第一位,有余力时才可能兼及善美。当前的中国,是工程的春天,在社会各个行业追求发展的时期,效果和效率自然成为有限的追求。在教育系统,各种明目的"工程"竞相出台是其一,在教育活动过程中,工程的立场也自然而然地为人们接受,注重模式、强调设计,可以说蔚然成风。当然,以教师为主力的教育者也能够认知到自身的角色,故而能近乎本能地求善求美,把人文的和艺术的因素融入自己的教育行为。作为结果,教学主体行动的潜在原则就是优先效果、效率,兼顾善美。

工程的立场是内含效果效率追求的,这也符合教学的内在理想。联想生产领域工程师的工作,他们设计、发明、创造新的技术和产品,追求的就是生产的效率和产品使用的效果。在教育领域,开发和构想教学模式的人们,把教学过程分解为有机的要素和环节,其核心的意图是要优化要素和环节,并优化要素之间、环节之间的联系,最终是指向教学的效果和效率的。走进教育现场,我们会发现具有朴素工程意识的教师通常能对教学内容做精细化的处理,对教学流程做精细化的设计,不排除少数教师的唯美主义倾向,一般说来他们是着眼于学生学习的成效和效率的。在其侧旁,没有工程意识和素质的教师也会同样渴求效果与效率,但朴素的日常思维带来的却是超额的教学投入和难以控制的教学低效。教育实践强烈地呼唤着教学的有效,工程的意识和立场基本可以被理解为对这种呼唤的应答。具有工程视野的教学主体会遵循效果效率优先的原则,反过来,教学主体若要求得教学的效果和效率,就应该具有工程的视野。有了工程的视野,教学就不再是素朴的整体,而是被理性分析过的清晰的结构和程序,在其中的教师能够知觉到自己的行为在时间上的和空间上的位置。这就为他在教学的要素和环节上进行构想和设计提供了先决条件。

客观而言,教师较容易接受效果与效率的原则,作为工作者自然会期望好的结果,具体讲就是期望学生能够获得上佳的学业成就,作为人自然会权衡投入与收益的平衡。然而,在接受效果和效率原则的同时,教师却很容易忽视或不在乎善和美的追求。如果真的忽视和轻视了善和美,那么,工程的立场和意识带来的收益，会远远抵不上教育意义上的损失。这就是人们在欢迎教学设计、教育技术、教育工学的同时又心怀戒备的深层原因。教育的本意是成人的，第一是要让自然的个体变为文明人、社会人，在这一层面，人性的转变效果是核心，教育的效率在其次；第二是要让自然的个体变为有才的人、有用的人，在这一层面，教育的核心是追求效率，人性的转变反在其次。就理想而言，人性的转变和人才的培养都是要义，可到了现实中，人们却太容易追逐显在的、短近的，太容易放弃深刻的和长远的。回顾现实，我们的教育实践领域的确是技术理性占据主导地位的，教育精神的缺位阻碍了教育者对教育应有的精神性反思。在这种情况下，我们应该有一种清醒的认识，即工程的视野最好只是我们审视教育的一种方式，工程所关注的技术必须服务于教育善和美的目的。只有这样，教育工学才能够健康地成长和合理地实现自己的价值。

还需要注意的是，教学不等于教育，但教学无疑是教育最重要的活动载体。在广义上，确实存在着纯粹的教学，但在学校教育范畴内，完全没有教育性的教学也是不存在的。教育具有极高的抽象性，以至于我们真的看不到教育，我们能够用感官感觉到的只能是承载教育理想、内含教育精神的具体行为，诸如教学、指导、训诫等等，在其中，教学当然是主导的成分。在学校教育中，离开教学谈教育必然会忽略掉学校工作的核心成分。不过，我们也不能只关注教学这一核心，而在工作的意义上淡化教学之外的其他教育载体。只是由于相较于教学来说，类似指导、训诫这样的活动较为随机且不牵涉当下的功利性，所以，在我们工程的视野中才把那些活动策略性地悬置了起来。

二、工程视野中的训育

训育是一个旧式教育术语，是道德教育的别称。比如明朝的剧本《香囊记·逼试》中说："自你父亲亡后，训育之功，都是我一身担了。"陈少白在《兴中会革命史别录》中说道，"母端严静默，贤而知书，富大家风，子女皆由其训育"。这里的训育显然是融化在家庭日常生活中的、母亲为了孩子成人而进行的教导抚育，其内涵主要是对孩子为人之品行的养成。学校普及以后，学生的大多数时间在学校度过，原先存在于家庭生活中的训育就需要由学校的教师来承担，由此，训育与教学就共同构成了学校教育整体。在功能上，教学主要在认知的领域发生作用，训育主要在人格的领域发生作用，受了教育的人，等于是接受了系统教学和长期训育的人，他们因教学而有知、成材，因训育而有德、成人。训育在过去的教育文献中普遍使用，对应的是学校中与教学并存的道德教育实践。陶行知在《南京中等学校训育研究会》中说，"真正的训育是品格修养之指导"；徐特立在《整顿第一女师之计划》中说，"至于训育方面，则重人格感化，与规则生活"。可以看出，训育在服务于教育中目的的意义上，与教学是教育不可或缺的车之两轮或鸟之双翼。现在我们转换到工程的视野，我立即想到的是人们对学校德育实效性的经常性困惑。而且我们能够发现这种困惑不只是今天特有的现象，人们对困惑释解的结果是普遍意识到了道德教育非常容易成为道德说教。在我看来，实质上是人们把训育做成教学，很有趣地遮蔽了一个真实，即训育虽借助于认知，却基本上是一个非认知的事件。人格的变化也得从认知道理和规范出发，但关键却在于人内心的冲突与平衡，以及人与环境的冲突与平衡。如果训育只是苦口婆心的摆事实、讲道理，那不过是进行了特殊知识的教学，不过是不以教学为目的教学过程。认识了训育的实质，它在人们的工程视野中才能够显现出其合理的行动景象。工程重在做，在工程的视野中，训育中做的成分会自然地显现出来。

（一）训育在教师一方表现为训诫与教导

道德教育在"德育原理"中一般被描述为：培养受教育者知、情、意、行统一发展的过程；引导受教育者在活动和交往中形成思想品德的过程；促进受教育者思想品德发展矛盾积极转化的过程；教育与自我教育相结合的过程；长期的、反复的、不断提高的过程。这样的一般性判断，具有基本正确也基本飘忽的特征，让我们知道了德育的大概。也有直白一点的论述，比如龚宝善说德育"以传统的观点说，便是一门传道进德的学问；以现代的观点说，便是一项教导怎样做人的学程"。① 龚宝善辨析了德育与教育、养育、训育及化育，结论是：德育属于教育的一部分，以养育为前奏，重心在家庭；以训育为实施的手段，重心在学校；以化育为延伸，重心在大社会和大自然。② 而依我看，如果我们立足于学校教育谈德育，那么，德育就真如前人所用，实指训育。龚宝善谈及训育时，指出训育是学校教育专用的名词，指学校教师对学生日常生活的辅导、优良品格的陶冶、健康身心的摄卫，以及不良行为的矫正等等工作。结合康德所言"教育包括照料和塑造两个方面。后者又分为：（1）否定性的，即仅仅为了防止错误而进行的规训；（2）肯定性的，即属于培养的教导和指导。指导指那种在将所教的东西付诸实施中进行的引领"③，以及"我们所理解的教育，指的是保育（养育、维系）、规训（训诫）以及连同塑造在内的教导"④，我觉得，在行为的层面，对于教师来说，训育就是他们针对学生进行的训诫与教导。

1. 训诫

训诫，听起来有些冰冷，却是教育的真实。作为教育的重要过程，训育和教学遵循着不同的逻辑。教学主要是传道授业，基本上是知识和技能领域的活动，落到实处是学生对知识的掌握和对技能的获得。训育则不同。为了影响学生的人格，塑造学生的品行，教师需要把一些道理和规范传授给学生，从此意义上看，训育也有传导的成分，但训育落到实处不满足于学生对于道德和规范的认知性掌握，而是要体现在学生德性的进益上，即所谓"传道进德"。苏格拉底曾言"知识即美德"，这只是一个道德理性主义的理想。实际的情形是知识与美德常常不同时存在，这就使得道理和规范被掌握之后的学生道德情感体验以及教师在传道之后的训诫成为必要之事。

---

① 龚宝善：《德育原理》，国立编译馆出版，台湾开明书店印行，民国六十五年（1976），第1页。
② 龚宝善：《德育原理》，国立编译馆出版，台湾开明书店印行，民国六十五年（1976），第3页。
③ 康德：《论教育学》，上海人民出版社，2005年版，第12页。
④ 康德：《论教育学》，上海人民出版社，2005年版，第1页。

训诫在行为的意义上有两个层面：一是教师以严肃的态度和教训的口气向学生宣讲道理与规范；二是教师针对学生的消极行为实施的语言形式的惩罚。

以严肃的态度和教训的口气向学生宣讲道理与规范就是道德说教。说教，即言教，用语言的方式讲道理，因讲的是道理而非知识，在说教中仅靠语言传达道理本身是不够的，还会伴有言教者对道理的肯定性情感。人之为人在于其社会性，作为社会的人，做人是一件严肃的事情。一个人智识上的不足虽不理想却不会为人诟病，若是德性上有了不足，则会受到人们的指责。由于做人是大事，教师言说做人的道理和规范时，态度必是严肃的，否则便是对道德神圣的亵渎。然而，也正因为这样，言说做人的道理与规范成为一件令人烦恼的事情。人性的自然使得人对一切的规矩具有本能性的抵触，若社会处于无宗教、非权威的状态，此种言说对于教师来说是一种心理的挑战，正因此，人们寻求道德教育的艺术。道德说教是一种价值观的传输，现实教育中还会夹杂着意识形态，无一不是需要教师严肃对待的内容。除了严肃的态度，教训的口气也会出现在道德说教中，有两种情形：一是教师个人个性和修养原因所导致的居高临下地指点和教训学生，这种情况通常会加剧学生对于道理和规范的抵触；二是教师面对学生的违规行为必须进行的言语方式的教训。现代民主社会，拒绝教师对学生的体罚、变相体罚、心理惩罚等等，如果连同教师的言语教训方式都放弃，教育恐怕就无法进行了。教育工学原则上不介入教育价值观的运行，但对于必要的教育行为略加辩护也不属于分外。

事实上，我是把教师针对学生的消极行为实施的语言形式视为惩罚的，同时认为现代教育要拒绝的是对学生身心造成明显伤害的惩罚，却不能拒绝一切的惩罚。言语形式的惩罚若是依据道理与规范、遵循教育的精神，虽可说是惩罚，仍属于训诫的范围。针对学生的消极行为实施的语言形式的惩罚，首先是惩罚，这一点无需回避，因为惩罚承载的是道德的权威和正义，更因为教育中的惩罚不同于法律意义上的报应性惩罚，而是要激起学生道德羞愧感的教育行为。无论人们如何强调教育的人文性和艺术性，都不能淡忘教育旨在成人的追求。典型的语言惩罚形式是训斥，教师通过训斥表达对学生错误行为的谴责，且会理性地指出错误行为的后果以及错误行为的不道义性。而在此过程中，教师的言语是正式的、严厉的甚至是尖锐的，其目的是要触动学生的心理世界，让学生感受到道理和规范的威严，意识到自我错误行为对他人及自身的侵害，体验到违背道理与规范带来的羞愧。应该说教师这样的教育行为在学校教育生活中每天都在发生，但几乎没有人会把它与教学这样的活动等量齐观。教育工学，采取工程的视野，视教育为一个有机的整体结构，这样原先在人们视野中消褪的训育就会浮现出来。

2. 教导（与指导）

教导与训诫相对应，按照康德所说，属于教育的肯定性的部分，就是要让与野性相对应的良善赋予人或使之在人自身生长出来。所以，训诫与教导即是破与立，破的是人身上消极的品质，立的是积极的品质。若从字面上进行分析，似乎也能够解读出教导的肯定性取向。承载社会教育意志的教师，或者希望孩子成就的父母，他们所教的内容总的说对于学生、子女是有利的，就内容本身来说应是一定历史时期善美的东西；他们要将学生或子女导向的地方，也一定是具有善美特质的。具体地说，教导重在呈示理想的人及人生，以及教育者集体所认可的实现理想必须遵循的道理与规范，旨在形成人的道德思维方式。一个出色的教育家，其核心的本领应是教导的本领。儒家的教育者就会经常性地向学生呈示他们心目中理想的人——君子的形象，如"富贵不能淫、贫贱不能移、威武不能屈"，这是对君子形象的最高概括，教育者经常性地重复言说这种形象，是属于教导之教；怎样才能成为君子呢？教育者会提出通向君子的路径，如"君子和而不同，小人同而不和""君子喻于义，小人喻于利""君子坦荡荡，小人长戚戚"等等，是属于教导之导。

沿着教导向前再深入一步是指导，如康德所说，"指导指那种在将所教的东西付诸实施中进行的引领"。[①] 训育范围内的引领，不是认知逻辑上的，而是行为逻辑上的引领，这里就涉及教育者的示范问题。师者，人之模范也。

---

① 康德：《论教育学》，上海人民出版社，2005年版，第12页。

在教学领域，教师是学习和思维的范型；在训育领域，教师是做人和做事的楷模。教师只要是理想的人至少明确地努力成为理想的人，他的存在对于学生来说就是一种无言之教。当然，仅仅做一个模范还是不够的，对于那些虽有良知却难以把良知付诸实施的学生来说，切实的指导也是必需的。道德教育中的指导与教学中的指导迥异，其中有认识和技能上的问题，但主要的是情感、态度以及勇气上的问题。认知上的问题，表现为想不通，教师的指导就是晓之以理；技能上的问题是想通之后行为的不得体，表现为做不好，教师的指导就是行为程式上的引领。相对而言，情感、态度及勇气上的指导就要复杂而艰难一些。一般教育者具有教育者的情怀虽然也不容易，但靠自身的修养还是可以达到的，而情感、态度及勇气的指导是必须建立在心理科学基础上的。我们知道，教师为了教学需要懂得学生的、知识的和学习的心理学，那么，为了训育他们是需要懂得人格心理学的。

我们对训育的思考已经深入到了行为的层次，这不仅仅是理论分析的细致化，同时也是教育工学立场的体现。教育工学重操作，自然不满足于对教育问题做本质的或原则的描述，而是考察到教育问题的行为层面，这样才能够让人的思维贴近操作。在我们知道了德育的本质、原则之后，紧接着要做的是把我们所知道的德育的本质和原则在实践中体现和实现，这样的意识本身就是教育工学意识。以此为基础，我们会发现对于训育或说道德教育，以往的人们已经有了教育工学类的思考。康德曾有教育过程三步骤的思想，第一步是管束，第二步是教化、礼貌与智慧，第三步是道德陶冶，[1] 这实际上是他的道德发展由他律到自律思想在教育中的应用。康德为公认的哲学大家，从他那里我们已经接受了工学上的启示。他说："对一种教育理论加以筹划是一种庄严的理想，即使我们尚无法马上将其实现，也无损于它的崇高。人们一定不要把理念看作是幻想，要是因为实行起来困难重重，就把它只看成是黄粱美梦，那就败坏了它的名誉。"[2] 这段话值得所有教育理论工作者铭记。

---

[1] 袁桂林：《当代西方道德教育理论》，福建教育出版社，2005年版，第7页。
[2] 康德：《论教育学》，上海人民出版社，2005年版，第6页。

(二)训育在学生一方表现为认识、反应和反思

我们可以注意到,教育学中的许多概念具有单向性,训育所包含的训诫与教导,其行为的发出者就是教师或其他教育者,而事实是教育行为虽是教育者发出的,却必须连同受教育者的行为统一起来才是整体的教育。所以,我们还需用工程的视野观照训育之中学生一方的情形。有了对教师一方的分析,学生一方的情形虽然不是形式上的一一对应,还是能自然显现出来。教师的行为是训诫和教导,其内容是道德道理和规范,其形式是与训诫和教导相符合的态度和行为。与此对应,学生一方首先存在着对道德道理和规范的认知,其次存在着对作为教育行为的训诫和教导的反应,还有一点是我们在纯粹的理论思考中容易忽略的,即学生对他自身及他人道德行为效果的反思。过去我们思考德育工作实效性的时候虽然也会考虑到这一因素,但很少纳入我们的教育设计之中。

1. 学生对道德道理和规范的认知

在教育的各种成分中,德育应是唯一永远无法与普通的社会生活分离的,但在教育知识化及意识形态合理渗透于教育的过程中,德育与普通社会生活的距离却越来越远了。教育知识化的表现是一切教育成分的实现都借助于显性的课程;意识形态合理渗透于教育表现为在德育类的课程中艺术地附加了意识形态的内容。于是,道德教育的概念被扩大,道德教育的起点成为教师对相关道理和规范的传授。又因这相关的道理和规范并非纯粹理性的产物,亦即并非知识,所以,对它的传授就轻易地滑入灌输。而对于学生来说,就存在着对广义的道德道理和规范的接受问题。

这显然牵涉对道德道理和规范的认知,在传统的道德教育理论中,对道德的认知是一个重要的开端。特殊的是,一切道德的道理和规范对于心智健全的学生来说最终都不会有认知上的障碍,但人的德性并未因此而自然完成,甚至德育在学校教育中越来越成为一个难题。如果不能回避道理和规范的灌输,我们需要提出一个问题:学生是怎样认知那些道理和规范的?在得到答案之前,有一点可以肯定,即学生以怎样的方式认知道理和规范基本上取决

于教师的思维和意愿。如果教师在灌输，学生只能被动甚至烦躁地接受。可问题是教师为什么就要灌输呢？第一位的原因应是道德道理和规范非知识，不包含纯粹的逻辑，只能以规范的形式、以告诫的语气、以不厌其烦的精神，灌输给学生。学生一方则只好以正确的态度、以记忆的方式、以尽可能大的耐心，接受教师的灌输。这似乎是一个死结无法打开，其实不尽然。问题的症结在于教师的道德教育思维和意愿。

　　道德以及意识形态并非没有道理可讲，只是其中的道理并非知识的道理，而是实践的道理。真理是多元的，道德真理也是一种客观存在，但道德的真理不是来自于科学实验和逻辑的推演，而是来自通向幸福的人类生活实践。"实践出真知"，在道德真理的形成上应该更有说服力。如此，如果要把道德的道理和规范教给学生，教师真诚的讲授可能不可缺少，却不是唯一的，更不是最好的方式。既然如此，教师为何又很难摆脱那种讲授的方式呢？一个重要的因素是工程视野的缺位。使得教师工程视野缺位的原因又在于道德教育目的的不可控制。每一位教师都清楚道德教育的目的是追求学生良好的品行，然而，形成良好的品行绝不会像一般知识学习那样始于认知终于认知，即便在认知过程中，也不会像知识学习那样较为纯粹，而是伴随着个体的情感、内心冲突等等因素。

　　学生对道德道理和规范的认知主要不是或者说基本上不存在能不能理解的问题，一旦我们把道德认知置入道德教育的整体结构和程序中，就不会执着于学生对道德道理和规范的记忆、理解，而是把它与道德情感、道德实践有机地联系起来。如此，学生对道理和规范的认知会成为一种独特的认知。其独特性有如下表现：

　　第一，认知对象的独特。在训育中，学生认知的是一种价值。透过价值的认知，学生会走进一个人的价值世界。所以，教育者与其说是要让学生"认知"道德的道理和规范，倒不如说是要让他们"认同"它。之所以要让学生认同，是因为道德是通向美好生活的一种手段。就像克里夫·贝克所说，"真诚和信任作为道德价值，不是因为它们自身是美好的，而在于它们帮助人们活得好"。① 当然，我们也可以说真诚和信任本身就是美好的，但现实地看，如果真诚和信任不能使人幸福，恐怕也会被搁置。这一点，我们随后还会论及。就价值本身来说，它根植于人性，存在着"基础价值"，比如生存、健康、快乐、幸福等等。这些基础价值本身就是目的。任何价值的倡议，如果不能带来基础价值的实现，都难以被人们认同。学生以及人们对于道德道理和规范的一切认知，都是一种基于情感和功利的认同。认同若算认知，就是一种独特的认知。

第二，认知对训育者的要求独特。俗语说，学高为师，身正为范。做教学，学高为第一要件；做训育，仅有学高或身正不够，学高身正备于一人也不够，还需要教师具备勘破人生的智慧。这样的要求，莫论高低，必定是独特的。遗憾的是能够符合这种要求的教师实在太少。这就使得道德教育从认知这第一道关口开始就遇到了难题。学高者多，身正者也不少，学高身正者也不稀奇，最难的是勘破人生的智慧者。也许人们会问，训育的成功真的需要教师具有这样的智慧吗？教师可以没有，但成功的训育的确需要。那没有怎么办呢？答案是：没有了，我们就只能在无奈中向理想的训育境界努力。勘破人生的人，能够把道德的道理和规范与人生的现实结合起来，使之不再是教条和命令，学生能因此体味到那是人生幸福的策略和人类思维极限内的高贵法则。

第三，认知对于目的的实现仅是开始。与教学的始于认知、终于认知相比，训育是独特的，认知在其中仅仅是一个开始。即便我们把道德认知看作是一种认同，那也只是一个开始。因为认同了某种道理和规范只是一个人在情感上和价值上不抵触它，并不意味着这个人必然会用行动体现他所认同的。问题是如果道理和规范在一个人那里不能现实地体现，训育与教学在感觉上并无二致。教育要培养的良善之人，需兼具良善之心和良善之行。仅具有良善之心而不为良善之行，这种结果不是教育所希望的。人是社会的存在，因

---

① 克里夫·贝克：《学会过美好生活——人的价值世界》，中央编译出版社，1997年版，第7页。

而，站在群体的立场上，良善之行更为重要。俗语又说，知人知面不知心。行为是现实的。源于良善之心的良善之行固然可贵，抱有功利追求的良善之行也不为恶。当然，对于教育者来说，追求的是心与行的统一，那就要充分认知到道德认知对于训育目的的达成，仅仅是一个开端。

2. 学生对教师训诫、教导的反应

教育是教育者主导的教育和受教育之双边行为，这一点在实践上是可感知的，在认识上是无争议的，但有趣的是在传统的训育中，学生或一切受教育者常常不能得到完全的考虑。比如在学校，学生一边是得到考虑的，因为没有他们就没有教育，没有对他们的期望就没有教育，教师自然无法无视学生。实际的训育中，教师会很重视学生及对学生的训诫与教导，尤其重视学生在其中的反应，他们缺乏的是对学生反应的合理认知。通常，学生在训育中的表现，只是教师采取下一步措施的依据，几乎没有人把学生的各种反应视为训育整体的有机组成部分。工程的视野和立场让我们容易看到训育的结构，并能让学生在其中的反应作为有意义的行为凸现出来。

面对教师的训诫和教导，学生会做出怎样的反应呢？从通常的积极、消极维度，可以划分出以下情形：

（1）顺从

任何教师都希望他的训诫和教导能够使学生顺从，这是教育进一步的前提。不过，对于学生的顺从，我们应该加以审视，因为感觉上顺从的行为表现，追究到精神内部完全可能是不同的情形。有一种顺从是对教师训诫和教导的服膺，若如是，说明学生对教师所宣示的道理和规范在价值上有了认同，或者他们对教师的教育情怀和艺术心悦诚服，故而顺从。这样的顺从来自训育的成功，当然是教师所期望的学生反应。还有一种顺从，也许不排除学生对某种价值的认同，但少有他们对教师训育的服膺，只是慑于教师的威力或是欲尽快摆脱紧张的状态而作出的反应。应该说，学生有这样的心态是正常的，但从这种心态出发的对训育的顺从却非教师所期望。问题的关键在于，学生虽然表面上顺从了，但很可能对道德的道理和规范仍然缺乏深刻的认同，很可能觉得作为训育者的教师的训诫和教导没有说服力。这样的顺从对于教师来说或可接受，但对于教育来说肯定是一种失落。

（2）若无其事

无论我们是否愿意看到，确实存在着这样一种学生，他们对于来自教师的训诫和教导总是表现出若无其事的样子。我们当然知道他的内心不可能是死水一潭，但对于任何强度和形式的训育均无动于衷。事实上，这是对教育者及其教育的对抗，只是没有采取激烈的外部形式而已。假如存在着一种若无其事，且该主体内部也没有对教育者及其教育的对抗，大概他的心基本上就死了。庄子说，哀莫大于心死。这样的学生意志消沉，进取心也丧失了，他们最需要的是教师的爱和教育艺术。

（3）对抗

对抗是教师最不愿意看到的学生反应，它是对教育力量的抗拒，也是对教师尊严的挑战。一旦训育中出现了对抗，教育就不只是失落，而是阶段性地失败了。教育失败的表征是学生的对抗，但失败的原因却必定在教师的一方。教师们一定会觉得我这样说有失偏颇，因为他们可以轻易地把教育的失败归因于学生的本性顽劣，并能寻求到类似"教育不是万能的"这样的观念支持。我们可以理解教师的苦衷以及他们的本位主义立场，而在理解之后需要做的是对训育中学生的对抗做理性的分析，这种分析工作既是深化理论的，同时也是对训育实效性差的解密。

我相信世界上真的存在本性顽劣的人，但是这样的人是极少数的，多数人还是具有相当的可塑性，这也是教育得以进行的人类学基础。训育是目的和手段的统一，又是形式和内容的统一，学生对抗训育，不会指向目的，自然是指向手段亦即形式和内容了。对内容的对抗，实为对抗道理与规范，对于学生来说一般达不到价值观层面的对抗，实质上是遵循着快乐原则的本性对约束的反抗，教师理性上是需要接受的。而对形式的对抗，应是学生在训育中对蹩脚的训诫和教导的自然应答，教师是否该考虑自己的教育智慧和艺术呢？

教育的智慧和艺术是不能简单化的，但也绝非神秘的事物，它就实际地表现为教师为实现教育的目的所有和所行的精妙构思与设计。班克斯在《社会研究的教学策略》一书中说道，有一些规则在学校和教师看来很重要，而在学生看来无关紧要。为了让学生接受规则，可以设计和完成一项实验。比如有一项涉及学生在教室外过道讲话的实验是这样设计的：

> 在你班学生正在进行拼写测试时，让另一班的学生一边大声讲话一边从你班教室旁边走过。然后，要求每个学生说明别的学生的声音是否影响到自己的拼写测试成绩。再找上一天，让这两个班级互换角色。当那个班的学生正在进行考试时，让你班的学生在他们教室附近大声讲话。把两个班级所做的观察资料放在一起。在实验结束后，讨论实验结果并谈谈学生对学校有关规则的感受如何。[①]

这项实验的内容很简单，也就是运用了人们熟悉的换位思考原理，其精妙之处就在于教师为学生创设了换位思考的情境，而不是像大多数教师那样只是苦口婆心地教导换位思考的道理。而我则意识到这个"实验"所包含的工程思维。在这里，教师用有设计的行动来诠释道理，让学生自然体验具体规则的意义，这无疑可以避免学生对道理和规范的非理性的逆反。在工程的视野下，我们也许可以说，教育的智慧和艺术，是从教师知道自己的意图、了解学生的反应出发的，以教育意图的实现为终结，其核心是能用最恰当的方式把道理和规范化为学生的行为语法。

3. 学生对自身及他人道德行为效果的反思

训育不以学生对道理和规范的认知为其终结，也无法满足于学生表面上的服从，这就是训育之难。在谈及学校德育的时候，学校的教师或管理者常常会说，"学校五天的教育，抵不上家庭和社会两天的影响"。若问为什么会这样，人们一般会作这样的解释，即学校之外存在着与学校训育标准不一致的现象，学生受此熏染，所以远离了学校教育主张的道理和规范。这一解释

[①] James A. Banks and Ambrose A. Clegg, Jr. Teaching Strategies for the social Studies. London: Longman, 1990. p358.

显然是不彻底的，因为并没有解释清楚为什么学校之外的那些消极现象能够让学生趋从而不是相反。对于这样的疑问，我们可以从心理学的角度去分析，而我以为这主要是一个社会学问题。如果考虑到心理学的因素，那就是学生对自身和他人道德行为效果要进行反思。在反思的过程中，学生也会遵循善的原则和功利的原则，他最终的思想和行为倾向就取决于反思的结果。

学校教育是一个相对独立的系统，在其中运行着一整套较为纯粹的逻辑。学生良好的表现，会受到来自教师的表扬和鼓励；学生不良的表现则会受到教师的批评和惩戒。如果学生不走出校园，不接触学校之外的现实社会生活，训育的目的就要相对容易实现。当然，这里有一个前提是学校文化需是纯正的，否则，学生不用接触学校之外现实的社会生活，训育目的的实现同样困难。训育之难，关键在于学生不是简单的道理、规范接收器，他们具有独立的感受、分析和判断的机会和能力。修养极高的人是依据自己认定的原则行动的，一般人则会在不同的程度上接受效果律的支配。具体地说，即使人们在情感上、价值上认同了一定的道理和规范，如果基于一定道理和规范的行为给人们带来的大概率结果是消极的，他们也会实际地放弃一定的道理和规范；相反地，即使人们在最初并未认同某种道理和规范，但如果违背了它就获得大概率的消极结果，他们也会重新审视某种道理和规范。也不能把这种现象做简单化的理解，其中存在着人们并不见得肤浅的反思。

当学校和教师为训育之难而挠头的时候，学生实际上也常常陷在因所接受的道理、规范与社会现实不尽一致或严重冲突所形成的精神困扰中。其结果可以是两个方向的，一是学生依据自己认同的道理和规范去批判社会现实，这种情况在学生那里并不具有普遍性；二是学生在内心用社会现实的事实战胜了道理和规范的理想。我们似乎一直在打着哑谜，说白了，在现阶段的社会现实中，德行不得善报、恶人盆满钵满的现象并非个别，而且缺德者不以为耻，行善者反自觉迂阔，学校训育的环境条件的确有些问题。但历史地思考，哪一个时代没有那种消极现象呢？所以，训育之难也必然是具有历史普遍性的。在此基础上，教育者就必须正视学生对于自身或他人道德行为效果的反思。教育有一个侧面的使命是帮助学生社会化，教育者自然期望学生接受占统治地位的价值观和意识形态。可是，如果在学校纯粹教育逻辑中训育出来的学生在现实社会生活中屡屡不顺，从而部分背弃了学校教导的道理和规范，教育者也不得不接受这一事实。

有了工程的立场和视野，训育在不失其严肃的基础上，还是一种结构明晰的、可以落到实处的行为。它需要纯粹的原则，也需要智慧的设计；它没有教学那样容易控制，也因此需要更为开阔的思路。如前所述，工程视野中教育仍然是客观存在的教育活动自身，只是教育活动的一些特征和信息更容易显现出来，这对于全面理解和更有效地实施教育是必要的和有益的。

三、工程视野中的教育辅助活动——以学校管理活动为例

教学和训育是学校里的核心活动，正是它们标示了学校的教育性质。但与此同时，也不可忽视了因它们而存在也是为它们而存在的一些辅助性活动。这样的活动会有许多，比如行政、管理、后勤服务等等，都属于此类。在其中，管理又是相对核心的，因为，行政在意义上虽属管理，但属于公共政务系统；后勤服务虽然意义重大，但可归于能量系统。只有管理关涉具有生产职能的组织单位，与组织的目标、任务联系在一起，并以组织成员为作用对象，与组织的核心工作关系最为紧密，因而可视之为第一辅助性活动。我们在此仅以管理活动为例来说明教育辅助活动，应该有利于丰富人们对教育活动的认识。

还有一种活动，它往往由管理者发起或代为发起，由管理系统执行，作用的对象仍是组织的核心行为，它就是改革。如果管理者不可以突出改革的符号，改革行为在实际的组织运行中是无异于管理的，最多可以说，改革借助强有力的管理得以实行。对于教育，我倾向于一种工作的立场，强调一种生态学观点，因而，当使用工程的眼光审视教育时，对作为教育辅助性活动的管理和改革予以关注。我相信，采取如此立场的教育工学将不仅把教育理论和课堂里的教师连接起来，同样会把教育理论连同管理、改革理论与学校里的管理者联系起来。

如果问询学校教师，谁在学校从事管理工作，他们通常会说是校长、副

校长、主任、副主任。若进一步让他们描述管理工作的特征，他们通常会说，那些校长和主任常常向他们发号施令、提出要求、设置标准，并对他们的工作进行督促、检查，间或还会对他们进行鼓励或批评。但有趣的是，如果按照教师们的描述，他们自己实际上也是从事管理工作的人，区别仅在于他们在校长、主任那里是管理的对象，而在学生那里他们则是管理者。从这一现象可以看出，管理在学校教育工作中是普遍存在的，它的确不是教育活动自身，但由担任管理者角色的校长、主任进行的管理活动直接作用于教育者，而作为教育者的教师，固然做的是教育工作，却同样离不开管理的方式。有一点是明确的，即管理者对教师的管理相对教师的教学、训育所发挥的是辅助作用，教师自己对学生的管理之于他的教学、训育仍然是一种辅助性活动。

那管理具体是怎样的活动呢？换言之，管理活动是如何辅助教育的核心活动的？这种问题是教育工学尤其要关注的，只有关注到行为的层面，才能让人的行为与相关思想、理论的关系自然地显现出来。现在我们需要对管理有一个基本的认知，鉴于工程与系统理论之间的密切联系，我们看看系统论者的管理观是怎样的。有研究者说到，系统论者一般认为"管理就是根据一个系统所固有的客观规律，施加影响于这个系统，从而使这个系统呈现出一种新状态的过程"。[①] 从这一认识中，我们能够清楚地看到：（1）管理有一个对象系统，对于学校里的管理来说，其对象系统就是教师的教育活动系统；（2）管理是对对象系统的影响，学校里的管理就是要对教师的教育、学生的学习和成长施加影响；（3）管理的目的是要使对象系统呈现出新的状态，学校里的管理就是要保证教师教育和学生学习、成长能够处于一个理想的状态。依据管理学的思维，管理的实现是通过它的职能的发挥进行的。由于管理的基本职能是决策、组织、领导、控制、创新，[②] 学校里的管理也是通过这些职

[①] 周三多等：《管理学——原理与方法》，复旦大学出版社，1999年版，第10页。

[②] 周三多等在《管理学——原理与方法》中汇总了不同管理界定中提到的管理职能，有15种：决策、计划、组织、用人、指导、指挥、领导、协调、沟通、激励、代表、监督、检查、控制、创新。认为管理理论与实践证明，决策、组织、领导、控制、创新，是一切管理活动的基本职能。作者认同这一认知。

能的发挥来辅助教育核心活动的。

(一) 管理通过决策规定教育活动的方向

发生在生产、生活中的教育活动，它的方向首先取决于担任教育者角色的个人，其次基本上是传统作用的产物，是不需要管理系统进行决策的。但对于现代学校来说，教育活动的方向就不完全是教育者某个人的事情，仅仅依靠传统也不能完全解决。宏观地说，在整个教育系统，教育活动的方向是由政府来决策的；具体到学校，教师的教育活动方向在很大程度上是由以校长为核心的管理系统决定的。正因此，实际运行的教育在方向上常常会出现学校意志和国家意志不一致的现象，而教师则常常在这两种意志之间左右摇摆。说到此处，一个有趣的问题呈现了出来，即学校管理系统的决策对于教师的教育活动固然是辅助性的，却不必然是一种积极的辅助。

如果学校秉承了国家的教育意志，而政府的教育意志是合理的，那么学校管理对教育方向的决策，对教师的教育活动就是一种积极的辅助。

如果学校秉承了国家的教育意志，而政府的教育意志是不合理的，那么学校管理对教育方向的决策，对教师的教育活动就是一种机械的约束。

如果学校不秉承国家的教育意志，而政府的教育意志是合理的，那么学校管理对教育方向的决策，对教师的教育活动就是一种消极的扭曲。

如果学校不秉承国家的教育意志，而政府的教育意志是不合理的，那么学校管理对教育方向的决策，对教师的教育活动就是一种积极的引导。

以上情形是一种可能性的排列，但并非一种游戏，每一种倾向都可能发生在现实社会中，至少会发生在社会历史之中。合理的国家教育意志不能被学校管理系统秉承，这在当下就是现实的。比如基础教育领域的应试问题，人们很容易感知到学生的苦痛，事实上，教师的苦痛并不比学生少，因为学生对教育的真谛既无认知也不追究，只以为学习就应该是苦痛的，若失败了则是由于自己的不成器。对于教师来说，情形就大不相同了。虽然他们很可能从应试的成功中获得利益，但他们知道真正的教育是什么样子，因而他们的内心是存有冲突的。在这一事例中，我们要知道政府从来就没有主张过应试教育，学校演变成一个应试机构，部分是学校管理系统在教育能力不足、外部压力很大、多种利益驱动的背景下，对教育活动方向决策的结果。

此时我意识到，当学校管理系统屈服于各种压力和利益时，实际上是不需要对教育活动的方向进行决策的。即便有决策的意识，也绝不会指向对教师教育活动的辅助。而学校的管理系统如果只是对不合理现实的趋从甚至迎合，那这个系统反不如无所作为，因为，错误的作为对于教育活动只能是一种伤害。以教育工学的眼光看，今日学校教育的症候，根源就在于一个现实且严密的教育意志运行结构：（1）国家的教育意志被地方教育行政部门尤其是学校管理系统悬置；（2）各种不合理的价值观、压力和利益成为学校管理系统决策教育活动方向的依据；（3）教师的教育意志在学校管理系统的作用下逐渐磨灭，并最终成为管理系统的合作者。经由这样的运行，国家的教育意志和教师的教育意志就完全被强大的世俗文化战胜了。由于教育现实逻辑的混乱和倒错，学校管理系统很多时候不仅没有为教育活动决策正确的方向，还会把教育活动带到错误的方向，甚至可能使教育活动极大地丧失自己的本性。若是这样，学校管理系统对教育活动方向的决策就谈不上辅助，反而会在一定的程度上用错误的逻辑和现实的压力及利益对教育者实施绑架。

回归理性，在理想的学校，管理系统的确是通过决策为教师的教育活动确定方向的。人们不必想当然地以为教师一定知道教育的方向在哪里，他们的学科教师角色和学校员工的角色，决定了他们的学科本位和工作中心立场，这当然是自然和可以理解的，但也的确是教师个人局限性的缘由。学校管理系统很有必要在国家教育意志的基础上，根据自己对教育的理解和学校的个性，为本校教师的教育活动决策出合理的方向。这一方向也许只是以观念的形式存在，可能就是一个口号，但它对于教师的教学、训育等教育活动具有引导作用。我们这样说，是不是把决策简单化了呢？非也。决策的内容可以有很多，但只有对教育活动方向的决策才对教育活动具有实质性的作用。

（二）管理通过组织协调教育活动的力量

学校管理系统通过决策规定了教育活动的方向之后，依着实践的逻辑紧接着的工作就是思考力量的组织和行动的策略问题。其中的行动策略问题，主要是要发挥教育者个人的创造力，管理系统能够也应该有所作为则是本着实现存在于教育活动方向的目的的立场，对各种现实的教育力量进行组织与协调。我们知道教育活动是由教育者个体承担的，但任何一个教育者都无法单独完成作为组织的学校的教育目标，因此就存在着一个所有教育者个体力量的协同合作问题。而每一个教育者，比如学科教师，必然具有合理的岗位意识和本位主义立场，为了自己的工作绩效最大化，他们自当勤勉，但也不可避免地会与同行们就教育资源（时间、空间、政策等）发生冲突。如果不考虑学校教育的整体利益，谁也没理由批评发生冲突的任何一方，但问题是当每一个教育者都只顾及自己的绩效和利益而无视组织目标时，对于组织来说，就不仅仅是运行失序，其目标实现也会成为不可能。管理的必要性正是基于此种情势而产生的。

　　管理系统对教育活动力量的组织，其意图很明确，就是要服务于教育活动目的的实现和过程的有序运行，其路径通常有两种：其一，纯粹借助管理者个人的直接组织、协调来实现。这种做法在规模较小的学校中常常存在，而且也不失为一种现实的选择。教师个人会把自己在工作中涉及与同事协同的无法解决的困难或苦衷向管理者申告，管理者接到申告之后，合理的作为一般是站在学校全局立场上，面对作为与事件相关的教师个人摆事实、讲道理，说服教师合理妥协，面对所有的当事人则要尽协调之功。显而易见，这样的协调工作对管理者的工作艺术是有要求的。其二，纯粹借助管理制度对教育资源进行合理分配，从根源上避免教师之间因教育资源引发的不协调。当学校规模达到一定程度的时候，这种选择几乎是必然的。有了制度，教育者个体会遵守规则，在一定的范围内运行自己的教育活动。每一个人都遵守了制度，教育活动的力量客观上就得到了组织，分散在教育者个体那里的力量就被集合为一种合力，学校教育的目标因此得以实现。然而在现实中，这种"纯粹"基本上不会存在。每一个学校无论规模大小都会有一定的制度；由于人不是机器，无论一个学校的管理制度有多么严密，都无法保证教师能够按部就班、循规蹈矩。一方面教师个体的工作状态会出现不稳定，另一方面教师之间并不会因制度的存在就能避免各种各样的冲突。所以,管理系统对于教育活动力量的组织和协调,在现实中必然是制度的约束与管理者的组织、协调共同发挥作用。

在组织、协调这一管理的层面,我们还必须考虑到教师。作为学校教育活动的承担者,教师会成为管理系统作用的对象,换言之,他们是被管理的人;而作为学校教育活动的主体,教师又会组织学生的学习,控制学生的学习过程,还会对学生在学习和学校生活中的消极行为进行干预,对积极的行为进行鼓励,他们也是管理者。而作为管理者,教师主要是组织者和领导者,他们要组织课堂活动,领导整个学科学习,以此管理的职能确保教学活动的秩序,彰显教师在教育中的主导性作用。和学校管理系统的管理者一样的是,教师对学生的管理也是与对象活动的力量有关,不同的是教师对学生的管理,组织和协调的是学生学习活动的力量。对于这一事实,人们的认识还是比较到位的。以教学为例,尽管无人不晓其基本职能是传授知识与发展智力,但几乎无人不关心对学生学习积极性的激发以及对课堂气氛的组织和控制,因为人们深知没有这样的辅助性活动,知识和技能不可能因为教师的尽心讲授和示范就自然顺利地被学生接受。还值得一提的是,许多教学模式所展现的与其说是教学的机智,不如说是组织的智慧。从此管窥,教育辅助性活动,虽为辅助,却也与核心的教育活动无法剥离。

(三) 管理通过领导凝聚教育活动的意志

领导是管理职能中与人性与艺术具有最紧密联系的内容。在小规模的组织中,领导和组织常常难以分离,但在较大规模的组织中,领导则会在组织职能之外独立发挥作用。人们对领导的理解,我们这里说的是作为管理职能的领导,他具体表现为管理者为了实现组织的目标而对组织成员实施的指挥、协调、引导和激励。显而易见,领导行为发生在人与人之间,是人性的互动过程,最需要一种艺术,也最具有艺术发挥作用的空间。领导者是人,领导的对象是人,领导者通过指挥、协调和激励,是要让组织成员的功能得以尽可能地发挥,而其机制则是对组织成员工作意志的凝聚。在学校,管理者领导的对象是两种人，即教师和学生，他们是教育活动中教育和接受教育两类活动的主体，管理的领导职能就是在他们那里实现的。校长等管理人员对教师的领导、教师对学生的领导，说到底就是分别对教师和学生工作意志的凝聚。

校长等学校管理人员首先要对教师实施指挥，把教师带向学校教育的目标方向，具体的实施方式是指引和带领教师走向目标。指引主要是观念上的导向，带领就是实际的行为。所以，我们容易感受到的也是最为期待的指挥就是管理者的带领。人们常说，校长是教师的教师，是学校的头羊，这都是在强调校长的示范、引领作用。这就需要校长能够代表正确的教育方向和先进的教育思想，同时还要具有相当优异的人格魅力。教育方向的正确、教育思想的先进能够保证指挥有意义，优异的人格魅力则能保证指挥的有效实现。把这两个方面结合起来，校长就能够借助指挥凝聚起教师教育活动的意志。班主任在班级管理中也存在着指挥的问题，这是因为班级作为一个组织，应有它自身的目标和追求，而如果没有教师的引领，班级目标也会付之阙如。课堂里的教师对学生同样可以发挥指挥作用，只是课堂中的指挥，表现为教师对学生认知、情感、态度、价值观的引领，似乎超出了日常理解的边界，才不会轻易进入管理学的视野，实际上，伴随着教学进行的管理是教师课堂行为的核心成分之一，指挥自在其中，其功能也是凝聚意志。

其次是协调。这是指管理者对组织成员之间的不和谐甚至冲突状态进行的干预。教育活动像其他组织活动一样，是需要组织成员合力而为的，然而，每个个体的个性、价值观等方面的差异，又使得合力并不必然自然形成，这就需要管理者进行必要的协调。协调的对象表面上是人与人，实质上是个性与个性、价值观与价值观。协调不是要掩盖差异，而是求同存异，转异求同，自然是需要管理者具有较高的境界和协调的艺术。教育的运行不是机械的运动，作为教育者的教师和作为受教育者的学生并非简单的指令接受者和执行者，理论意义上的各司其职在实践中是不可能完全实现的。管理者的协调正是在这里可以产生影响。学生的学习看似是个体化的行为，然而在强调主体性和生生合作的新教育精神之下，学生的学习也成为与其他同伴的集体行为,何况学生在学校也不是学习机器,也不只是接受知识与技能,他们在接受教育的过程中,一样会与同伴发生个性与个性、观念与观念之间的冲突,教师为了带领学生实现教育的目标,同样需要以管理者的角色进行协调。

再次即激励,其核心是要激发和调动人的积极性。任何事情都是人来做的,人的精神状态对做事的状态会直接产生影响。因而,现代管理,无论哪一个领域,都十分重视对组织成员的激励。激励的机制是管理的作为与组织成员的需要和性情的结合。一个学校里,员工少则二三,多则上千,规模小时,管理直接作用于一个人,规模大时,管理也需要作用于一类人,员工的工作状态、效率,基本上制约于管理对他们需要的满足程度和与他们性情的契合程度。教育系统,尤其是学校运行中的问题,最主要的就是专业性和积极性两个方面,其中,专业性问题是一个历史的演化问题,积极性问题却是当下的问题。在整个教育专业化现实相对稳定的前提下,人的积极性会成为现实中的第一问题。课堂里的学生学习,情形也是如此。学生个体之间固然有智力上、个性上及知识基础等方面的差异,但影响他们学习成绩的一个相当重要的因素就是学习的积极性。这也使得教师之于学生,不仅仅是一个传授知识的人,还需是一个管理者,运用各种策略激发和调动学生学习的积极性。

(四)管理通过控制优化教育活动的状态

无论管理怎样体现人本主义的精神,控制总是客观存在的,这也是人们对于管理会产生天然抵抗的原因。本着工程的立场,我们能意识到组织成员在组织中实际上是被视为活动元素的,管理者施于他们的管理行为,实际上是指向组织活动元素的。我们不难见到管理者,比如学校的校长或者教务主任等管理人员,他们在工作过程中严肃、刻板,一旦离开工作情境常常变得亲切、和蔼。其秘密就在于离开了共组环境,教师对于校长、主人来说就不再是活动的元素,而成为独立的个人。然而,人的理性是有限的,无论是校长还是教师,无论是教师还是学生,都很难把彼此仅仅看作是工作角色,从而使管理在理论上可以高度地程序化,但到了现实中就因人的因素人为地复杂化了。传统的管理对象为人、财、物、事，核心是事，重点是人，财与物不过是为了做事要分配给人的资源而已。

　　学校里的事，简而言之就是教学和训育，涉及的人就是教师和学生。为了让教学和训育有效进行，管理系统要对财务资源进行分配（其实就是对财务的控制），但核心还是要通过控制人来控制事。学校管理系统对教师和学生的控制可以分为两种：过程控制和结果控制。过程控制发生在教育过程中，直接指向教师和学生的行为，手段表面看来是管理人员的言行控制，实际上是对"规则"的实施，目的是要保证作为活动元素的教师和学生能够有效发挥活动元素的作用。结果控制是一种附带着强化物的结果期望对教师和学生无形的控制作用，就管理而言，学校里的结果控制主要是对教师发挥作用的。学校会对教师的工作结果有一种期望，为了能使这种期望大概率地实现，管理系统会对不同的工作结果进行赋值，以期对教师发生诱导性作用。应该说，今天的管理者是很重视结果控制的，有时候能够重视到过分的程度，这是因为他们对人性做了消极的假设。如果有管理者能够让组织成员建立起有效的自律系统，他的管理一定是高度卓越的。

　　管理还有一个基本职能是创造，对于这一点，我们并未做阐释，因为一旦创造的职能发挥，必然会促生规模、程度不同的改革行为，而改革，虽然就发生在教育工作过程中，但显然对它身在其中的教育工作过程具有批判倾向。所以，我们更愿意把体现管理创造职能的改革作为教育工作过程中的工学活动来加以审视。本章我们用工程的视野看教育，实际上是立足于整体的思维、实践的眼光和操作的兴趣对教育的理性观察。因为看的仍是教育，看到的与人们已经看到的自然有相似或相同之处；因为把教育置入工学的视野，我们也的确看到了以往人们没有看到或没有看清楚的成分。概而言之，在工程的视野中，教育活动不再是一个抽象的概念，而成为我们可以触及，并能够在思维中操作的一种意识内容，它不是实际，但很形象，它反映着实际，却可以在思维中变形，进而，教育中人们的创造会具有更大的可能性空间。

第二章 教育活动中的工程行为

　　工程视野中的教育活动的确能显现出它自身本就具有的某些特征，这可以说是我们走进教育工学的第一步，向深处延伸，我们会发现平常看来与工程无关联的教育活动，其中也客观地存在着工程行为。这种现象的存在，只有一种合理的解释，即在人类的一切有意识的实践活动中，普遍存在着一些后来被视为"工程行为"的要素，只是这些行为到了典型的工程理论和实践中，被人们在科学的基础上、在技术的方向上进行了不断的武装，反过来在一般的非工程活动中，"工程行为"因其基于日常思维，因而在人们日常的视野中是见不到"工程"痕迹的。实际上，语词不过是先在的某种事实的符号，在没有"工程"一词的时候，工程的事实已经存在，只是人们没有实现语言的进而思维的自觉，这就阻碍了事物在工程方向上的发展。人类的实践活动有很多领域，作为其中之一的教育活动，在"活动"的层面上，与其他领域的实践活动是具有共通性的，主要反映在活动的基本结构和人基本的实践行为上。教育活动的特殊性在于教育，其一般性则在于它和其他实践活动一样，都有自身的任务，都包含着为了任务的有效完成而进行的"劳作"。这里的劳作，其基本的成分完全可以借用工程学的观点来说明，即设计、制造和控制。当然，具体到教育活动时，我们要根据教育的特殊性对设计、制造和控制进行合理阐释。首先，教育活动是包含着设计的，无论是在其核心活动——教学、训育中,还是在其代表性的辅助性活动——管理中,都存在着设计问题,只是在不同活动中的存在、表现方式不同而已。其次,教育活动也是一种"制造"活动,是一种制造新人的过程。我们可以不喜欢"制造"这一语词,却不能否认"培养""塑造"等等说法实质上也在表达"制造"。当我们今天有意识拒绝"制造"的时候,可曾想过"培养""塑造"同样是人类其他实践领域劳作的语言表达?由于教育在人类活动中的非基本性质,在说明教育的时候难免要参照预先成熟的人类其他实践话语系统。既然是参照,引入教育领域的话语,是需要进行加工的,因而,我们只要揭示出了教育活动中"制造"的特殊内涵,就可以平静地放弃对工程类概念的排斥立场。我1990年论及教学质量时就曾用"设计质量"和"制造质量"说明教学过程质量,[①] 并未丝毫损伤到自己对教育充分人文化的理解。最后,教育活动同样内含着控制活动,曾经风行一时的教育控制论研究的就是这个领域的问题。后来教育控制论淡出人们的视线,我想应是其过于刻板和机械地应用了控制论的思想,而未充分考虑教育自身的特殊性质,这也是我们教育工学研究中应该有意识避免的认识偏差。

一、教育活动中的设计行为

工程意义上的设计是与造物活动联系在一起的,是人对造物活动的预先计划。如果我们能够把所造之物,理解为物质之物和精神之物的总和,那么,设计就是一切人类实践的基本组成部分,我们就可以把任何活动的计划过程理解为设计。人的实践活动是有意识的。有意识,一方面意味着有目的,另一方面还意味着有计划,目的的有效实现需要计划,计划则因有目的才有意义和可能。人的目的性活动通常是有计划的,不同的活动者或许会因个性化的因素呈现出不同的计划品质,但完全没有计划意识的情况几乎是不存在的。当然,微弱的计划意识远远算不上工程行为,即便活动者花费专门的时间进行了计划,也不必然是工程意义上的设计,我们只能说设计是属于计划的,

---

[①] 刘庆昌:《论教学论新范畴的教学质量》,《运城高专学报》,1990年第1期。

但属于计划的高阶水平。简单或价值轻微的活动设计有时候可以是一念之间的事情，若是复杂或价值重要的活动设计，就可能花费较长的时间，甚至要把设计书面化，这就接近工程意义上的设计了。工程领域的人们一般会认为，"设计是把一种计划、规划、设想通过视觉的形式传达出来的活动过程"。[①] 这里，我们不必执着于艺术设计中的"视觉形式"，就很容易让教育活动中的设计行为显现出来。

（一）教学设计

教学中的计划，俗称备课，涵盖一个教师在课前所做的一切准备活动，其核心是他对未来课堂教学的筹划、构思、设计。教师为未来教学做什么样的准备，包括准备什么样的教具，都是以他对教学的筹划、构思、设计为依据的。对于备课，过去的教学论有理论上的说明，学校教育现场更有操作性的规范，主旨无外于教师为了完成具体的教学任务，根据学生、教学内容及教学条件的状况对教学过程进行筹划与构思。实践领域是很重视备课环节的，人们会把备好课看作上好课的前提。但客观而言，由于支撑教师备课的是并未完全超越日常思维的、正确却模糊的理论，备课在普遍意义上仍然是缺乏设计内涵的。当然，人们也可以拒绝更为细微的设计，但结局是我们的教学恐怕得停留在一个较为朴素甚至粗放的水平上。

把备课向设计推进的一个重要的阶段是人们把备课理解为教学决策，这种认识可以追溯到20世纪70年代。有研究者指出，最早把"决策"引进教育，提出"教学决策"概念的代表人物是美国的亨特（Hunter），她在1979年就意识到专业的教学决策不同于奉献和热爱学生；赫斯特（Hirst）、金尼（Kinney）和韦斯（Weiss）1983年提出了教学决策的六步骤：察觉问题、界定问题、思考两个以上的变通方案、评估变通方案、实践所作决策的计划和评价结果；谢佛尔逊（Shavelson）也在1983年指出决策是一种基本的教学技

[①] 王受之：《世界现代设计史》，中国青年出版社，2009年版，第12页。

能。① 相较于基于经验的教学准备，视教学的准备为决策无疑使备课操作更具有某种专业性质。而且，设计的迹象在教学决策中也相当明朗。

在国内，作者较早指出备课是一种教学决策活动，认为教学决策是教学艺术化的前提，是造就教学艺术家的重要途径。对于如何进行教学决策，作者认为教学决策包含考虑和选择两个过程，进一步认为教学决策包括四个阶段：明确教学目标和内容、了解学生的初始能力、可能性教学方案的设计、教学方案的权衡与选择。教学决策的结果是教学策略和方案，它是对教学全过程、全方位的计划。具体而言，教学方案包括以下内容：对教学目标作详尽的解释；指出教学内容的组织方法；对教学方法作操作化描述。② 我们的思考受到了德国教学论专家克拉夫基和苏联教学论专家巴班斯基的影响，其中具有明显的教学设计倾向。

当然，真正具有工程内涵的就是教育技术学范畴中的教学设计了。这一方面，我们知道加涅是一个具有代表性的贡献者，他和他的合作者在学习论和教学论的基础上，开发出了一门较为成熟的运用科学心理学和科学取向的教学论原理解决教育教学实践问题的技术，即教学设计。正是他们的工作使教育实践与科学心理学之间的鸿沟逐渐被填平。加涅已于2002年去世，但他1992年出版的《教学设计原理》（第四版）经他的学生和同事修订在2005年出版，使得他的核心思想（学习分类和教以学为基础）与新的时代特色（信息技术、建构主义）相结合，继续引领着教学设计的研究和实践。

对作为工程行为的教学设计，我们不妨以加涅及其合作者的理论为基础进行必要的解读。

1. 关于教学设计的基本假设

加涅提出了六个教学设计的基本假设：

（1）教学设计必须以帮助学习过程而不是教学过程为目的。

---

① 宋德云、李森：《教师的教学决策：内涵构成及意义》，《课程·教材·教法》，2008年第12期。

② 刘庆昌、杨宗礼：《教学艺术纲要》，教育科学出版社，1993年版，第85—104页。

我们的解读：首先，教学设计是服务于学生学习的手段；其次，既然是"帮助"学习过程，设计的结果实际上是学习的条件；再次，教师的设计，服务对象是学生的学习，教和学在思维中自然成为系统。

（2）学习是一个受许多变量影响的复杂的过程。

我们的解读：学生的学习受很多因素的影响，即便使用日常思维也可想而知，此处使用"变量"概念，显露出明显的科学倾向；意识到服务对象的复杂性，设计者头脑里是具有自觉的"处理"意识的。这里所说的"处理"意识，内含分析、解剖、审视以及干预的倾向。事实上，卡罗尔就指出了影响学生学习的五种变量：学生的毅力、允许学习的时间、教学质量、学生的能力倾向和学生的学习能力，并指出这些变量之间并非无关，教学设计者应综合考虑。

（3）教学设计模型可以在多种水平上运用。

我们的解读：教学设计可以服务于一节课，也可以服务于一门课。加涅在说明这一假设时说："教学设计可以是单个人的努力，或者在另一个水平上，可以包括设计者、学科专家、评价专家以及生产人员在大规模项目中组成的团队。"读到这段话，我意识中极其自然地想到了工程。

（4）设计是一个反复的过程。

我们的解读：一次性的设计不可能完美，反复的设计才趋向完美。

（5）教学设计本身是一个过程，由一些可识别的相关子过程组成。

我们的解读：简单的教学设计可以是一次性的单个的过程；复杂的教学设计，则会把整体的过程分解为单个的部分，每一个部分都可以单独进行，就像一个大项目。

（6）不同类型的学习结果需要不同类型的教学。

我们的解读：这是一种匹配，是基于学习和教学的科学的匹配。

从这六个基本假设中，我们已经感受到了教学设计明确的工程倾向，在这种倾向面前，那种千百年以来的朴素的教学忽而从我们的意识中隐去，忽而又散落成了碎片。科学是分析的，基于科学的设计总是要用理性把朴素、混沌逻辑地撕裂。尽管我们对教学设计的说明才刚刚开始，但洋溢在其中的技术理性已经刺激到了我的警觉。我相信，在理论上，教学设计一定是高效率的、可控制的，但学校的学生不只是学习者，还是受教育者，他们无疑拥有一个能够完成认知任务的大脑，但他们更有一个完整的精神世界。如果我们只是把学生看作是学习过程的构成者，教学的教育性将难以实现。我们的教育工学珍惜工程的思维、意识和眼光、立场，但有一个基本的信念不能忽略，即任何的手段只有归于教育的目的才具有教育的价值。

2. 关于教学系统设计的 ADDIE 模型

教学系统也被称为学习环境，这两个术语指的都是"一套在促进、支持学习活动的过程中相互作用的因素"。[①] 教学系统的设计过程被加涅分为五个阶段，即分析（analysis）、设计（design）、开发（development）、实施（implementation）、评价（evaluation），简称为 ADDIE 模型。具体来说，教学系统设计的每一个阶段又包含着一些子步骤：

分析

（1）首先确定需要，即要利用教学来解决的问题。

（2）进行教学分析以确定教程的认知、情感与动作技能方面的目的。

（3）确定期望初学者所要具备的技能以及哪些技能会影响对教程的学习。

（4）分析可利用的时间以及在这段时间内可以实现多少目的。有些学者还建议进行情境或资源分析。

设计

（1）把教程的目的转换成表现性的结果与主要的教程目标（单元目标）。

（2）确定所涵盖的教学主题或单元以及用于每一个主题或单元上的时间。

（3）依据教程目标安排单元顺序。

（4）充实教学单元，确定每一个单元所要达到的主要目标。

（5）确定每一个单元的课与学习活动。

（6）开发出评价学生已习得内容的具体标准。

开发

---

① R. M. 加涅：《教学设计原理》，华东师范大学出版社，2007 年版，第 20 页。

（1）确定学习活动与材料的类型。

（2）起草学习材料或学习活动。

（3）在目的受众中进行材料与活动的试用。

（4）修改、精炼、生产材料与活动。

（5）开发教师培训或附加材料。

实施

（1）购买材料以便为教师或学生采用。

（2）在必要的时候提供帮助与支持。

评价

（1）实施学生评价计划。

（2）实施教学评价计划。

（3）实施教程维护与修改计划。[①]

  这是教学系统设计的一般模型，也可以叫做理论模型，是教学系统设计的大思路，对于具体教学系统的设计，设计者则需根据需要做种种的变型。本书旨在阐明教育工学的原理，便不再深入介绍和探寻教学系统设计的各种变型。仅就 ADDIE 模型来说，我们就能注意到这样几个方面：

  其一，教学被视为一个系统。这实际上是教学工作工程化的思想前提。传统的教学显然没有这样的认识，即便教师偶尔会意识到教学是一个系统，也会被习惯性的观念迅速遮蔽。然而，只有当教师把教学明确地视为系统之时，他们才会运用系统的眼光审视教学。在职业劳动中，一种观念自觉与不自觉不仅是劳动者的意识水平问题，还标识着劳动本身的进化程度。可以想象，没有自觉系统观念的人，他的劳动基本上是跟着感觉和传统定式走的，应该说这样的劳动在感觉上也是一体的，但在劳动者那里却是浑然而少有分析。

  其二，教学系统被视为学习环境，也就是学习的条件。这一认识在加涅等人那里当然是顺理成章的，而在一般教师那里他们的教学和学生的学习不

[①] R. M. 加涅：《教学设计原理》，华东师范大学出版社，2007年版，第22页。

仅在实践层面不可分割,在意识中同样也是难以分割的。正是这种难以分割使得教师尽管在课堂教学之前必然会进行备课或教学决策,但把自己的教学看作是学生学习的环境、条件就不是我们想象的那么容易了。在我国,教学理论界曾经争论教师和学生在教学过程中的地位,多在主导、主体问题上大做文章,实际上,超越朴素的辩证法追求,在系统论的指引下审视教学,就能够发现学生的学习是核心过程,教师所提供的一切(行为、材料、环境等)都是学习的条件。认识到教师及其教学的条件特征,教学设计就有了坚实的观念基础。

其三,教学系统"设计"本身被视为一项极为正式的工作。教师教学劳动的全部内容包括设计和实施,其中的实施是与学生联合完成的,而设计则是实施之前的、实施幕后的工作,自然是由教师单方面完成的。即使教学走向了彻底的民主,让学生也参与到设计之中,教师仍然是教学设计的负责人。我们这里要强调的是,对即将到来的教学过程进行准备是一种常规,但能够把教学准备做到设计的程度并非无需努力的必然。从 ADDIE 模型中,我们能够感受到一种浓郁的"科学"和"技术"气味,其五个环节的运行不是很"像",而应该说完全就"是"一种工程活动。

3. 关于设计教学

换了一个角度,加涅用大量的篇幅阐述了"设计教学",我以为这是极为正式地直面"设计"这一行为,是符合实践逻辑的,又是对教学与心理学理论的切实应用。

(1)确定表现性目标:意图是使教学目标精确化,实质是把通过教学获得的结果尽可能清晰地陈述出来,这样,无论对于教学者还是对于评价者、观察者来说都会提供一种便利。为此,设计教学前,需要回答的问题是:通过教学之后学习者可以做哪些他以前不能做的事情?或者是:教学之后,学习者将会发生什么样的变化?对这种问题的回答,不是简单的解释过程,而是要把教学宗旨性的陈述转化为可以操作的术语,以利观察和测评。

(2)学习任务分析:意图是为设计有效教学所必需的学习条件提供依据,这里的学习条件分为必要的和支持性的两种。

（3）设计教学顺序：意图是确定教学终极目标实现的现实的步骤。加涅以智慧技能为例，提出了从终极目标倒推的方法获得智慧技能教学的顺序。

（4）教学事件：意图是把教师发出的教学事件与具体一节课中学生的表现性目标联系起来。加涅从学习和记忆的信息加工模型中推论出九种教学事件：引起注意；告知学生目标；刺激回忆先决性的学习；呈现刺激材料；提供学习指导；引出作业；提供作业正确的反馈；评价作业；促进保持和迁移。可以看出，所谓教学事件，就是教师面对学生、针对教学目标实际要做的事情。设计教学时，要把教师的这些作为与具体的表现性目标有效地结合起来。

（5）技术——潜在用途：意图是选择合适的呈现刺激和材料的媒体。

（6）单节课的设计：即备课，意图是在具体的时间和空间里，把教学事件与学习结果组织起来。加涅提出了备课的四个步骤：列出课的目标；列出可取的教学事件；选择材料和活动；注意教师和设计者充当的角色。

（7）测量学生的行为表现：意图在于了解学习者学得如何。设计教学时，需要合理使用目标参照测验和常模参照测验。

（二）训育构思

在工程的视野下审视教育，我们对训育进行了操作化的理解，这为我们讨论训育的构思奠定了必要的基础。如前所述，训育在教师一方表现为训诫与教导，在学生一方表现为他们对道德道理和规范的认知、对教师训诫和教导的反应，以及对他们自身及他人道德行为效果的反思。因而，训育构思自然会包含以下内容：

1. 明确训育的终极目的和情境性效果

训育的终极目的是学生德性、人格的完备，然而，德性与人格的完备却是一个漫长的过程，尤为特殊的是这个过程在工作的意义上几乎无法做阶段性的划分。与知识、技能的学习相比，德性和人格无法依据学生外在的表现进行判断。我们可以在理论上阐明德性与人格在个体那里应是内外一致的，但现实的个体德性和人格表现与内在的认知既可能一致也可能不一致，我们又如何判断一个人德性和人格的真正完成呢？所以，在训育的构思中，对终极目的的认知远不如对情境性效果的明确那么重要。具体而言，由于训育行为发生在具体的教育情境中，教师需要明确甚至确定训育行为的情境性效果。如果是训诫，教师就需要明确学生接受训诫中必须达到的心理状态，比如羞愧，其外在的表现可能是脸红或哭泣；如果是教导，教师就需要明确学生接受教导后必须达到的心理状态，比如悔改，其外在的表现可能是点头或低头不语。德性和人格的完成是无数次心理斗争、挣扎、反复的结果，是依靠无数次情境性效果积累的结果。教师在构思具体的训育行为时，心中要有终极目的，更要有明确的情境性效果认知。

2. 设计训诫和教导的方式、方法

每一次具体的训育活动也许并不都要像每一次的课堂教学一样进行备课式的设计，但每一次的训育活动都不进行设计必定是粗糙的。之所以要进行设计，当然是有进行设计的必要，并不是重复某种刻板的程式。训诫和教导的核心是特定的态度和特定的语言，对于教师来说，大的方向不会有问题，但训育的效果却是千差万别的。如果要避免事倍功半，就有必要对训诫和教导进行自觉的设计，教育的艺术就起源于这种设计。

设计的结果就是训诫和教导的策略，具体包含态度的策略和语言的策略。训育需要严肃的态度，这是明了的，但怎样表达严肃的态度却是一种艺术。原则上任何一种表达方式都应发自教师的内心，这使得严肃不会流于一种表演，而在操作上，对严肃这种态度的表达还需要掌握好分寸。严肃不足，则训育无威；严肃过度，则可能训育过度。而由不足导致的学生的敷衍，或由过度导致的学生的恐惧，都可能偏离教师的追求。语言的策略首先要支持态度上的严肃，同时又能维持师生之间心理上的张力，以便可放可收。

3. 设计应对学生认知、反应和反思的方式、方法

训诫和教导是教师用特定的方式向学生发出信息，他们自然希望所发出的信息都能在学生的心理上发生应有的作用。然而，具体情境中的训育活动能够达到预期效果的总是少数。原因在于学生不是简单的信息接收器，主体性的作用使得训诫和教导在不同学生心理上产生的效果各有不同。种种不同的效果对于教师来说实际上意味着训育活动顺利程度的不同。若顺利，说明

学生对道理和规范完全认知，对训诫和教导心悦诚服；若不顺利，说明学生对道理和规范或未理解或不认可，对训诫和教导不予以合作或不能接受。教师在训育构思时，是需要做出种种预案的。自然地，由于大多数训育活动总是突发的，教师并没有系统设计的时间和空间，这就更需要就一些有准备机会的训育活动进行精心的设计，不断积累经验，形成训育情境中的习惯性反应。只有这样，教师才能够在随时发生的训育活动中随机应变，智慧地、艺术地训诫和教导学生，并保证学生在训育中达到预期的心理状态。

在思考训育构思时，我深切地感受到训育构思自身的特殊性。德性与人格之于人的内在性及基于认知却非认知，使得训育构思几乎不可能成为一种技术，这或许也正是很少有心理学家钻研"训育设计"的原因，当然也是我们使用构思而非设计来说明训育的原因。设计是相对容易外在化的行为，构思显然是内在的一种认知体验。不过训育的构思的确是真实的，即使不能外在地技术化，也可以原则性地把握。除了以上的关于训育构思的认识，我们还可以思考以下一些原则性的内容：

（1）构思的习惯：具有构思的意识对教师来说并不困难，难的是这种意识无论在什么时候都能够发生。换句话说，把构思变成一种习惯是一件困难的事情。但这一习惯可以说十分重要，因为它关涉到训育的自觉水平。凡事预则立，不预则废。习惯性的构思就是不折不扣的预。训育的特殊性使得训育构思可能在一瞬间完成，但思维的力量足以使瞬间的构思作用于整个训育过程。

（2）策略的意识：为什么要构思？不做无把握的训育。构思什么？总的讲，就是训育的策略。策略服务于终极目标和情境性的效果，而策略的运用和实现则产生训育的艺术。要知道一般教师的训育行为多是情境中的自然行为，跟着感觉走的现象较为普遍，如此，训育的效果是难以控制的，而且，训育的失败随时都可能发生。

（3）教育的情怀：这是我一贯重视的项目。在我看来，对教育情怀的重视，本质上是对教师作为教育者角色的强调。教育者是教师的工作角色，这一角色客观上要求教师在教育工作过程中始终保持教育者的心态，偏离了这一心态，教师随时可能恢复到普通人的心理状态。其结局很可能是他们暂时性忘却了自己和学生的关系是一种教育和受教育的工作关系，从而用普通的人与人的交流、交往原则进行训诫与教导，出现相互间的无视、对抗及冲突。

（三）管理决策

我们是把学校管理作为教育辅助活动看待的，这基本符合学校管理存在的实际。然而，转换思维的角度，管理难道不是一种特殊的教育吗？加之，任何形式的教育过程都摆脱不了管理的存在，我们在思考教育的时候考虑管理也是合情合理的。现在，我们讨论教育活动的设计行为，自然就会涉及管理中的决策问题。站在工学的立场上讨论管理决策与一般决策学是有区别的，我们本能性地会关心管理（和非管理）决策在行为的意义上意味着什么。在此意义上，决策就具有了鲜明的工程行为色彩。我们不想简单重复以往关于决策的认识，而是要本着工程的思维突出决策的操作性质。

决策是要做什么呢？对此，许多决策学著作会把决策表述为一个研究的过程，也就是科学决策，通常包括发现问题、确定目标、确定评价标准、制定方案、优选方案和实施方案等内容。其中的每一项内容看起来都是动词性的和可操作的，但对于并不面对大型事件的普通实践者来说，决策又是一件感觉上遥远的事情。发现、确定、制定、优选、实施这些概念，让人们很容易联想到一批专门的决策人员的存在，而对于普通实践者自己来说，决策可能只是整个工作过程中的一个半隐半显的事件，以致许多人会怀疑自己是否与决策活动有关。但事实是几乎没有一种自觉的实践活动能够摆脱决策。

有一篇解读现代管理学之父彼得·德鲁克的文章《决策是什么》，在其中，作者说明了德鲁克在自己管理咨询工作实践的基础上，对"如何做出有效的决策"所做的不同于传统"科学决策"的论述。概括起来，德鲁克对有效决策有如下的认识：

（1）决策就是判断，是在各种可行方案之间进行选择。

（2）决策始于看法，而非始于"真相"。决策者只有从看法开始，才能发现决策是关于什么事的。这里的看法是相关人员对工作现状的看法，表达决策要解决什么问题。

（3）决策要求有不同的意见。在没有不同意见之前，不要做出决策。这里的意见是解决问题的想法。

（4）任何决策都是有风险的，要避免不必要的决策。也就是说，不需要事事进行程序性的决策。

（5）决策需要勇气。[①]

德鲁克有效决策的思想对我的启示是：决策虽然存在于各种专业化的工作过程中，但又是一种高级的生活事件；决策实质上是为解决问题而进行的方案选择过程，这个过程的核心是判断；对于决策要解决什么样的问题，要从相关人员的看法中获得，通过这一过程可以确定出各种可能的问题；有效的决策应该基于关于解决问题方案的不同意见之间的交锋、对话而最终确定，以避免错误的决策；没有必要的决策不必进行，有必要的决策必须有勇气承担各种压力，而避免压力的最好办法是决策者从一开始就应关注"什么是正确的"而非"谁是正确的"。

在理解德鲁克决策思想的基础上，我们可以认为管理决策就是要进行以下操作：

（1）确定要解决的问题：寻找真问题，从真问题中确定有必要进行决策的问题。

（2）提出解决问题的可能性方案：如果是个人决策，需要个人设想出尽可能多的解决问题的方案；如果是集体决策，则需要征集相关人员的意见。

（3）权衡和比较各种可能性方案：无论是个人决策还是集体决策，都需要依据一定的原则、标准对各种可能性的方案进行认知的、伦理的和功利的分析、判断。

（4）确定要实施的方案：可以依据实用理性原则，确定相对满意的可以实施的方案。

我们提到了个人决策和集体决策，这在教育领域是很有必要进行区别的。

[①] 那国毅：《决策是什么》，《IT经理世界》，2001年第16期。

在现代管理制度下，集体决策在学校教育管理系统中已经成为方向，但也不能忽略在规模较小的学校里，决策常常是管理者个人的事情。这是一种事实性的存在，处在不同情境中的决策者自然需要在自己的环境中进行合理的决策活动，但无论是哪一种环境中的决策者都需要认识到，管理系统的任何决策一定要指向教育核心活动（教学、训育）的高质量。管理系统的力量不应该在自系统中自我实现，只有在推动和促进教育核心活动质量的提高上才能真正实现。

二、教育活动中的制造行为

不管我们在表达上是否习惯，人的各种劳动都在制造一定的产品。而所谓制造，换一个更雅致的词也就是生产。人可以生产物质，也可以生产精神，还可以生产人自身。单说人自身的生产，生育生产了人的物质形态，教育则生产了人的精神形态。人们通常认为教育是人类自身的再生产，实际上就是在说教育劳动在自然人的基础上生产了精神的和社会形态的人。在日常意义上，我们的确默认了学校是造就人才的地方，而学校的教师则是塑造人类灵魂的工程师。"造就"对应的英语词汇是"make""form""create""generate"，其教育的意义就是"培养使有成就"，而"塑造"对应的英语词汇是"shape""form""mould"，两者的相通处就是"form"，即通过一定的过程使目的物形成，说到底就是有意识地制造。教育是培养人的，被培养者走进教育过程之前已是人，如果教育的确做了有用功，那它自然是把原先的人作为基础，通过教育劳动，制造出不同于原先的新人。现在我们思考教育活动中的制造行为，不过是把教育劳动中的核心行为在"制造"的意义上加以阐释，或者是阐释教育劳动中的制造成分。为了避免内容上的重叠，我们选择后者，即阐释教育劳动中的制造成分。

具有戏剧性的是，我正在阅读菲利普·W.杰克森的《什么是教育》，并注意到了两个我认为非常重要的观点：

其一，用"接受"和"塑造"表达了教师所从事的（教学）职业。他指出，"教学当中的'接受'，主要包括积极倾听学生所说的、观察学生所做的，同时以欣赏的眼光同情地理解学生,将学生的所作所为视为自身把握事物的努力";教学中的"塑造"主要有两种形式:较明显的塑造主要包括纠正学生的错误、用文字和各类视觉展示工具传递信息,不太明显的塑造有各种不同的方式,最常见的是树立典范。[1]

其二,指出了在教学目标中,"告知"优于"塑造"。此处的"告知"指教师把自己所知的知识告诉、传递给学生;"塑造"则指教师通过各种方式对学生思维和行动方式等方面的影响。[2]

菲利普·W. 杰克森使用概念常有随意性,但以上观点却颇为正确,对于我们理解教育活动中的制造行为的确大有帮助。在我看来,菲利普·W. 杰克森所说的教学实际上就是教育,为了制造新人,教育者所采取的手段的确无外乎告知与塑造。告知的内容若是知识就属于教学,若是道德的道理和规范就属于训育;塑造的内容若是思维的习惯就属于教学,若是行为的习惯就属于训育。这显然又回到了教育劳动的核心行为——教学和训育。结合菲利普·W. 杰克森的认识,我们可以把教育活动中的制造行为分解为告知、纠正、示范三个部分。

(一) 告知

仅从形式上看,教育情境中的告知是一个人把自己已知的信息用语言的表达方式传递给他之外的人,目的是使对方也能知道。即使在这样简单的描述中,我们也能透视出告知行为所内含的目的性和双边性。

1. 告知的目的性

告知的目的性,主要表现为教育者对某种效果的期望。具体地说,如果告知行为不会产生任何的效果,它就不会主动地发生;如果告知行为会产生告知者不想见到的效果,告知行为就不会持续地发生。虽然教育情境中的教师可能并不一定思考告知的目的,但这个目的早已存在于一定的教育和社会

---

[1] 菲利普·W. 杰克森:《什么是教育》,安徽人民出版社,2012年版,第87—88页。
[2] 菲利普·W. 杰克森:《什么是教育》,安徽人民出版社,2012年版,第143—146页。

传统中了。从效果上看，被告知的学生会由无知而有知，虑及被告知之时学生并非一无所知，他们至少在日常生活中习得了一定量的常识，因而，告知的第一意义应是启蒙性质的，同时也是解放性的。启蒙使人趋向文明，解放使人趋向理性与自主，因而告知的目的是使学生文明、理性与自主，这正是教育的追求，告知也因此具有了制造的意蕴。当然，这样的结局并非没有条件，告知什么和如何告知必定制约着告知的效果。

在教育中，告知的内容是有选择的。选择的总体标准是对个体和群体有益，又可进一步分为有用和无害。学生获得了有用的"知"最终成为有用之人，获得了无害的"知"最终成为无害之人，恰恰符合了教育使人成才、使才无害的内在宗旨。人的有用，既指向自身，也指向他人。指向自身的有用意味着一个人具有在环境中生存发展的能力，指向他人则意味着一个人在自利的同时可以惠及他人，或者是通过惠及他人的方式而实现自利。为此，教育者自然需要告知学生与他们的生存、生活、生产直接或间接相关的经验、知识、道理、规范，内在的目的是期望他们有知识、有经验、讲道理、讲规范。

然而，选择了告知的内容并不能确保告知的理想效果，教育者还需要在告知的方法上有所思考。这样的思考催生了实践领域的教学艺术，在教育历史的早期会被人们直接称为演说术。我们从公元1世纪罗马教育家昆体良的《演说术原理》中可以获知演说术其实就是教学法。讲究告知的方法，直接的原因应是教育者不加雕琢地运用自然的语言表达难以达到期望的告知效果。比如，告知已然进行且告知者并未意识到有什么纰漏，学生却一知半解或浑然不知或不以为是。这种情形一方面会迫使告知者反思自己的告知行为，另一方面极可能让告知者意识到告知原来并不是自己单方面的行为。这就引出了告知的双边性问题。

2. 告知的双边性

就语词结构说，告知不是动宾结构，不是"告人以知"，而是"以告使人知"，即告诉某人或某个组织使其知道某件事情。有计划的教育活动无疑是从告知开始的，如果告知出了问题，则根基不稳，其后的教育活动难度会加大，效果还不一定理想。教育者需要自觉地意识到任何主动的教育作为必须在学生那里实现才算完成。其实，如果我们注意，就会发现告知的双边性早已经嵌入在我们教育文化的基因之中。汉语中的"教"，意为"上所施下所效"，显然包含了教、学双边，而在中国教育思想史中，对教和学的辩证认识可以说是贯穿始终的。现代汉语中的"教学"所对应的英语词汇是"teaching"或"instruction"，反而很少用"teaching and learning"，说明英语系统中的教、导虽然也只显示了教育者一边的行为，却实际包含了教、学双边的内容。有趣的是沉淀和凝结在语言中的教育文化并没有在现实中教育者的身上得以延续，反过来要依靠心理学的证明和人本主义理念的倡导来唤醒沉睡的教育文化意识。

当然，沉睡的教育文化意识之所以沉睡可能是因为那种高明的认识只限于少数智者的体悟和表达，并没有成为教育领域的普遍认知，因而，用科学和思想引导的方式让告知的双边性成为普遍的认识也是符合历史规律的。

今天我们讲教学是教和学双边统一的活动，首先是对教学活动的客观认识，其次也是人本主义精神引导在教育领域的一种效果。我们不能简单地把这样的状况理解为理念事件，实质上是人们进一步创造告知方法的前奏。既然告知具有双边性，教育者就不能够以为只要"告"了便是尽职，只有学生"知"且"真知"了、"知"且"信"了，告知才算完满。为了这种完满，教育者一方面要学习教育和受教育的科学，另一方面要实践教育的艺术。就科学来说，心理学无疑是支持教育活动的第一科学，而谈到艺术，教育者恐怕在心理学之外还得接受社会学、伦理学和美学的启示。

当教育者对告知的内容依据一定的标准进行了选择，并为了告知的圆满而讲究告知的方法时，告知自然就融入新人的制造过程。我并不以为使用"制造"一词会使教育变得简单和赤裸，相反的，如果我们刻意寻找较为柔和的词语替代"制造"，实际上是在回避教育的真实和现实。在人们的观念中，谈教育在"制造"新人似乎是粗鲁的，这不过是我们主观地赋予了教育以过多的美学意义。试想，我们会觉得恩格斯说"劳动创造了人本身"是粗鲁的吗？教育也是人类劳动的一个领域。人类借助教育不只是传承了文化，同时也用文化塑造了社会的和精神的人。文化真的就像精神食粮，被告知了文化的人在消化文化的过程中不断实现着自身的变革，从而被教育制造。

（二）纠正

在菲利普·W. 杰克森那里，纠正是明显的塑造行为，对象是学生的错误，目的当然是要学生改正错误，回归到正确。这是一种积极的干预，如果没有这种干预，学生就会继续保持，为以后的进步埋下隐患。当然，没有这种干预，学生也不见得会把错误保持终身，但回归正确的时间无法控制，学生还会遭受因错误而导致的自然惩罚。人们常说的生活教育人、社会教育人、大自然教育人，其道理就是错误的教训对人的警醒。即使存在着主动的教育干预，学生也无法避免陷入错误，但教育的干预却会努力使学生尽可能少犯错误，客观的效果是学生在成长和进步的过程中少走弯路、提高效率。除此之外，教育者对学生错误的纠正，是他们塑造学生无法回避的选择。

教育者会纠正学生什么样的错误呢？这关键要看教育者所设定的教育目标领域有哪些。研究者对此可能有不同的认识，但在实践领域中已经有了基本的共识，我们暂且选取在新课程改革过程中逐渐普及的三维目标对学生的错误范围加以阐释。所谓三维目标，教育部颁发的《基础教育课程改革纲要（试行）》提到，国家课程标准"应体现国家对不同阶段的学生在知识与技能、过程与方法、情感态度与价值观等方面的基本要求"。[①] 可以说，在这三个方面，学生都必然会出现偏差甚至错误。具体说明如下：

（1）就知识与技能而言，学生会在记忆、理解、应用等方面出现错误。对于记忆错误，教育者最简单的方式就是把正确的信息呈示给学生。对于理解上的错误，教育者就需要寻找到错误的根源，溯本清源，使学生归于正确。对于应用上的错误，教育者既要指出来，还要手把手地进行指导。

（2）就过程与方法而言，学生会在过程的重现和方法的运用上出现错误。关于这一方面的目标在理论和实践中都是较为模糊的，我的理解是，过程宜

---

① 《基础教育课程改革纲要（试行）》，《中国教育报》，2001年7月27日，第2版。

强调知识和技能的形成过程，方法宜强调知识中所包含的方法元素。学生出现了知识形成过程复现上的错误，教育者需提醒、明示。学生出现了方法运用上的错误，教育者需要像纠正知识与技能应用错误那样予以纠正。

（3）就情感态度与价值观而言，学生会在认识和表现上出现错误。对于认识上的错误，教育者需要训导，对于表现上的错误，教育者则必须在训导的基础上实施较有强度的干预。

可以发现，纠正并不是某种单一的动作行为，而是司空见惯的行为群，而那些具体的行为也可以应用于其他的教育情境中。此刻，我想到了一个重要的问题，即我们借用三维目标的框架虽然可以把纠正的道理说清楚，却没有把纠正作为教育制造行为的更深刻的内涵揭示出来。纠正行为自身的确是运用一定的手段改正学生的错误并使之归于正确，但当我们把纠正与人的教育联系起来的时候，它还能是那种简单明了的行为格式吗？格式自然还是那样的，但与人的教育联系起来，纠正在教育者那里就会具有一种与严肃甚至神圣相关的质感。不可否认，对学生各种错误无休止的纠正是激起教育者情绪烦躁甚而对职业产生倦怠的重要原因。教师们烦躁的并不是教育这种事业，而是由他们承担的纠正行为本身。而当纠正在教师的意识中只是一种与教育的宏大意义无关而独立的存在时，我们就很难说他们在从事教育，而在教师那里，除了琐碎、劳累和心烦，很难再有其他的感觉。我已经意识到在我的行文中，频繁地使用"教育者"一词，根由在于我的潜意识中存在着希望教师是教育者的观念。

撇开我们借用的三维目标，教师对学生错误的纠正在我看来有两个领域最为核心，一是思维，二是行为。基本的理由是：人的素质集中体现在认知和人格品质上；认知的品质最终体现在思维上，人格的品质最终体现在行为上。好的思维通向智慧，好的行为通向高尚。所以，教育者对学生思维中错误的纠正指向智慧者的制造，对学生行为中错误的纠正则指向高尚者的制造。结合前文对告知的论述，我们能够察觉到，教育者告知学生的知识、经验是发展学生思维的材料；教育者告知学生的道理、规范则是引导学生行为的标准。告知和纠正操作上属于两种行为，却是教育制造新人过程中不可或缺、相互联系的环节。做一个蹩脚的比喻，告知好比是园丁给一棵小树浇水、施肥，小树有了水和肥就会生长；纠正则像是小树在生长过程中出现歪斜现象，园丁为了小树能够挺拔参天而对歪斜进行匡正。这样想来，人们把教师比喻为园丁，不只是诗意的，也是深刻的。

（三）示范

纠正固然重要，但教育者的示范也必不可少。从"师者，人之模范也"到"身正为范"，我们的教育文化对教育者的示范作用始终是重视的。而在教育行为的意义上，菲利普·W. 杰克森在《什么是教育》中则明确地把"树立典范"视为不太明显的塑造方式。我理解"不太明显"实际上是说作为典范的教育者自己或者是他们树立的自身以外的榜样，总体上是自在而在的，但也存在有意识树立典范的情形。人的模仿的天性决定了自在而在的典范会对学生发挥自然的影响；对典范的有意识树立则表明教育者对学生的成长在进行目标性的引导。

示范的原理极其简单。其前提是存在着两个或两个以上的人，而且他们共处于一种交往结构之中。其中有一人做出个样子，以供另一人或另一群人模仿、追随。在教育情境中，示范者可以是教育者，也可以是受教育者，但主要的、第一位的示范者无疑是教育者。示范过程是教育者做出个样子，以供受教育者模仿。在这个简单的过程中，有两个问题值得我们思考：一是教育者需要做什么样子或说在哪些方面做出样子？二是教育者对受教育者的模仿是放任还是作出要求呢？

首先说教育者的示范范围。这个问题并不是教育理论研究关注的焦点。在学校，我们可以希望教师能够全方位地做学生的楷模，但这种希望并无现实的基础。至少在我们中国的教育传统中，人们对教师示范的期望基本限定在道德的范畴中。人之楷模，实为德之表率。应该说，正是这样的传统观念把教师职业在公众的意识中神圣化了，从教育与文明之间的关系来讲，这种神圣化即使有些理想化但绝对是合理的。令人遗憾的是，这种由来已久的观念正在被犬儒心态和后现代的思维消解。在这种心态下，教师越来越被看作是与其他劳动者一样的技术工人，只需要遵守道德底线，而无需用神圣道德束缚自己；如果社会用神圣道德要求教师，则是对教师实施了道德绑架。这样的认识符合日常思维，也符合现阶段教师群体的心理需求，因而很有市场。与此同时，教师专业化运动蓬勃兴起，教师努力的方向基本上只剩下教学的本领了。这大概也是我坚定强调教师作为教育者角色的时代背景。

对于教师的职业角色，我觉得纯粹是一个社会约定问题。社会约定的内容一般会反映社会成员对教师职业角色的合理期望和特殊要求。在社会系统中，教师固然和其他职业从业者一样平等共在，但这种平等是人格和法律意义上的，是在日常生活场域的。具体到各自的职业，他们所承担的社会责任和负载的文化价值是有差异的，进而，社会对不同职业工作者的要求是各不相同的。以德和能作为参照，有的职业对能要求较高，有的职业对德要求较高，假如个体的德能均好，在哪个职业中都是求之不得的。教育传承文化，要求教师学高，教育养育人才，要求教师身正，当然是合情合理的。所以，要使学生德性良好、人格健全，教师需要在德行和人格上以身作则。

实际上，随着教育自身的进化，教师示范的范围正在自然地扩大。过去我们讲教书育人时，由于认识到有良好德性和健全人格的人并非知识、规范掌握的结果，因而强调教师的示范及其在学生中的榜样作用；而教书，不过是传道授业，教师只要闻道在先、术业专攻即可，无所谓示范的问题。然而，现代教育的职能显然不局限于传道、授业了，发展学生的智力已经成为一种共识。如果我们把智力的发展集中在思维的发展上，那么，教师在传授知识之外，还需要有意识地影响学生的思维。心理学虽然已经能够提供思维训练的方法，但教师在教育情境中发展学生的思维，恐怕还得基于具体知识的教学，在其中，教师自身的思维示范就成为一个不可忽视的问题。

教师不可能、也没必要成为思维研究的专家，他们只需要默认一个道理，即知识是既有的，教师可呈现、不可示范，学生可吸收、不可模仿，但是，对于知识的呈现方式，教师可示范，学生可模仿。顺着这种思路，我们还可以说，师生在教学中要解决的问题不存在示范和模仿，但提出和解决问题的方式、方法和过程却是可以示范和模仿的。二十年前，我就意识到了教师通过思维过程示范发展学生思维的问题，并认为忽视这样的示范是教学资源的巨大浪费，也使得教学促进学生的智力发展成为空谈。[1] 今天重提这一观点，主要是要为教师在思维领域对学生进行示范提供必要的理性基础。

综上所述，教育活动中的制造行为主要是告知、纠正和示范，这三者在实际的教育过程中是有机联系在一起的。有些内容，如技能的告知就是一种示范，而任何一个领域的示范同时就具备了告知的功能。纠正可以是有强度的干预，也可以是较为柔和的示范与告知。留心观察教师的劳动过程，几乎就是这三种核心行为的循环往复。受教育者正是在这种循环往复的过程中被塑造的。跳出教育过程来思考整个的教育系统，我们就能理解新人是如何被教育制造的。

三、教育活动中的控制行为

在阐释制造行为的时候，我已经强烈地感觉到教育制造所具有的内在的控制意蕴，以致让我怀疑独立说明教育活动中的控制行为的必要性。但进行深入的思考又能发现，教育活动中的控制行为和教育制造所蕴含的控制意义还是有区别对待的必要。为尽可能地避免武断，我们放弃对这种必要性的立即论证，先对教育制造内含的控制意义进行分析，然后再面对教育活动中的控制行为。而在所有的思考开始之前，我们需要弄清楚控制概念的内涵。

（一）控制

日常用语中的控制"只是指人类的一种行为，即通过一定手段，使某些事物的发展符合人们设定的目标"。[2] 这虽然只是一种日常的理解，但控制的基本含义已在其中，那些科学和哲学领域所说的控制会更为技术化和抽象化，但并未改变控制的基本含义。基于对控制的日常理解的剖析，有研究者指出：(1) 目标是控制的出发点和落脚点；(2) 事物的发展存有多种可能性是控制

---

[1] 刘庆昌，杨宗礼：《教学艺术纲要》，教育科学出版社，1993年版，第227—229页。
[2] 黄孟藩：《什么是控制》，《统计》，1986年第2期。

的客观前提；（3）人有能力在事物发展的多种可能性中做出选择。他认为这三条是控制的条件，并进一步指出，"所谓控制，就是指按既定目标通过选择来缩小系统变化的可能范围"。① 另有研究者在论述社会控制中阐释了控制的其他意义，认为"社会控制，就是社会力量以某种方式或手段，协调和制约人们的活动，维持社会秩序的过程"。② 显而易见，这个界定中包含了控制目的（维持社会秩序）、控制主体（社会力量）、控制对象（人们的活动）、控制的手段（协调和制约）。

综合两位研究者的认识，我们对控制尤其是对人文社会活动的控制，有如下的理解：

第一，控制和人的其他活动一样，可以用"目的——手段"、"主体——客体"的框架来进行说明；把两个框架融合起来，控制和人的其他活动一样，就是控制主体为了一定的目的使用一定的手段作用于控制客体。

第二，控制的目的是要让控制客体（人或事）的运动符合控制主体所设定的最终目标，而在人文社会活动中，最为现实的和最可感觉的控制目的，是使活动在控制者所期望的秩序中进行。

第三，控制的手段，原则上是能够实现控制目的的任何方式，但具体是什么方式则要视具体活动领域的特点而定。

第四，控制主体可以是某种具体实践的活动者，也可以是该种实践活动之外的监管者。

第五，控制客体可以是运行中的人的行为，也可以是行为背后的人的精神。

第六，控制是需要能力的，这种能力可能会涉及控制主体对人的行为发展可能性的选择和对人的行为的协调与制约，等等。

以上关于控制的认识基本上是在科学思维的范围内进行的，我们因此获得了对控制自身的结构性认识。现在我们在哲学的意义上说控制，它实际上

---

① 黄孟藩：《什么是控制》，《统计》，1986年第2期。
② 穆怀中：《社会控制概念和结构分析》，《社会学研究》，1988年第3期。

是与反映并列的两种人（主体）对对象（客体）的作用方式之一。具体来说，作为具有高级意识功能的人，不仅能动地反映包括自己在内的客观世界，还能动地控制包括自己在内的客观世界。反映，追求人的主观认识符合客观的实际，越符合客观实际就越接近真理；控制，追求客观的实际符合人的主观设想，越符合人的主观设想就越有价值。由此我们能自然联想到马克思所讲的认识世界和改造世界，改造可以说是最为强烈的对世界的控制方式。教育的对象是处于某种现实状态的人，所以，对于教育者来说，要把受教育者推向某种理想状态，无论运用怎样的"制造"方式，实质上都是实施了对受教育者的改造，在这个意义上，教育的过程就是控制的过程。

（二）教育与控制

对于教育与控制的关系，我们可以用两个句子来表达：教育就是控制；教育需要控制。在两个句子中，控制的内涵没有差异，但两个句子却在不同的层面表现了教育与控制之间的关系。

首先，教育就是控制。这种控制体现在一种能被称为教育的活动，在动词意义上必然是教育者对受教育者的干预。干预何意？过问或参与。那么，在未有过问和参与时，一个人自然是按照自己的节奏自然地与环境互动进而不断成长和发展，他是自在的，会成长和发展，却不是因为受了教育。既然如此，教育又缘何出现呢？对此，各种教育起源论自有解释，而我则认为从心理学的角度分析，一种对他人外在的干预的产生，若非主体变态地展演个人的强力意志，应是因本能的爱而生出的急切心情所导致的。借助心理模拟，我们可以推测一人对另一人自然成长过程的干预，要么是对各种错误的纠正，要么是因不忍另一人错误的持续而告知或示范。还有什么样的情形比我们的推测更接近最早的自为教育呢？源于爱的干预总体上会减少个体成长中的错误和无用功，成长的效率首先会得到提高，干预者的经验优势也能保证个体成长方向的"正确"性，但被干预者为此却要付出失去一部分自主的代价。

今天我们所面对的教育是相当成熟的，专门的教育者在专门的教育机构中教育专门的受教育者。受教育者已经完全远离了自然的成长过程。物理上，他们在校园、在教室，心理上，他们在"教师——学生"关系中，在"教育——受教育"结构中。他们没有选择成长和发展方向的权利，社会已经为他们确定了成长和发展的规格。与成长和发展规格的确定相联系，他们应该知道什么、应该会做什么、应该如何行为，也已经得到预先的设计。更深刻的是他们的学习方式也被教育者预设。我们完全可以说，一个天真无邪的孩子一旦走进学校就等于被"控制"起来了。

当然，学校对受教育者如此系统的控制，从社会学角度讲是道义的，借此可以让更多的人以更高的效率成长和发展，同时也不能忽视国家为各项事业发展培养人才的功利性追求。为了有利于受教育者个体的成长、发展，兼顾社会群体的利益，学校教育主要会在学习内容、学习方式、思维方式、价值哲学等方面对受教育者进行干预。

（1）学习内容：在制度化的教育中，学生学什么取决于教师教什么，教师教什么取决于国家课程标准规定了什么，而国家课程标准规定什么则取决于它需要什么样的人才。换言之，学校教给学生什么知识、技能、道理、规范，都是为社会所需要的理想人才服务的。在日常的教育生活中，教师还会对学生课外学习内容的选择进行干预，潜意识中也是为了实现学校教育的最终目的。

（2）学习方式：在什么样的过程中以什么样的方式学习，听起来是一个很中性的、最接近科学和艺术的领域，事实上也是教育强力意志最集中体现的领域。一个学生会成为什么样的人，除了他自身秉性的因素，基本上受制于他以什么样的方式学习了什么内容。在一定的社会历史文化环境中，会运行着一种流行的、习惯的"有教的"学习方式，这种方式对学生会产生格式化的影响。除此之外，教师还可能或主动或被动地推行新的变革性的学习方式，以期学生能够发生积极的变化。

（3）思维方式：这比学习方式要隐蔽一些，教师通常不会把思维方式从学习方式中分离出来，因而教师对学生思维方式的干预在实践中并不突出。客观上存在的对思维方式的干预完全是和对学生的学习指导融合在一起的。最典型的莫过于孔子"学而不思则罔，思而不学则殆"的学习建议了。现代教育在知识传授之外越来越重视学生思维的发展，本着这一立场，教师对学生思维方式的干预也会越来越趋于自觉和系统。

（4）价值哲学：亦即价值观。这是学校教育对学生十分重要的干预领域。甚至可以说，正是价值干预成就了教育。养子使作善，是汉语中"育"的本义，其中的善就是积极的价值方向。然而，使人向善比起使人有知更加困难。因为善在人自身的实现绝不是对道理、规范的理解可以促成，人性的弱点，比如更容易选择快乐原则、实用主义，使得人更容易远离善的要求，或在善恶之间纠结、徘徊。学生处在发展之中，尚无独立辨别是非的完整理性，学校会对他们进行有计划的价值观的告知，而更巨细的工作则是在日常的学校生活中对学生不当行为的反复干预。那些不当行为，有的由学生的幼稚所致，有的则是学生不正确的价值观导致的。教师倒不必刻意地区分这两种情形，在不断反复的行为矫正中，客观上能够对学生正确价值观的形成发挥积极作用。

其次，教育需要控制。这是说具有控制本性的教育活动自身的运行需要必要的秩序，而这种秩序实际上就是为控制性的教育服务的控制。怎么理解这一判断呢？关键是要把作为教育本性的控制和为教育活动服务的控制区分开来。作为教育本性的控制，既是由教育目的决定的，也是由教育活动结构决定的，因而是内在于教育之中的。而为教育活动服务的控制是作为教育活动高效率、高质量运行的条件存在的，因而是外在于教育活动的。我们讲教育需要控制，需要的就是这种作为教育活动优质运行条件的控制。教育活动存在着内在的路线，这种内在的路线使得那些没有经历过专门的训练但具有受教育经验的人也可以粗糙地进行教育活动。然而，不同职业素养的教育者运行教育活动的难度和效果就截然不同了。如果不是学科、专业学识上的原因，他们在教育活动难度和效果上的差异基本取决于他们对身在其中的教育活动的把控程度。两所学校，如果教师和学生的情况基本等质，其教育活动难度和质量的差异也取决于学校对校内各种教育活动的把控程度。所以，教师不仅要学高身正懂教育，还要具有对学生、对教育活动的控制能力；校长不仅要会决策，更要具有运用各种手段合理控制学校教育活动的智慧。

针对教育需要什么样的控制这一问题，我们可以从以教师为主体的课堂教育活动和以校长为代表主体的学校教育活动两个层面来进行思考。

教师的教育活动以课堂为基地，以教学为中心，它所需要的控制顺理成章地主要体现在教师对课堂教学活动的把控上。在技术层面，这种把控一方面指向教学的模式，另一方面指向学生在教学过程中的行为表现，还有就是指向在教学活动背后发挥作用的师生关系。

（1）教学的模式限定了课堂中学生的学习方式、教师的教的方式，以及两者的结合方式。与自然的学习相比，课堂中学生的学习是在预设的结构中进行的，结构事实上制造了某种行为格式，格式内的行为自然显现出某种秩序。每一种教学模式的运行均遵循一定的规则，在规则的作用下，学生的学习就成为格式化的行为。学习活动的格式既支持着外在的秩序，同时也对学习者的学习行为起到了限制的作用。因此，教师通常会重视课堂的教学模式，只是更多的情况下他们并不必然自觉地意识到教学模式的控制功能。

（2）而即使运行了一定的教学模式，也很难确保每一个学生都能够严格遵循在具体模式中的规则，从而，教师在课堂上的控制主要指向了学生的非常行为。这种情形充分说明了课堂教学模式虽然具有一定的约束作用，但仍然无法把教师从课堂组织中解脱出来。根本的原因是学生是处于成长、发展中的生命体，而非机械的学习机器。

（3）有趣的是显在的教学模式和教师的课堂组织行为并没有使所有的教师都能有效地实施教学活动，这是因为教育虽然对技术有相当程度的依赖却不是一个纯粹的技术实践，在其背后还隐藏着一定性质的人际关系，在教学活动中就是师生关系。应该说，教师对师生关系的重视丝毫不亚于对教学模式的重视，但教师处于师生关系之中这一事实使得教师对师生关系的控制往往显得被动，因为决定师生关系的主要力量在教师一方，对师生关系的控制最终演化为教师对自己的控制，被动的局面也在情理之中。

以校长为代表的管理主体所面对的是学校教育活动整体，他们对学校教育活动的控制具体是通过对人和事两个方面的控制而实现的。由于组织中的人是做事之人、事是人为之事，所以，控制事就是在控制人，控制人就是在控制事。学校中直接参与教育活动的人主要是教师和学生,学校中属于教育的事主要是教学和训育。

(1) 对教师和学生的控制

对于教师,学校管理系统会进行三个层面的控制:一是岗位责任层面。为了保证学校最基本的工作秩序,学校通常以工作纪律的形式对教师提出要求,这种要求不具有任何的职业个性,只是一种岗位意识提醒,在性质上与学校对学生提出的学习、生活纪律并无本质的区别,期望的是教师能够尽到岗位的责任。二是教育思想层面。学校为了履行国家和社会赋予的教育责任,加上校本的教育追求,会向教师宣传和倡导一定的教育思想,其目的并不是简单地让教师在认知上掌握一种教育思想,而是要求他们能够把一种教育思想贯彻到教育过程之中。既有的教育思想林林总总,只要不反科学和教育的基本价值,从理论上讲,教师便有权利做出自己的选择。但在现实中,教师的这种权利并不能充分实现,听起来不合理,实际上这是一切处于组织中的个人的必然的结局。组织目标要借助合力实现,个人有时候不得不牺牲自己的兴趣、观点和权利,正因此会感受到来自组织的约束。而站在组织的立场上就会发现这样的约束是符合公共利益的,这样是此种约束可以存在的前提。三是教育行为层面。这一层面的控制并不是要具体到教育过程中,当然也不是没有这种可能,但一般来说是对发生在师生之间的教育行为的教师一边提出一些基本的规范和要求。从以上三个层面,学校基本的教育秩序即可以得以维持。

由于学生作为受教育者在受教育过程中会受到来自教师的全方位教育干预,学校管理系统对于学生的控制相对就要简单一些,其核心内容历来就是他们在校期间在各种活动情境中的行为表现。有形的章法在我国就是小、中、大学生行为守则和小、中、大学生日常行为规范。无论是守则还是规范,都体现着学校对学生思想品德和日常行为的基本要求,其追求都是养成学生良好的行为习惯、形成学校良好的教风、学风和校风。而习惯和风气,除了自身的价值外,还是服务于核心教育过程——教学和训育的。

(2) 对教学和训育的控制

学校管理系统对教学和训育的直接控制也是存在的。虽然没有足够的管理人员可以让学校全面控制教师的教学过程和训育过程，但管理系统并非没有这样的意愿。由于更多的训育活动在学校的各种场所随时可能发生，直接的管理控制实在无法介入，但对课堂教学，管理系统的控制可以说是越来越到位和严格。控制的内容集中体现在教学行为和教学质量两个方面。

　　管理系统通常优先关注的是教师（兼及学生）的教学行为是否规范，莫说在中小学，即使在大学也是这样。在中小学，校长、教学管理人员，常常成为课堂里的不速之客，有时候管理者也会在促进交流和发展的名义下组织其他教师走进某个教师的课堂；在大学，会有学校教学指导委员会的成员随时走进课堂，他们并不是像学生一样去接受具体的知识，而是要观察和记录教师的教学行为。这样的监控行为，所带来的直接的效果是现场教师们对教学规范的心理重视，间接地会促进良好教风的形成。还有一种颇受争议的情况是，有的学校甚至会在教室安装用于教学现场监控的摄像头。没有人怀疑管理的某种善意，但对这种做法还是值得做理性的思考。作为对教学的控制，关注教师（兼及学生）的教学行为是否规范毕竟是初级水平的。

　　较高水平的教学控制关注的是教学的质量，这就需要管理者同时兼具教学专家的能力。管理者不一定要是学科知识的专家，但必须是教学的专家，这样才能在课堂观察之后对教师提出具有说服力的建议。客观而言，这样的管理者居少数，这样的教学控制也就较为罕见。我国教育的文化受到大文化传统的影响，至今仍习惯于以结果论英雄，现实的表现是管理者基本上是用学生的考试成绩来衡量教师的教学质量，具有很强的合理性，却不具有全面性和彻底性，自然无法与专业水平的教学过程质量控制效果相比。

　　不过，现实中学校管理系统对教学和训育的控制不尽理想并不意味着控制本身没有价值。管理的存在是因为管理系统可以创造出或提供独特的服务。学校管理内容丰富，但无不因教学和训育这样的教育活动存在而存在，因而它的职能就是直接或间接地为教育活动的有序、有效服务。实际上，对教育活动的控制就是一种独特的服务方式，如果教师们从中难以感受到服务的意蕴，那是因为管理者控制教育活动的行为尚不专业，以致教师们更多地接受到了约束而非指导。而管理者的不专业部分源于我们的教育研究者没有为他们提供可以运用的有效知识和技能。

（三）教育活动中的控制行为

通过对教育与控制的思考，我们已经形成一种观念，即教育的过程就是控制的过程，那么这种控制的意图有什么样的外在表现呢？回答了这一问题，实际上就知道了教育活动中的控制行为。我已经意识到，这绝不是一个轻松的话题，因为教育的控制本性使得教育活动中的设计和制造行为都内含着控制的意图，我们又能在什么意义上谈论教育活动中专门的控制行为呢？无论这一问题的答案如何，我们都必须先对教育活动和控制行为做出限定。否则，相关的思考都会变得漫无边际。

教育活动一词的使用是轻易的，但要追究它所对应的事实，就会发现那是一个最好不要进行分析的浑然整体。理论家头脑中的由若干基本要素构成的教育活动只是一个纯粹的抽象，实践形态的教育活动则是一种生态性的存在。可是，当我们真的采取了生态学的立场后，又会发现"教育活动中的控制行为"并不在严格的"教育活动"之中。为了便于论述并考虑到理论概念的严格，我们拟把教育活动限定在学校教育范围、限定在教师和学生之间、限定在教学和训育这两个核心的教育活动之内。基于这样的原则，我们所说的教育活动就是发生在学校中师生之间的教学和训育活动。

对于控制行为，我们不采取泛化的理解立场，而是要关注那些在教育现场发生作用的、由教师发出的、意图强烈的、为了实现教育目的的、属于教育活动连续体内的、对学生的现场行为进行限定的主动作为。如此繁琐的规定，实际上明示了教育活动中的控制行为的以下方面：（1）控制的主体：教师；（2）控制的客体：学生的现场行为；（3）控制的目的：服务于教育目的的实现；（4）控制的性质：属于教育活动连续体。不过，教育活动中的控制行为具体指什么仍然没有答案。教育活动是一种培养人的社会活动，是教育者（教师）对受教育者（学生）的充实、规范和开发。为了使学生成为新人，教师需要控制学生成长和发展的方向，引导就是服务于这一需要的控制行为；

为了保证一种社会性活动的效率和质量，教师需要控制现场中学生的问题行为以维持基本的教育秩序，约定、组织、阻止、评价、激励等可以服务于这一需要。

1. 引导

许多研究者习惯于从"education"的词源考察中获得教育具有引导之意，其实中国文化中的教育同样蕴含着引导的意义，在这一点上是不存在地域和文化差异的。引导的基本含义是"带着人向某个目标行动"，在其中，目标对人就有一种潜在的牵引作用，而"带"本身就是一种显性的控制。

目标在教育活动的终点得以实现，却在起点处得以设定，从而使整个教育过程处于目标导向之下。教师不会时时明示教育的目标，但对学生偏离目标的行为会有本能的敏感，其时，教师就可能把显在的教育目标推向前台，以使学生能自觉地在目标的作用下调整自己的行为。可以说，目标在这里成为教师控制学生现场行为的工具，实质上是目标对学生发挥了控制作用，只是因为学生很容易陷入具体的"受教育"过程，目标需由教师有意识地呈示，现实地看，却成为教师对学生的控制。

更多的情况下，教育目标是不在场的，而在教师和学生尤其在教师的意识中机警地存在。教师的成熟和角色决定了他们能够也必须意识清晰地把学生带向目标。带就是带动。在教育过程中，教师对学生可以用牵的方式带，也可以用引的方式带，两者的区别在于教师和学生行为的协调程度。若协调，引、指即可，若不协调，便要牵。引，表现为教师在认知或德性的前方所做的带领，在此过程中可能借助示范的方式，也可能在认知的领域走在学生的前面。作为被引领者的学生在方向上没有选择，只能追随，若出现无法追随或是意志上对追随有抵触，来自教师的具有一定强力意志的牵就会出现，比起引领，牵失去了柔和，形式上更容易让学生感觉到控制的存在。指，从心理位置上看，教师和学生处在同一队列，闻道在先或具有丰富生活经验的教师，朝着师生共同的前进方向为学生在认知和德性上做出选择，并和学生一同走向目标。然而，位置上的师生合作并没有消解教师的教育意志，学生同样没有选择，控制和被控制的格局并未发生改变。

应该说,引导的出现是教师积极努力的结果,没有这种积极努力,教育就会粗糙化为牵制。《学记》中说"道而弗牵则和",显现了教师的积极努力,求得一种师生融和的状态。事实上,道和牵的本质是相同的,不同只在于道把牵艺术化了。在这里我们顺便指出,教育的确是人性的艺术,它虽以人的改造为目的,却在把改造的机械和生硬降低到最低的程度。

2. 约定

把设定的教育目标付诸实施,教育过程就此展开。为了使教育在理想的秩序中运行,教师需要为学生的工作行为确立适当的规则,这样的规则一般是要预先告知学生的。告知的不仅是规则本身,还会附带遵循规则的价值说明以及拒绝和违反规则的惩戒措施,我们可以视之为教育性的约定。表面上看,规则是未经与学生商议预先设定的,与人们所说的"霸王条款"极为相似,但教育目的的正义性决定了规则根本上是完全利好学生的。伴随着学生在成长过程中对规则的逐渐认同,这种既定的规则仍然具有约定的性质,只是这种约定具有特殊的生成性质。

而值得我们注意的是,在教育民主化的过程中,传统的由教育者单方面确定的学生行为规则正在向师生共同协商形成规则的方向转变。教育者越来越清醒地认识到给与学生主体性更大的发挥机会,与受教育者通过对话共同制定规则,更能有效地达成教育的目标。如果师生对话协商形成的规则与由教师单方面制定的规则在性质上并不冲突,岂不从开端就降低了学生的抵触程度?由于有了学生的参与,规则在一定程度上属于学生自我设定的行为标准,这等于从教育过程的一开始就把学生置入部分自律而非完全他律的境地。与此同时,规则也染上更大程度的约定色彩。

既然是为了形成教育活动的基本秩序,约定的内容主要就是学生在教育过程中应该甚至必须遵循的行为规则,具体而言就是做什么和以什么样的标准做。以课堂教学为例,学生在教学过程中要做的就是与教师的教相对应的学的行为或者是教师指令性要求的行为。教师讲,学生就得听;教师示范,学生就得模仿。因为学生不听、不模仿,教学就无法发生,而在集体教学中,如果一部分学生不听、不模仿,整个教学的秩序和氛围就会受到冲击。但仅仅是做到了听和模仿仍然不充分,所以,师生就得约定听和模仿的标准,最基本的是正确的态度和积极的心理状态,在此基础上还会有外在的行为规范,"一二三,要坐端,手背后,朝前看"等就属于此类。

3. 组织

要保证教育活动的基本秩序仅有约定是不够的,还需要教师进行必要的现场组织活动。组织的必要性主要是因为学生在教育过程中不可能始终保持教师所期望的心理状态。比如在课堂,学生的注意力就存在着分散与转移,学生的兴趣可能并不在当下学习的内容上,意志薄弱也可能带来学生的懈怠或放弃当下的学习,甚至还有学生会制造消极事件、影响其他学生,等等。这些现象都会不同程度地破坏课堂教学的秩序,会直接改变教师的工作状态,影响教学活动的正常进行。如果教师对其听之任之,课堂就是一派乱象。因而,当学生方面出现消极行为表现时,教师都会近乎本能地实施干预,这样的干预有一部分在教学理论中被视为课堂组织行为。

课堂组织行为的对象主要是学生的注意力和学习行为方式。对注意力的组织有时候是极其简单的,教师可以简单地发出要求学生集中注意的指令;有时候就要复杂一些,这就涉及课堂组织的艺术问题。一般来说,高水平的课堂组织行为是与知识的呈示、讲解以及思维的引导等核心行为融合在一起的。这样的组织行为,其力量来自教师的综合内涵,与其说是组织,还不如说是教师的学识、人格和思维对学生的自然凝聚。而对于学生来说,他们拥有的只是一种欲罢不能的感觉,至于来自教师的控制在感觉上是完全不存在的。对于学生学习行为方式的组织,在今天尤其受到重视,不过教师们很少把这种组织看作是一种控制行为,而是视之为教学的模式或方略,与此同时却忽视了任何的教学模式和方略,本质上都是把学生的身心置入某一种教学活动结构,这可以说是一种更为深刻的和整体的控制。

课堂组织行为的目的就是要形成课堂的基本秩序和氛围。社会活动秩序的核心是情境中的人在静态的意义上处于合适的角色位置,在动态的意义上其行为运动符合既定的章法。在教育活动中,秩序能使人心里踏实,也能使教育活动的效率提高。氛围则是一定的教育活动进行中自然释放出来的一种心理性的、精神性的教育现场小气候。所以，不存在先在的氛围，换言之，任何人也没办法先营造一种氛围然后再开始他的教育活动。

日常的训育活动中有没有组织问题呢？当然是有的。但训育活动中的组织行为与课堂教学中的组织行为应该说是各异其趣。课堂教学旨在知识的传授和接受，训育则是要触动和影响学生的人格和心理世界。训育活动总发生在问题情境下的一对一的师生结构中，一般意义上的注意力和氛围的组织在这里是没有意义的，其中的组织就是教师对学生的触动和影响本身。我们知道，训育中教师所言说的可谓"老生常谈"，并无认知上的新意，所以学生很容易出现麻木不仁、无动于衷的状态。然而，学生的这种状态只是在训育中表现出来，却不限于训育的情境，因而，简单的、要求他端正态度的指令甚至过激的体罚也不能解决问题。这就使得训育中的组织行为没有必要指向注意力和氛围，而是要直接针对学生的精神。而当教师针对学生的精神进行组织的时候，这种组织已经成为地道的、深层次的训育行为，那还能算是组织行为吗？所以我们也可以从某种意义上说，日常的训育活动中没有组织行为。

4. 管理

前文提到，当学生方面出现消极行为表现时，教师都会近乎本能地实施干预，其中一部分干预属于课堂组织行为，那另外的部分属于什么呢？答案是课堂管理行为。一般来说，教育活动中管理行为的出现，同时就意味着组织行为的失败。组织行为失败，在效果上表现为教育活动的秩序混乱，其实质是组织行为无力导致学生注意力不集中、做着与教育要求无关的事情，甚至会出现明显破坏教育秩序和氛围的违纪行为。学生的各种消极表现对教育活动秩序和氛围的危害程度是不同的，但都可能引发教师的管理控制行为，能否引起，则取决于具体教师对学生消极表现的容忍程度。一旦他们无法容忍，就可能出现以下两种情形：

(1) 叫停

叫停，指教师命令学生立即停止某种问题行为，这是发生在教育过程中的常见控制行为。在越低的教育阶段，叫停的方式越经常出现，这是因为年龄越小的学生越不具有高水平的用理性控制自己行为的能力。在课堂教学过程中，我们总能发现有的学生不由自主地出现一些于学习无意义的行为；还能发现有的学生表面上安静、不影响他人，但他自己的精神却游离于课堂之外。面对这种情况，教师很容易、也完全可以使用叫停的方式，他们叫停的可以是一种消极的行为，也可以是一种消极的状态。但需要意识到，叫停在教师看来可能是不得已而为之，可一旦发生就会造成教育过程的暂时停止，这对于教育活动的节奏自然是有破坏作用的。或正因此，才有一些教师对于不太过分和不影响他人的消极行为和状态往往采取放任的立场。可是换一个角度，这样的放任立场虽然避免了教育现场的麻烦，却没有完全负起教育的责任。假如一个教师尚不能依靠教育的智慧和艺术化解教育过程中的问题，面对影响教育活动秩序和氛围的消极现象，该叫停时就得叫停。

（2）惩罚

对于学生的消极表现，除了必要的现场叫停，在教育活动结束后还可以视情节严重与否加以必要的惩罚。没有惩罚的教育必定是无力的，甚至是虚伪的。在人性化、民主化的教育口号中，教育变得越来越温情，然而在温情下面掩盖了多少学生的问题和教师的无奈呢？值得注意的是，主张教育中存在必要惩罚的声音始终没有消失。最近的新闻报道，英国教育大臣迈克尔·戈夫呼吁用传统的课堂纪律方式来惩罚违纪学生。在传达给教师的一封信中，戈夫表示："你们现在可以严厉起来了，也让那些违纪学生得到相应的惩罚。"英国教育部则表示，惩罚措施将会包括捡拾垃圾、除草、打扫教室和清除墙上的涂鸦。除此之外，违纪学生还会被要求提前到学校、清理食堂并被没收一些优先权。[①]

当然，教育活动中的惩罚是有限度的，主要是不能违背教育的精神，同时要兼顾我们时代对人的尊严和基本权利的重视。必须把体罚、变相体罚、心理惩罚和经济惩罚从学校清理出去。必要的惩罚可以让学生意识到破坏公共的教育活动秩序是要付出代价的，也可以为他们提供认真反思的机会，是

---

① 《英国教育大臣呼吁用"传统方式"惩罚违纪学生》，http://www.china.com.cn/news/world/2014-02/04/content_31373754.htm(2014-02-04)。

具有教育意义的。我突然想到了杜威的"教育即生活"。生活是辩证的，有温情，也有冷厉；有奖赏，也有惩罚。教育生活过程也应如此，只是教育生活过程中一切作为都遵循教育的原则而已。

5. 评价与激励

在教育活动中，还有一种特殊的控制行为是评价与激励的联接，其特殊性主要体现为评价和激励虽然指向学生，却是以教师对学生表现的价值判断以及激励策略为中介的，因而这种控制并不是教师与学生之间直接的现场互动。虽然基于评价与激励的控制不具有直接性，但其效果却是任何其他控制行为无法代替的。评价与激励之所以能起到独特的控制作用，主要是因为人是社会的人。人的社会性一方面使人摆脱不了现实的关系网络并产生归属的需要，另一方面又使人不得不遵守规约，从而成为价值性的存在。只要在群体中生活，每个人都希望能够显现自己的价值，并能得到外部的肯定和避免外部的否定，这正是评价与激励能够对人发生控制作用的基础。

评价完全可以是一个技术的过程，程序上可以表达为"测量＋判断"，先使用一定的技术手段获取对象（人、物、事）的信息，然后根据一定的标准对对象进行价值判断。在教育过程中，教师对学生的评价是一种常规行为，它可以是周期性的学业成绩评价（考试），也可以是存在于日常教育活动中的现场即兴点评。就学业成绩评价来说，它发生在教育活动现场之外，但它的存在本身就对学生有一种心理上的经常性的提醒作用。我们可以设想，如果学校只是教学而无考试，学生的学习状态会发生怎样的变化？不论所发生的变化如何，都足以说明考试对学生的学习心理具有控制作用。教师对学生表现进行的现场即兴点评，就事论事，对学生的思维或行为会发挥引导或纠正的效用。更为重要的是，如果点评不是针对学生全体，而是以随机抽查的方式针对个体，那他对学生的控制作用是十分微妙的。

理论上，评价是可以独立运行的，而在现实中，评价总是和激励联接在一起发挥作用。激励的手段在方向上无非奖励和惩罚两种。奖励的原理是奖励可以激起学生获得奖励的兴趣、强化教师所期望的行为；惩罚的原理正好相反，是要提醒学生避免失败带来的不快，从而使他们尽可能减少教师所不期望的行为。这是典型的行为主义心理学实践，是有效的，也是简单的。

基于行为主义思维的激励，其最大的危害在于很容易激发和巩固一种世俗的功利主义心态，这对于教育目的的追求来说越来越不是一件好事情。教育并不是要培养不讲功利的书呆子，但教育的正途总是在抵制世俗的功利主义价值观，这与教育所追求的文明与高尚是背道而驰的。心理学告诉我们，不成熟的个体学习才主要受附属外驱力的影响，随着人的成熟，支持个体学习的应该是认知的内驱力和自我提高的内驱力。我们的教师是不是应该慎用行为主义的激励方式呢？

回顾我们在本章所做的思考，教育活动中的工学行为在我们的阐释中逐渐显现了出来。可以发现，尽管教育被人们赋予了更多人文的和神圣的性质，但在操作的意义上，它也是由人类的一般行为结构而成的。在工程思维下去分析教育活动，目的、手段、效果无一不应被正视，如此，诸如设计、制造、控制这样的概念，好像有点赤裸，却又显现了作为人类劳动的教育的最真实的面目。在此基础上，我们创造教育的精神，演绎出各色的教育原则，并以之限定设计、制造和控制行为，教育的个性就自然得以形成。许多人都意识到了我们的教育思想和理论有些飘忽，而在工学的思维下，我们发现那种飘忽基本上是由教育思想和理论中缺乏操作性立场带来的。教育思想家和理论家自觉不自觉地在观念中展演教育的诗意和深刻，却遮盖了教育在行为层面的意义。如果我们没有理由批评教育思想家和理论家，那么就需要在他们和现实的教育活动之间架起必要的桥梁，这样的工作也正是教育工学所关心的。有了这样的桥梁，教育思想家和理论家不必再有些许的因远离实践而生出的歉意，教育实践也会因教育思想和理论的创造而健康发展。

第三章　教育理论向教育实践的工学转化

在教育理论和教育实践之间架起一座桥梁，只是一种比喻，可以形象地说明某种道理，但其功效也只能到此为止，关于这座桥梁的细节及其实质还需要更为具体和深入的探讨。一个看似简单的问题至今仍未完全解决，足以说明问题本身的特殊性和复杂性，以致这一方面的研究要么浅尝辄止，要么剑走偏锋。当我们正面碰撞教育理论与教育实践之间的桥梁问题时，立即意识到有一系列问题等待着我们去面对：什么是教育理论？凡被称为教育理论的都能够和有必要转化到实践中去吗？什么是教育实践？教育实践怎样接纳教育理论？可以说，每一个问题都不是一个简答题，即使我们在工学的意义上探讨它们，也无法回避它们的哲学意义。因而，我们还是要先从对教育理论和教育实践的哲学把握入手，在此基础上思考两者之间的对接问题，对其可能性、现实性进行分析，并本着改善实践状况的立场，探究教育理论向教育实践的工学转化。

一、理论及教育理论

日常语言在学术表达中的合理占位和哲学教育的不足，使得许多概念在人们的头脑中似是而非。比如人们会极为自然地把不从事一线实践工作的研究者称为理论工作者，实际上，并非所有的研究者都是理论工作者，在人们的意识中，显然是未加反思地采用了某种哲学语境中的理论、实践两分。而且，人们对理论、实践的两分并不是简单的不拘小节，如果我们追问"什么是理论"或"理论指什么样的认识成果"，获得的常常是语焉不详的回馈。这是不能令人满意的，但又是可以理解的，因为"理论是什么"这一问题"是一个复杂而牵连颇大的问题。因为人们常常是从理论与其他事物的关系中来理解它的含义的"。[①] 人们可以在与事实、常识的对应中、与实践与经验的对应中来理解理论。[②] 然而，正是这样的复杂性背景使得理论的内涵变得扑朔迷离。在已有的认识基础上，我们来面对理论是什么的问题，结合教育以及教育研究的实际，倒可以踏上说明理论尤其是教育理论的坦途。

与事实相对应，理论是反映和解释的；与常识相对应，理论是批判和反思的；与实践相对应，理论是建构的；与经验相对应，理论是逻辑的。我再附加一个，与思想相对应，理论是体系的。也许我们可以就此得出以下哪怕是暂时的结论，即理论是基于事实、常识、思想、经验和实践的一种认识产物。基于事实，理论是对事实的反映和解释；基于常识，理论是对常识的批判与反思；基于思想，理论是对思想的系统化；基于经验，理论是对经验的总结；基于实践，理论是对实践的建构。由此，从功能的角度看，理论的基本存在方式已经呈现在我们的意识之中。

（一）反映事实

在与事实的对应中理解理论，是唯物主义认识论影响的结果。在这种思维中，事实是自在的，是不以人的意志为转移的客观存在，人的感官可以感受到现象的存在，而其真相则需要作为认识主体的人对现象进行分析、抽象、概括才能加以把握，那被把握的事物的真相以某种人工语言表达出来即为理论。很显然这是一种较为朴素的理论观，在此意义上，可以被称为理论的认识产品较为广泛，当然也有更多的人被视为理论工作者。如此，化学家发现

---

① 何秀煌：《理论是什么》，《现代哲学》，1986年第4期。
② 邢建昌：《理论是什么》，《燕赵学术》，2012年第1期。

的水分子的结构为 H_2O，是属于理论范围的。然而，我们必须考虑到，如果我们对于水只做现象的白描，是算不上理论的，仅靠我们的感觉无论如何也感觉不到水的分子结构。因而，作为反映事实的理论，其事实是深层事实，也就是事物的实质，其反映是深刻的反映，即非机械的、能动的、借助纯粹理性对事物的探察。

教育学中的许多概念，其认识论的意义就是对相关事物深度事实的深刻反映。我们获得了教育、学校、课程、教学、教师、学生等等概念，就知道了它们的实质是什么，也就具备了对教育的理论认识。通常说概念是理论的细胞，实际上概念本身就是理论的一种形式。有一种说法，即理论大家就是概念大家，这一说法既说到了理论的要害，也说明了概念的价值。现在我们可以确定地认为，反映事实是一种理论的方式，作为理论方式的反映，不局限于对事物的经验感觉，而是要借助纯粹理性走向事物的深处探察其本质。概念，即便不是唯一，也是反映事实的理论之最具代表性的成果。需要提及一种反映，即教育史学研究者对教育的史学式反映，其成果是各种各样的对"过去的教育"或"教育的过去"的陈述。我们的问题是：这样的陈述无疑是对教育的反映，但算得上教育理论吗？当然算不上。教育史学家也绝不会因此而有气馁，他们的理想是基于史料和想象尽可能地复原过去的教育或教育的过去。

（二）解释事实

除去反映，人们对于事实还在进行解释，以此形成解释事实的理论。所谓对事实的解释，是对事实之所以发生和以某种方式存在的理性说明。这样的说明能够让人们对既有事实的合理性了然于心，既可以消除人们心中对于事实的疑惑，还可以启示人们从事与事实相关的实践活动。有一种成熟的认识认为理论通过对事实的解释和预见作用表现了它的认识功能，这里提到了解释，说明一切被称为理论的认识成果都自然具有解释功能，实际上这只是把握理论与事实之间的解释关系的一个侧面，在另一侧面许多理论就是为了解释既有的事实才被人们创造的。很有必要指出的是，尽管人们普遍认为理论的认识功能是指理论渗透于观察事实、解释事实、预见事实以及启示新理论的建立,但我觉得,理论的认识功能如果只留下一种意义,也应该是理论通过对深层事实的深刻反映而使人们知道事实本身,至于对事实的解释、预见等等,不过是人们使用理论的效果。

而事实上,解释既有事实完全可以是提出和创造理论的起始动机。面对既有的事实,或由于好奇,或由于困惑,好思的人会提出一系列探索性的问题:这是怎么回事?为什么会是这样呢?这其中有什么奥秘呢?如果他们通过一定的认识活动获得了结论,结局应是"原来如此"的感叹。在自然科学史上,这样的情形是屡见不鲜的,比如对日食、月食这一事实,会有不同的理论解释,其中的每一种解释,即使是错误的,都可以释解人们的好奇和困惑。可以说正是欲对某种事实作出解释,才有了提出和创造理论的行为。同样的,许多教育理论就是为了解释某种既有的教育事实而被提出的。教育事实可能是迄今为止的教育历史事实整体,也可能是发生和存在于现实中的具体教育现象事实。所谓的教育原理,其实就是对教育历史事实整体的解释性理论,而类似桑代克的尝试—错误学说、巴甫洛夫的经典条件反射学说、斯金纳的强化学说、加涅的信息加工理论、苛勒的完形—顿悟说,等等,就属于解释学习现象而创造的解释性理论。实际上,教育学中的解释性理论是较少的,这应是教育学学科解释能力较弱的主要原因,也许教育学是没有必要像心理学那样对于具体现象的解释乐此不疲,它的学科个性会通过其他的理论存在方式得以彰显。

(三)反思常识

有一种认识现象值得注意,即人们面对事实所进行的反映和解释,在人与事实形成认识关系之后的一定阶段,他们对事实的反映和解释就失去了纯粹性,原因是人们业已形成的常识作为成见会参与到反映和解释之中。因此,理论的形成不仅是人对事实进行认识的结果,对常识的反思与批判也是形成理论的重要渠道。正如卡勒所说,"理论是对常识的批评,是对被认定为自然的观念的批评"。[①] 在理论没有出现的时候，支配人的思维和行为的就是常识，这种具体地域和文化背景中的人群在长期的经验中自然形成的基本认识，实际上承担了后来的理论所发挥的依据和启示作用。但由于常识来自有限的经验甚至约定俗成，它的真实性和可靠性是有限的。为了使思维和行为更为合理，人们对作为其依据的常识会进行主动或被动的反思，而当反思开始的时候，理论就可能产生。显然，反思的对象是常识，是人与事实互动中形成的基础性认识，而非事实本身，但常识与事实的原初联系使得通过对常识的反思而形成的理论，也不会是纯粹的玄思。

　　借反思和批判常识形成的理论，也有可能是对常识中真理性成分的确认，但多数情况下是对常识的颠覆，可见对常识进行反思和批判是人对现实的思维和行为实施的解构。我注意到，一部分教育理论是对常识中真理性成分的确认，也有一部分理论是对常识的颠覆。前一种情形的发生是因为常识中蕴含着人类的实践智慧。比如教育中的因材施教，在今天是可以成为教育理论的。教育研究者能够通过科学实证说明因材施教的有效性，也能够从某种人文主义的前提出发逻辑地演绎出来从而明示其道德性。然而在漫长的教育历史中，因材施教实属教育常识，而且这一教育常识很难说是来自教育者的长期教育实践，更是一定人群的一般智慧在教育中的迁移和运用。在类似"因地制宜""对症下药"等原则中，实际上存在着一个共通性的内涵：根据对象的特点采取不同的应对措施。此共通性的内涵就是一定人群的一般智慧，它最初是以常识的形式存在和发挥作用的。后一种情形的发生则是因为常识中蕴含的是一种有限经验甚至错误的执着。比如中国传统社会的"棍棒底下出孝子"和西方传统中的"儿童的耳朵长在背上，不打听不见"，在一定的历史时期基本上是一种教育常识。这种有局限性的常识一定可以简单枚举出许多实例加以说明，但简单枚举的特殊性不可能明证这类常识的真理性和普遍性。

　　其实常识也是复杂的，经过理性检验的理论借助传播和社会互动也可以转化为公众的常识，这就另当别论了。需要反思和批判的常识主要指原生态

[①] 乔纳森·卡勒：《当代学术入门：文学理论》，辽宁教育出版社，1998年版，第16页。

的从经验的土壤中生长出来的常识。这样的常识并不只出现在具体实践活动历史的早期，即使有了理论，原生态的常识还会在不同层面不断涌现，因而，对常识的反思和批判也是理论的永久职能，当然也是理论生产的永久性的途径。

（四）组织思想

进一步分析常识，就能发现大多数常识是人们经验观察和有限经验验证的产物，而如果在常识的基础上人又有了遐想，最朴素的思想就能得以产生。古代的思想家们，他们的思想都是有其经验基础的，作为他们思想基础的经验自然包含有常识的成分。即使高深如古希腊的各种本源论思想，也是那些哲学家们在对水、火、气等物质性质的经验和常识认识基础上进行的。谈到思想，它是人面对事实（事物与事件）或常识而进行的主观创造，是人们对自己钟爱的对象所做的超越事实的思虑，其中所谓的超越是人们对于包括常识在内的一切既有事实的思虑。正因为思想的旁边是人对对象的钟爱，所以思想是灵动的，同时也蕴含着对思想内涵的高度情感肯定。而有了情感的因素，思想完全也往往是以武断的面貌呈现的。

思想的武断形象，要求接受它的人要有"相信"的先在，而在思想的创造者那里则是以"我认为"亦即"我相信"的姿态来展现思想的。当然，这也使得思想可以是深刻的，但通常也是点状分布的，需有他人加以梳理才能够呈现出内在的逻辑。与理论联系起来思考，思想可以是不系统的，如果思想系统了，换言之，存在于点状思想之间的逻辑被显现了，理论也就出现了。因而，理论在此意义上是系统化后的思想。陈嘉映说："在一个理论中，那些包含在正常情况中的道理，通过某种疏通和变形，获得组织，其中有某些道理上升为原理，把包含在多种常识中的多种道理连成一个系统。"[①] 这段话中的道理在陈嘉映那里是与常识相联系的，我们这里说思想，道理也是一样的。思想无疑是一种道理，但点状的思想所突出的是深刻而非系统，理论却恰恰

---

① 陈嘉映：《哲学　科学　常识》，东方出版社，2007年版，第233页。

长于也力图寻找点与点之间的联系,所以,在理论与思想的对应中,理论是对思想的组织。进而,理论是包含着思想的,但思想却不必然是理论。理论之为理论,一在于言明道理,是为理,二在于有论,指对道理要做逻辑和经验的尤其是要做逻辑的证明,是为论。

(五) 总结经验

与前述内容相较,一般公众更为熟悉"理论是对经验的总结"这一命题。与这一命题相关的说法还有"把经验上升到理论的高度""有经验,无理论"等等。那理论和经验究竟有怎样的关系呢？要弄清这一问题,需要先对经验做明确的界定。经验一词,具有动词和名词两种属性。作为动词的经验是指主体的经历和体验过程；作为名词的经验是指经历和体验所自然形成的关于"做"的认识。作为动词的经验是一个中性词,而作为名词的经验常常具有积极的意义。一般来说,积极的经验就被称为经验,消极的经验则被称为教训。毋容置疑,指向理论的经验总结,其中的经验主要是指积极的经验。进一步讲,积极的经验是有效的,利于行动目的的达成,并与行动目的背后的精神具有内在的一致性,因而内含着未知的合理性。这种未知的合理性恰恰是具体的经验成为总结对象的基本前提。

理论是追求普适性的,经验则是产生于具体的情境并与具体的主体直接联系,因而通过总结从经验中抽象出的理论通常是有条件的因果关系。顺便提及,我们所说的总结经验是人文社会实践经验,因而由此而来的理论自然是一种实践性的理论。实践性的理论,核心在于捕捉经验中的实践感,明示隐藏在人的行动中的实践逻辑。这当然是一种艰难的工作,因为"实践逻辑的步骤很少是完全严密的,也很少是完全不严密的",[1] 这就使得关于实践的理论很难被众多的实践者认同。由此还带来一种现象是：原则上人们都知道存在着经验上升到理论这回事,但具体的经验与既有的理论之间的关系却很难说得清楚。假如按照普适性这一理论的内在追求为标准,关于实践的理论

---

[1] 皮埃尔·布迪厄：《实践感》,译林出版社,2003年版,第19页。

在什么意义上才具有普适性，这也是一个重要的值得思考的问题，而对这种问题的探索最终也许会陷入心理学的泥沼，却也没有什么办法。

但经验的确是需要总结的，如不总结，理论，尤其是关于实践的理论的发展就会丧失掉极其宝贵的资源，关于实践的理论也会因此而孱弱不堪。教育理论中的实践理论成分始终饱受诟病，常常被指批为不切实际，我想人们所说的不切实际应是不切实践者的实践逻辑实际，那些信誓旦旦的实践性理论，其实质还是一种理性的逻辑。这说明我们的实践性理论要么是远离实践的研究者的想当然，要么就是心有实践情怀却无法深入到实践者的心理世界之中。能够想象到许多虔诚的研究者面对现实中具体经验时的欣喜与无措，他们较为习惯于纯粹理性的逻辑，又较难探查到实践逻辑和纯粹理性逻辑之间的真实联系。现在看来，理论家对经验的总结，比起其他的任务，可能要更加艰难一些，这种艰难更多情况下不是技术的问题，可能是与人性有关的某种问题。

（六）建构实践

我们通常说，理论从实践中来，又回到实践中去，指导实践，这里的理论是什么样的理论呢？当我们意识到理论是多元形态存在的集合概念，就能自然地意识到理论和实践之间绝不是简单的来源和指导关系。搁置来源，我们说指导，这一概念中主要蕴含的是方向和精神，换言之，当我们使用指导这一词的时候，被指导者的收益主要是方向和精神上的。也就是说，指导之中存在着意志，被指导者会被期望甚至要求本着某种精神和趋于某个方向。如此，反映事实的和解释事实的理论，来自常识反思、思想组织和经验总结的理论，是不存在指导意图的。问题又回来了，那指导实践的理论是什么样的理论呢？我以为是建构实践的理论。实际上也的确存在着一种理论，在建构超越现实的理想的实践。

实践是什么？比较普及的认识是把人的一切改造自然和社会的有意识活动视为实践。这样的认识主要强调了实践的改造特征和自觉特征，除此之外，实践在主流语境中还具有不必言明的道德特征。在技术的层面，实践主要是一个有目的、有意识的"做"的问题。应该说，几乎所有成熟的社会成员都会存在于自然且自我的实践之中，其中大多数的实践活动是主体在自然状态下的自我行动，也会有一部分实践活动是主体在一定的理论指导下进行的。自然状态下的主体自我行动，自然没有什么理论的指导，支配主体行动的一般是历史形成的共同经验，主体在行动中不需要对行动自身做形而上学的思考，也不需要求助于某种既有的理论，共同经验足以让他们虽不见得卓越但能顺利地达成行动的目的。一主体的行动会被他所属的共同体中的其他成员以相同或相近的格式重复，共同经验在此过程中能够得到巩固，但共同体的世界会因超稳定特征而难以发展。然而，总有人对不断重复的现实有所思虑，比如一部分理论家就会在批判现实的基础上建构理想的"做"，这就是理论家借助理论对实践的建构。

理论对实践的建构主要体现在以下方面：

第一，明确行动的旨归。人们常说，没有理论的实践是盲目的，这话并非完全没有道理。日常的实践工作者，首先是工作者，其次才是实践者，具体的工作任务能够让工作者忘却自己的实践者角色，以致他们的自觉只能是工作范畴中的狭隘的自觉，实践意义上的自觉很难进入他们的意识。建构实践的理论，切记，是建构实践的理论，而非仅仅解决技术问题的理论，会通过明确实践的旨归来激发人们实践层面的自觉，这对于行动的自觉水平无疑是一种提高。

第二，改善行动的技术。实践的发展离不开行动技术的发展，所以建构实践的理论从不回避行动的技术问题。由于实践的核心是做，容易出现偏差的倒容易是指向实践的理论往往过分沉溺于技术问题，正是这种偏差导致了目前各类实践的平面化和简单化。加之劳动分工日趋细致，单个的行动主体基本上被操作性地界定为一个功能单元。虽然如此，建构实践的理论仍然会着力于行动技术的改善，其主要的追求是行动效率的提高。

第三，提升行动的境界。实践性的理论对行动技术之外内容的关注，归根到底是对行动境界的关注。这种理论背后的理论家大多具有理想主义的气质和人文的情怀，他们有一种癖好是对人的行动的意义追求，他们希望行动主体不仅是一个工作者,还是一个神圣意义的载体。听起来,很像是理论家的一种刻薄,实际上他们的意愿中饱含着对行动者的真诚尊重和善意帮扶。任何的行动,在观察者的感觉层面都是一定形式的做,但在行动者那里,做,在不同的境界中,会让他们有不同的心理感受。朝着明确的目的,高效地操作,诗意地栖居于行动之中,难道不是值得追求的境界吗?

不知不觉中,我们对理论的概念做了一番思辨,这样的思辨并不是我的初衷,只是当我真切地面对教育理论向教育实践转化这一问题时,才发觉我们对理论概念的理解和使用都是经不起深究的。一般意义上的理论概念如此,"教育理论"概念亦如此。大众对教育理论概念的模糊理解,会影响他们对教育理论的认知和接收,学术研究者对教育理论概念的模糊就直接影响了教育理论研究及其结果的水准。

实际的情形已表明,人们对教育理论的理解是值得商榷的。由于对教育理论理解得不到位,使得"真正以教育现象为研究对象,其成果又堪称'理论'者,即名副其实的'教育理论',恐怕尚属凤毛麟角,较为罕见"。[1] 陈桂生教授对教育理论、关于教育的理论与元教育理论的辨析,能够让我们明确教育理论的内涵。他形象地指出:"如果把'教育理论'比作小说、诗、剧本之类的文艺创作,那么,'关于教育的理论'相当于有关这类文艺创作的评论;至于'元教育理论'则类似于语法学、修辞学、逻辑学及文章作法之学。"[2] 继续解读,教育理论是直接面对教育现象、教育问题的理论成果;关于教育的理论是类似教育学这样的以教育理论为对象的评论性文本,可以算作间接的对象研究;而元教育理论注重的则是教育理论或教育学学科的形式分析,不牵涉教育本身,不属于教育理论。这样,教育理论的形象也就基本明晰了。

可以说,教育理论是教育研究者直面教育现象和教育问题而创造的理论

---

[1] 陈桂生:《略论"教育理论"、"关于教育的理论"与"元教育理论"》,《教育研究与实验》,1997年第2期。
[2] 陈桂生:《略论"教育理论"、"关于教育的理论"与"元教育理论"》,《教育研究与实验》,1997年第2期。

成果。基于此，我们又可以把教育理论划分为两类，一类是对教育现象的认识，另一类是对教育问题的认识，前一种认识是形成教育知识的，后一种认识是形成教育策略的。事实上，教育理论家也的确有如上的两种追求，他们一方面要以客观的立场获知"迄今为止"的教育是什么，另一方面又要以主观的立场寻求消除教育问题的办法，获得理想的教育是什么的答案。以教育现象为研究对象形成的教育理论，其实质是对教育现象的反映和解释；以教育问题为研究对象形成的教育理论，其目的是对教育问题的解决，其实质是对教育实践的重构。

结合人们惯常的教育理论印象，我们对教育理论再做如下的说明：

1. 围绕"教育是什么"、"教育为什么是这样的"之类的问题而形成的教育概念和教育原理，是第一种教育理论，这种教育理论是单数的，是教育理论个体。

2. 围绕众多的"教育概念"、"教育原理"进行评论而形成的教育学，是第二种教育理论，这种教育理论也是单数的，但它是教育理论体系。

3. 围绕"具体的（无论宏观还是微观的）教育问题怎么解决"而引发的"好教育是什么"，进而形成的"教育思维"[①]，是第三种教育理论，这种教育理论可以是单数的、个体的，也可以是类似"实践教育学"这样的教育理论体系。

对教育理论做这样的分析对于教育工学思考来说是必要的，特别是当我们探讨教育理论与教育实践关系的时候，必须搞清楚不同种类的教育理论与教育实践的内在联系，才能做到深入和具体，否则，无论多么精辟的思想，如"化理论为方法，化理论为德性"，也只是一种令人激动和具有智慧特征的大原则。

---

① 教育思维是教育观及其支配下的教育操作思路的统一体。（参见刘庆昌：《教育思维论》，广东教育出版社，2008年版。）

二、实践及教育实践

（一）实践

实践的概念并不因为与实践者的紧密联系而比理论概念更加清晰，如果不需要做细致的说明，我们会自认为理解实践的意义，若要深究，我们同样难以把实践概念说得清楚。虽然我们并不热衷于对实践概念做学术史的研究，但对一些重要的节点性人物及其观点还是应该了解的。我们选择亚里士多德、康德和马克思，分别对他们的实践概念加以分析，从中或可确定、或可综合出我们要使用的实践概念。

我们选择亚里士多德，是因为实践哲学就是从亚里士多德开始的，按照徐长福的说法，"哲学家们一开始并没有注意到实践问题，只是到了后来，当实际生活的震荡将旧有的问题震出裂缝之后，人们才逐渐有所分辨，并将其中某些问题命名为实践问题"。[①] 历史地看，苏格拉底之前，希腊哲学家热衷的是自然哲学，到了苏格拉底发生了人的哲学转向，这种转向既可以看作是哲学研究对象的转向，也可以理解为人的概念从自然概念中浮现出来，毕竟自然是包括人在内的自然，而且自然哲学也不能完全理解为是关于自然的哲学，还是当时的哲学家理解世界的一种哲学观。人的问题在苏格拉底哲学中出现，实际上是要追问人在行为可以选择范围内的"应该"问题，这样的追问是通向实践的。柏拉图同样关注"应该"，并对"是什么"和"应该怎样"两者的统一很感兴趣，他力图寻找能够支配人类在可自主领域的理论原则，在此思考中，实践的概念就自然出现。基于柏拉图的思考，亚里士多德明确提出了实践概念，并创造了自己的实践哲学体系。

然而，亚里士多德的实践概念是复杂的，在不同的语境中会有不同的意义。他把知识分为理论（思辨）知识、实践知识和技艺或创制知识，与此对应，人类追求知识的活动也有三类，即思辨活动、实践活动和制作活动。这

---

① 徐长福：《论亚里士多德的实践概念》，《吉林大学社会科学学报》，2004 年第 1 期。

第三章　教育理论向教育实践的工学转化　107

三种活动既指向不同的知识追求，又体现了不同类型的关系。"理论活动体现了人与自身的关系，实践活动体现了人与人之间的关系，而制作活动则体现了人与物的关系"①。应该说这三种活动是具有等级性的，理论活动最为高级，是人不依赖外物就能完成的自由沉思，制作活动追求制作的结果，满足人的自然需求，最为低级，实践活动则处在两者之间。说到这里，亚里士多德的实践概念仍是模糊的，因为，亚里士多德也用实践活动"表示同时包含着前述三类活动的人的总体上的活动"②，这就有些费解了。故有研究者主张进入亚里士多德的语境，在《尼各马可伦理学》的伦理学语境中理解实践概念。"如果把亚里士多德的'实践'放在他的整个哲学所具有的人文意蕴的背景中来理解，那'实践'实质上就是人使人自己不断成为人的活动"。③ 我们继续思考，所谓"人使人自己不断成为人的活动"，也就是人自觉趋于完善的活动，因幸福为至善，所以，实践就是人自觉追求幸福的过程，是合乎德性的活动。

康德解除了中世纪对希腊哲学的遮蔽，历史地承接了亚里士多德的实践哲学，两个处于不同时代的哲学家对实践概念重视的一致性，从一个侧面反映出人类精神的觉醒和发展是一个不可抵挡的趋势。亚里士多德的实践，指人的有德性的善行，人藉此可以不断摆脱和超越动物性，从而趋于完善。我们可以把这样的实践观解读为亚里士多德为人真正成为人指出正确的方向和路径。而在康德的时代（18世纪中后期），启蒙思想和资本主义世俗化生活的洗礼，已经使人们在过分关注自然欲求和功利的同时忘却了自身的存在，因而，他"要从人本身的道德感出发，从人的纯粹理性内在的实践功能出发，从自在的存在者的意志自由出发，来寻求'纯粹理性的实践法则'，来唤醒

---

① 曹小荣：《对亚里士多德和康德哲学中"实践"概念的诠释和比较》，《浙江社会科学》，2006年第3期。

② 曹小荣：《对亚里士多德和康德哲学中"实践"概念的诠释和比较》，《浙江社会科学》，2006年第3期。

③ 曹小荣：《对亚里士多德和康德哲学中"实践"概念的诠释和比较》，《浙江社会科学》，2006年第3期。

'我们本性中的道德素质',来'妥善而明确地开辟那条每个人都应走的通往智慧之路',以使人们茅塞顿开,从而自己拯救自己"。① 如果说亚里士多德的实践观是为还容易被动物性驱使的人指出了走向幸福和完善的道路,那么,康德则是在新的历史背景下为那些容易被世俗与功利原则驱使从而具有堕落危险的人指出了一条自救的道路。

可以看出,两位哲学家的实践概念都具有伦理学的意义,但因不同时代所需面对的问题有差异,他们的实践概念又明显相异。亚里士多德的实践,指与人的现实生活直接相关的具体的伦理道德行为,甚至是指人对现实生活中伦理道德情感的直接体验,而康德的实践,是与"理论思辨"相对应的概念,进而,"实践哲学"是与"知识论哲学"相对应的哲学,这与亚里士多德的与"自然哲学"相对应的"实践哲学"是不一样的。对于具体的、有限的、感性层面的活动,康德会用"行动"或"行为"表示,"实践"则是与具体活动形式相区别的活动,是纯正的道德上的意志自由。康德把人的活动分为两类,一类是遵循某些能在感官世界中规定自己因果性的力学性法则作出的行动,另一类是人遵循内心先天具有的道德律作出的行动。在他看来,前者不属于实践,后者因具有道德意义和道德价值属于实践。如此,康德的实践概念似乎已经明朗,但我以为还需要补充一点,即在康德那里,实践高于理论。实践之所以高于理论,是因为纯粹实践理性较纯粹思辨理性具有优先地位。他说:"我们根本不能指望纯粹实践理性从属于思辨理性……因为一切兴趣最后都是实践的,而且甚至思辨理性的兴趣也是有条件的,惟有在实践的运用中才是完整的。"② 结合康德对"纯粹理性内在的实践功能"的认识,这段话,对我们思考教育理论与实践的关系应是很有助益的。

康德之后、马克思之前的哲学家对实践概念还有一些重要的变化。比如黑格尔,就不满足于把实践的内容仅仅停留在主观上,而是把实践视为对客体的改造,认为实践具有创造性和客观性;把目的性引入实践,这是一种认

---

① 曹小荣:《对亚里士多德和康德哲学中"实践"概念的诠释和比较》,《浙江社会科学》,2006年第3期。
② 康德著,邓晓芒译:《实践理性批判》,人民出版社,2003年版,第167页。

识论上的突破;他把实践作为认识的必要环节,提出"认识—实践—认识"的过程,实际上是把实践看作是概念的外化,虽有唯心主义的色彩,但具有内在的辩证性;更重要的是他发现了一种特殊的实践活动即劳动,这对于马克思的实践观是具有基础作用的。[①] 马克思的实践观基于唯物的和辩证的精神,实现了对以往实践哲学的全面超越。他说:"从前的唯物主义——包括费尔巴哈的唯物主义——的主要缺点是:对对象、现实、感性,只是从客观的或者直观的形式去理解,而不是把它们当作人的感性的活动,当作实践去理解,不是从主体方面去理解。"[②] 这表明在马克思那里,实践是一种感性的活动,是理解人与对象关系的一种立场,同时是具有主体性的感性活动。历史地看,马克思的哲学一方面汲取了历史上哲学思想的营养,另一方面最直接地接受了自然科学发展的滋养。他的哲学不神秘、很明了,具有鲜明的分析特征,也具有宝贵的辩证内核。马克思认识到实践活动既把人自身与其活动指向的对象区别了开来,也把人自身与其活动对象统一了起来。人作为能动的主体,对于对象并非绝对地依从,人能从需要和目的出发对对象进行改造,这就是实践活动,通过实践活动,人的需要与对象的对立被消除,主体欲求和客观对象就实现了统一。

对于实践,马克思的另一个论断也值得注意,即他在《关于费尔巴哈的提纲》中所说的"哲学家只是用不同的方式解释世界,问题在于改变世界"。[③] 作为哲学家,马克思也在解释世界,所以,不可以为马克思在贬抑解释世界的理论活动,只意味着他明示了思想不能直接改变世界的客观事实,这中间包含着解释世界的理论活动和改变世界的实践活动两者之间的关系。有学者指出,马克思的实践概念不仅是感性的、外向的,也是理论的,"它不仅离不开理论,需要理论的指导,同时它本身就是一种理论的、思想的存在",[④] 从

---

① 王静:《试析黑格尔的实践观》,《学术论坛》,2008年第10期。
② 马克思,恩格斯:《马克思恩格斯选集》(第一卷),人民出版社,1995年版,第54页。
③ 马克思,恩格斯:《马克思恩格斯选集》(第一卷),人民出版社,1995年版,第57页。
④ 黄文前:《现代视域中的实践概念——实践概念发展综述》,《马克思主义与现实》,2004年第5期。

中可以看出马克思关于理论与实践关系的认识与过去哲学的内在连续性。只是由于19世纪自然科学的发展，人们把理论与实践的关系简化为科学理论与其自身应用的关系，马克思的一部分认识被遮蔽了。这一事实对于我们的教育工学思考具有警醒价值，全面理解理论与实践的关系，才能从根本上解决教育理论和教育实践两张皮隔离的现象，而且，我们也能获得对教育实践进行深入理解的合理依据。

（二）教育实践

对实践的概念稍作考察，就能意识到教育实践的概念在我们的头脑中实际上是比较模糊的。如果只是做一般性的议论，并不需要去细究教育实践的具体内涵，但我们是要把教育理论向实践做工学转化的，这就需要不仅弄清教育理论的内涵，还需要明确教育实践的内涵。我曾经意识到实践概念在今天的教育领域不只是一个与理论相对应的普通概念，还具有了一定程度的道义优越，似乎讲实践是一个积极的和拥有了某种使命和情怀的事件，但问题是即使那些充满着实践情怀的研究者，也少有对教育实践做通透的说明。在对实践概念认识的基础上，我们可以先对教育实践概念做较为自由的诠释，也许从中可以发现理解教育实践的基本线索。

基于日常思维，我们会把广义教育系统中的人员分为两类，一类是教育理论工作者，一类是教育实践工作者。教育理论工作者的特征是他们掌握着或者制造着教育理论，教育实践工作者的特征是他们所从事的工作本身被符号化为实践工作。这种理解无疑是极为粗放的，且不说所谓的教育理论工作者并非都与教育理论有密切的联系，所谓的教育实践工作者的所作难道必定是教育实践吗？按照亚里士多德和康德的实践观，教育实践应是善的和通向善的，按照马克思的实践观，教育实践应是主体性的和创造性的，以此为标准，的确不能把教育实践简单化为被称为"教育实践工作者"的人们所做的一切。事实上，当我们议论今天学校所做的是不是真的教育时，也等于在质疑他们所做的是不是真的实践。亚里士多德说："实践需要很多条件，而所行的事业越是伟大和高尚所需要的也就越多。"① 如果我们承认教育事业的伟大和高尚，是不是应该思考一下教育实践需要怎样的条件？这个问题的另一种表达方式是：在什么样的或哪些条件下，教育实践才是一种客观的存在？

应该指出，人类文明的标志之一是人不仅依赖外界环境和自己的劳动而生存，还赋予环境和自己的劳动以意义，从而有了发展问题。在意义事件尚未发生时，人的行为总体上属于生存的内驱力作用而导致的对自身需要和环境作用的应答，也可以说是本能的和习惯的。比如我们谈论教育的起源，一定会追溯到原始人群阶段，甚至存在着教育起源的生理学和心理学理论，但可以想象在人类的语言还处于初级阶段，文明还处于黎明之前的时期，被后人称为教育的事件，充其量是一种自在的学习和极弱意识下的教，其内容无法超越生存活动的边界，怎可以与今天所谓的教育同日而语呢？而今天我们谈说教育，前提是人类具有了强烈的利益意识。这种利益存在着由生存而发展的层级，简单地说是利好的；复杂地说，人类是把教育作为一种有正面、积极方向的目的性活动的。此处的正面与积极，既包含着自然的利好，同时会附带着"合理"的原则。进一步说，教育在今天是一件有用的事情，又是一件道义的事情。教育的意志是让受教育者成为不仅有用而且道义的人，由此又引出一个问题，即为了保证教育的有用性尤其是为了保证教育的道义性，教育还必须是理性的。如此，我们便可以认为道义性和理性是教育实践成为客观存在的重要条件。

（1）教育的道义性是教育实践的基点

从人类开始自觉教的行为的那一刻起，教育就不再是需要旁观者给予意会和命名的类自然现象，而成为人类自身发展的社会现象。在此之前，人类所拥有的一切能力都来自群体性生产、生活中的自然模仿或者是个体独立面对环境"尝试—错误"的结果。教的意识自觉开启了文明的新篇章，教育划时代地从为而不知走向知而为之的状态。这一变化，在第一层面是教育在

---

① 转引自曹小荣：《对亚里士多德和康德哲学中"实践"概念的诠释和比较》，《浙江社会科学》，2006年第3期。

教育者那里的自觉，在第二层面则是教育因有了自觉，从而形成了名副其实的教育关系。原先如果只有自然的学习者，那么，教育的自觉在创造了教育者的同时也把学习者转变成为受教育者。教育者和受教育者构成了教育和被教育的关系，这种关系的特殊性不在于它的形式结构，而在于内含于关系结构中的主体意志，其中既有教育的意志，也有受教育的意志，因而，教育关系实质上就成为两种意志的关系。这样的关系无疑具有心理学的意义，但更能体现教育自身特质的是属于伦理学的意义。换言之，教育从出发点上就是一个伦理学事件，以致可以把教育学的历史扎根于早熟的人类伦理思想。

伦理实为人际关系之道，此道虽形形色色，但在具体文化人群中，会存在一种相当于众数的亦即被称为主流的观念，人的行为合于主流的观念，即为道义的，否则就是不道义的，至少是怪异的。由此推及教育关系，其道义性就体现在教育者是否负载了主流的社会意志，是否把善意融入教育的行为之中。教育者的善良意志在教育关系中是占据主要地位的，尽管教育关系具有双边性，但受教育者的成长和发展劣势注定了教育关系的性质基本上是由教育者的特征来决定的，除非心智极不成熟的，教育者的成长和发展优势可以让他们消解来自受教育者方面的干扰或挑战。不用说，教育关系的道义状况是要由教育者负责的，教育者有责任确保教育关系的道义性，其直接的利益是利好作为受教育者的个体，间接的利益是可以惠及自己身在其中的群体的发展。

不过，教育关系的道义性只是教育道义性的一个重要成分，教育道义性的完整意义还包括教育行为的目的和手段的道义状况。

若对教育只采取技术主义的立场，就会只关注教育作为行为的特征，正是在此意义上，教育常被许多人等同于教学。而实际上，教学的成立所依据的条件是极简单的，只要教和学两种行为以教学的内容为中介同时发生，教学就得以成立。那么，我们能否说教育因教学的成立也自然成立呢？显然不是。有人教我怎样使用微波炉是教育吗？我教孩子系鞋带是教育吗？需要提醒，任何人不可从如上的提问中误认为是教学的内容决定了教学是不是教育。有一点可以肯定，教学是教育最为主要的方式，没有教学，有形的教育是不存在的，但教学必须具备了某些特征才能立即成为教育。我以为，教者能把教学与作为完整个人的学习者联系起来，并有明确的对学习者的关怀和成就倾向，是教学升华为教育的基本前提。这个前提的要义为建设性的人文主义情怀，此情怀应是教育的道义性得以发生和持续的基础。有了这样的基础，我们就能够较轻易地言明教育行为目的和手段的道义状况。

首先，教育行为需要指向作为完整人的个体发展才符合道义的要求。

教育的历史性决定了不同历史时期的教育存在着历史水平的差异，这种差异的特征是趋于进步和完善的差异，亦即后来的教育总在原有的基础上向更高级的阶段攀升。而"更高级的教育"，在历史过程中，除了方法、技术层面的进步外，更为本质的是伴随着人自身的不断觉醒而发生的教育目的的升华。应该说生长于自然生活实践的教育，起初无法逃出实用的功利范围，受教者基本上是各种有用信息的接受者和承载者，教育在此意义上以信息的传递为现实形式，直接指向受教者的生存和生活利益，与人内在精神的提升是没有关系的。在这一历史阶段，施教者传递给受教者的信息内容越有用，教育也就越道义。但随着人的精神在历史过程中的不断自觉，把受教者视为信息的接受承载者就显得简单甚至浅薄了。所谓人的精神自觉，意味着人能自觉地意识到自己不仅寄身于外在的自然世界和社会世界，还意识到自我精神世界的存在及其价值。继而在教育中，纯粹的施教者逐渐萌发影响受教者精神世界的动机，他们没理由放弃有用信息的传递，但开始在受教者精神世界的觉醒和改善上有所作为。这一历史阶段，教化作为新生事物出现，并与教学一道构成新的教育内涵。教育在此意义上仍以信息的传递为现实形式，但施教者的追求中有了新的内容，即对人的精神世界的影响。谈到教育对人的精神世界的影响，我们同样需要有历史的思维。且不说施教者及其代表的利益方既可以为了奴化人而通过教育培育人的奴性精神世界，也可以为了发展人而通过教育培育人的自由精神世界，即使是为了发展人而培育人自由的精神世界，不同历史时期的人们对自由精神世界的理解也会存在着差异。当然这种差异并不影响教育的成立与否，但能够决定不同历史时期教育道义性的内涵。客观而言，教育已经从较为外在的功利性阶段，逐渐发展到了今天既重视外在的功利又重视人的精神世界改善的阶段。就教育行为的目的说,今天的人们会认为他们通过教育所追求的一定比他们的前辈更为高级,其中一个重要的元素就是更为道义。这里的道义,现实地看,就是他们赋予了教育行为目的以深刻的人文主义内涵。人们能够认识到,手段的不足主要损失效率,而目的上的缺陷则会戕害人内在的精神。

人文主义发端于文艺复兴之时,还具有革命的色彩,在当代已经演化为一种文明社会的基本立场,具有世界观的价值。在教育中,人文主义可以有不同的表达方式,比如追求学生的全面发展、重视学生的生命活力,等等,但却体现着一些共同的元素,主要有学生的发展的权利、学生的发展的和谐、学生的尊严、学生的自由和创造等。潜在的认识是:无视或轻视学生的发展权利、无视或轻视学生的尊严、主动地使学生片面发展、用功利的项目替代或者扼杀学生的自由和创造,均属不道义的教育思想和行为。实际上,教育改革过程中人们对现实教育批判的,除了方法技术之外,不就是反人文主义的种种现象吗?如果衡量教育方法的标准主要是先进与否,那么衡量教育行为目的的标准就主要是道义与否的问题。因而,人们在教育方法领域的积极作为是革新性的,而在教育行为目的领域的积极作为往往是革命性的。教育是培养人的,培养什么样的人理所当然的重要。根据我过去对教学的思考,教育按照历史的顺序依次为培养有用的人、好人、聪明人、自由的主人,现在看来,这个次序中无疑隐藏着一条教育行为目的道义性的发展线索,从趋势上看,教育是利人的、是成人的、发展人的、创造人的。这种变化,一方面带动了教育方法、技术的进步,另一方面则使教育越来越成为一种伦理学事件。

其次,教育行为需要蕴含着关怀与成就的情愫才符合道义的要求。

教育行为自身是实现教育行为目的的手段,因而要保证教育行为目的符合道义的要求,教育行为自身也需要是道义的。这样的认识听起来有些机械,毕竟在日常思维中,只要行为的目的是道义的,行为自身主要是一个技术意义上的问题。然而,日常思维的局限性之一恰恰在于人们常常容易忽略行为本身更深层的人文和社会内容。对于任何行为来说,完善是目的善和手段善的统一，不善是目的恶和手段恶的统一，不完善，则可能是目的善与手段恶或者目的恶与手段善的组合。此处，我们仅关注教育行为自身作为手段的善恶问题，至于手段与目的的善恶组合问题存而不论。

作为手段的教育行为是有善恶问题的，而且这种善恶并不完全服从于它所服务和指向的目的的善恶，也就是说它自身就存在着善恶问题。之所以如此的唯一根据是教育行为是教育主体即教育者的行为，教育者作为有情感、有认识、有境界的人，使得教育行为一经发生就不会是中性的事件，而是自然承载着教育者个人的精神信息。虽然之于教育目的，教育行为只是手段，但作为手段的教育行为却又迥然不同于一般物理性的工具。即使是物理性的工具，以刀为例，它在人们的主观评价上可以因用于不同的目的而不同，但刀自身存在着客观的质量问题。作为手段的教育行为就没有刀那样简单了，教育者个人的语言、行为方式有好坏之别，精神境界有高低问题，文化、道德修养也有差异，这一切因素都会自然地渗透在他们日常的教育行为之中。或许直言教育行为自身的善恶有些武断，那我们稍作迂回，来分析一下学生不喜欢甚至厌恨某些教师究竟是什么原因。依德才的标准，若教师的教学业务水平有欠缺，学生通常会因学习的不适应而产生学习动力问题，他们会失去学习的兴趣，对教师的评价一般是"教得不好"；假如学生对教师有了厌恨的情绪，通常是从教师的行为中领受到了精神上不同程度的伤害。教师教得不好属于业务水平范畴，而他们对学生的精神产生了伤害，即使不是出于恶意的动机，也是他的教育行为中沾上了"恶"的色彩。考虑到教育者的恶的动机总体上可以忽略不计，他们教育行为中的恶的色彩只能是缺乏人文教养的结果。

教育现场至今仍局部存在着教育者言语和行为粗暴的现象，比如近似"恶语"的重话和粗暴的各种惩罚，论其动机可以是为了学生个体以及学习群体的利益，并无违逆教育目的的意图，但现实的效果却是对学生切实的伤害。能否认为实施粗暴的言行是为了学生的好，就可以认为粗暴的言行就是善的呢？答案不言自明。一种行为的善恶有其绝对的善恶标准，并不依赖于行为结果的或善或恶，这也正是德性伦理学所主张的观点。我们知道社会对教育者的德性要求总会高于其他从业者，其原因既包括德者为范，也包括体现德性的德行本身具有模范之外的教育意义。教育者个人的个性和修养都可能制约其教育行为的文明水平，从而人们可以顺理成章地把不文明的教育行为归因到个性和修养上而回避了德性的问题，却不知德性并不仅仅是某种规范的实践，还是个人个性和教养的综合反映。如果教育者坚持认为一些不文明的教育行为与德性无涉，只是个性和心理控制问题，也不能说完全没有道理，这就引出另一个问题，就是与情绪控制相关的理智问题。由此延伸出的教育的理智性和道义性一同构成教育实践成立的前提。

(2) 教育的理智性是教育实践的灵魂

我们甚至可以把理智看作是人的德性的具体表现形式之一，因为理智从心理机制上看只是对人本能性力量的控制，但在社会学的意义上，理智是可以与尊严、责任等道义的内涵联系在一起的。一个人若忘记了尊严和责任，就很容易做出冲动的事情。冲动是理智不足的典型，具体表现为一个人在具体情境的刺激下，无法冷静，即无法压抑自己的本能情绪，进而发出不适宜具体情境和自己身份、角色的言行。对于这样的现象，人们有时候视之为个体性格的结果，俗一点说，那人就那脾气，实际上，冲动根本上不是一个个人性格的问题，而是外在的社会性规则被个人本能力量无视或轻视的问题。换言之，平和的人并非没有本能的力量，也非平和比冲动能带给他们更为舒适的心境，他们之所以平和而无冲动，在其精神世界必定运行着外在的社会性规则对本能情绪的压抑或修饰过程。对本能情绪的压抑和修饰恰恰是人的社会性的重要表征。有了这样的认识，我们再来看教育，作为培养人的社会活动，教育发生在教育者和受教育者两种角色的人的关系之中。尽管发生在人与人之间的职业活动在社会中十分普遍，但受教育者"在成长中"的特点以及教育者和受教者必须经历长期、现实的认知和情感交往，决定了教育中的人的关系比起绝大多数行业会需要更多的理智，加之教育的向善和示范性，如果我们不愿意接受一个冲动的世界，让教育具有理智性几乎是必然的选择。

教育的理智性并不是从教育历史的开端就具有的。从社会心理学的角度看，教育的理智性是从教育者个体的教育理智开始的，而教育者的教育理智则是他们在教育过程中通过与受教育者及教育环境的互动而最终选择的教育姿态。当理智被教育者普遍选择，且其价值在历史的某一阶段被教育者自觉意识到，理智就成为教育者普遍默认的原则。可以合理想象，教育的理智性的最初就直接反映在教育者教育行为的合宜上，但随着教育自身的进步，教育的理智性就逐渐具有了职业的内涵。具体而言，教育的理智性不再简单地表现为教育者个人在教育情境中的克制，这显然是最为基础的理智问题，而是表现为他们对历史生成的教育理性的遵循。这里所谓的教育理性是指人类自己本着各种合理的立场对教育进行主观建构的结果，说白了，人类运用智慧为现实的教育立法，规定教育的方向和路径，描绘好的教育者形象，进而宣示教育的精神，由此构成的教育"法律"，也就是教育理性。

教育理性在现实中集中表现为各种各样的教育原则。原则是主观见之于客观的产物，它基于人对事物的客观认识，又渗透着人的主观价值，它是指导性的而非强制性的，也正因此，教育原则之于教育者，既是柔和的也是严肃的。客观上，正是各种教育原则引导着教育不断走向理性。不过我们也能注意到教育原则是一个大集合，它是有效的、较为具体的教育规定性，可以让教育者的行为有规可循，却因其抽象性不足难以促成教育者的整体精神。为解决这一问题，我主张过教育精神的概念，认为教育精神，因是教育性的转换与升华，可以说是教育的魂魄，而教育原则则是从教育精神中演绎出来的。[①] 因而，如果我们能够发现教育的精神，就等于发现了教育的最高理性，它将具有统摄一切教育原则的能力，进而成为一切教育者进行教育的最高依据，这一依据是教育具有理智性的本体性的基础。

实际上，教育精神所内含的是两个基本的概念，即教育和好教育，它向教育者明示教育的真和善，从而表达一种倾向——期望教育者的教育必先是真的教育，在此基础上再是好的教育。重要的是，当教育者的作为是教育了，也就是说他的作为是教育实践了。教育，作为词，指代实际发生的一种事实，然而，词一旦产生并被应用就在语言系统中逐渐固化，事实却会随着人与环

---

① 刘庆昌：《爱智统一的教育原理》，《教育理论与实践》，2009年第4期。

境的变化而发生变化。言明此理，是说明"真的教育"的需要。人们通常说教育的历史性，是在说明教育并非一成不变，问题是在历史的过程中变化的是哪些因素，更重要的是有什么是不变的。试想，如果不存在自始而终恒在的东西，我们又如何接受教育一词的不变呢？我们所说的"真的教育"，其核心就是必须包含恒在于教育历史变化中的内容，其实就是教育的本体。关于这一问题，我曾做思考，认为教育是人对人的善意干预。[①] 进一步讲，教育发生在人与人之间，它是一种对人的自然过程的干预，这种干预具有善意的特征。那么，凡是内含着"人对人的善意干预"的活动，无论时空，无论形式，均是"真的教育"。而"好的教育"，换言之，就是令人满意的或是令人期待的"真的教育"，它自然是高品质的和高效益的，在操作层面的呈现是干预得法、善意畅行。教育精神是在真教育为客观事实前提下对好教育的最高抽象，它和教育本体属于同一层级的概念。我们对好教育的理解是"人对人善意的、策略性的干预"，其中，善意的实质是爱，策略的实质是智。如果我们把"人对人的善意干预"视为教育的本体，那限定干预的"爱智统一"就是教育的精神。对教育精神的自觉是教育具有理智性的基础。拥有教育精神的教育者，因对教育的强烈自觉和到位认识，会产生一种宝贵的教育感，即他们能清晰地意识到自己不同于他人的教育者角色，清晰的角色意识驱动他们在自己的作为中显现教育的精神，从而他们的作为也成为不容争议的教育实践。

我们对教育实践实际上做了一种教育哲学的考察，其意义在于揭示教育理论作用的对象。我相信，对于教育道义性和理智性的揭示，一定能为教育理论向实践的转化提供全新的启示。正如前文提及的，理论与实践的关系在一定程度上已经被简化为科学理论及其应用，这样的认识也正在教育领域发挥作用。现实是教育理论对教育实践的影响越来越成为技术性事件，作为受益者的教育者则越来越陷入匠技的泥潭。对教育道义性和理智性的揭示，最大的意义在于：一方面，我们可以明确一个方向，即用教育理论来使教育实

---

① 刘庆昌：《论教育性——关于"教育是什么"新探索》，《当代教育科学》，2006年第1期。

践更具有道义性和理智性，反顾现实，教育理论对教育实践的影响也是如此；另一方面，当我们准备用教育理论影响教育实践时，应从道义性和理智性两个维度对我们的意图进行预先的反思。如此认识教育理论对教育实践的作用，是一种新的思维，它在"科学理论及其应用"的基础上，附加了人文的意义，在很大的程度上，为教育理论与教育实践在历史性的分离之后重新统一打下了坚实的基础。

（三）教育实践的基本逻辑

说到教育理论与教育实践的重新统一，教育学术界对此进行了长期的关注，主要的思路是寻求和建立两者之间的中介。关于中介，有许多的思路，行动研究、教育思维、实践逻辑等在研究者看来都可以充当教育理论与教育实践的中介。[1] 其中，实践逻辑概念的引入对于我们进一步理解教育实践本身具有特殊的意义。1980年，法国学者皮埃尔·布迪厄出版了《实践感》一书，提出了"实践逻辑"概念，2003年，此书的中译本出版，开始对国内的相关领域产生影响。2006年，石中英受布迪厄的启示，较深入地探讨了教育实践的逻辑，[2] 推动了人们对教育实践更深入的认识，也使更多的人对教育实践的逻辑产生了浓厚的兴趣。应该说，只有探明教育实践的内在逻辑，才算是走进了教育实践的内部，我们对教育实践的思考才能有坚实的基础而不至于因不确定而使思维飘忽。除此之外，我们关注教育实践的逻辑，还考虑到了教育工学研究的需要，要让产生于并内含着理论逻辑的教育理论对教育实践发挥作用，或要把它转化到教育实践中去，如果不考虑教育实践的逻辑，必然会沦为理论研究者善良而武断的行为。

那教育实践的逻辑究竟是怎样的呢？我们不妨考察几种重要的认识：

---

[1] 如，宋秋前：《行动研究：教育理论与教育实践相结合的实践性中介》，《教育研究》，2000年第7期；刘庆昌：《教育思维：教育理论走向教育实践的认识性中介》，《教育理论与实践》，2006年第9期；李润洲：《实践逻辑：审视教育理论与实践关系的新视角》，《教育研究》，2006年5期。

[2] 石中英：《教育实践的逻辑》，《教育研究》，2006年第1期。

其一，郭元祥从教育理论和教育实践比较的角度认为，教育理论抽象地把握教育活动内在的逻辑联系，教育实践具体地把握和处理教育活动内在的逻辑联系，因而，课程的逻辑、教学的逻辑、教育评价的逻辑等，即教育实践的逻辑；进一步讲，如果把教育理论的逻辑视为推理的逻辑，那么教育实践的逻辑则是事实的逻辑。①

其二，陈桂生在谈论"教育实践理论"时，指出这种理论中的概念、命题、体系，大抵有符合实践逻辑的规定性。对于教育实践的逻辑，他并未直接界定，而是从技术和价值两个维度进行了"描述"。他说：

"在教育实践中，一般是根据特定情况，确立特定的目的并把一般目的分解为若干目标；根据特定的目的与目标，选择有效的手段（内容与方式方法）；根据一定的内容选择相应的方式方法。其中各个层面、各个环节之间的联系都是具体的。这是从技术角度说的，更重要的是，在上述每个层面、每个环节上作出的选择，又都是价值的选择。这种价值选择的依据是什么呢？在一定社会—文化体系中，依据主流或非主流的一般价值观念，形成一般的教育价值观念，把一般的教育价值观念转化为教育价值原则与指令性或指导性的教育规范，如教育目的规范、规范性的课程以及各种教育行为规范，用以规范人们的教育行为。这便是教育实践逻辑的大致情况。"②

其三，石中英从分析教育实践入手，先将教育实践定义为"有教育意图的实践行为"或"行为人以'教育'的名义开展的实践行为"，进而通过揭示教育实践的逻辑研究"教育实践本身"或"有教育意图的行为本身"。基于对各种语境中"逻辑"概念的考察，认为教育实践的逻辑是指"各种教育实践

---

① 郭元祥：《教育理论与教育实践关系的逻辑考察》，《华中师范大学学报（人文社会科学版）》，1999年第1期。
② 陈桂生：《"教育理论与教育实践关系问题"的再认识》，《湖南师范大学教育科学学报》，2005年第1期。

共同分享和遵守的一般形式、结构或内在法则"。①

从郭元祥的观点看,教育实践的逻辑不是推理的,而是事实的。教育实践活动的进行,不是概念的链接,而是实践者内在行动图式的自然展开;我们无法用纯粹理性的推理过程来理解实践活动的过程,而是要立足于情境,理解行为前件和后件之间的自然连续。这种自然连续,可以用陈桂生目的确立到手段选择的具体联系来加以说明。而值得重视的是,陈桂生指出了每个环节的选择,是一种价值的选择,综合起来,教育实践的逻辑可以说是具有价值支撑的行为技术程序。有趣的是,对教育实践逻辑的如此理解,与石中英认为的"有教育意图的实践行为"具有内在的一致性。因为,教育的意图,根底上是以人在教育行为过程中的价值选择方式呈现的。教育的意图内含如下的意向:其一,我要教育你。这中间隐含着我对教育你的价值的肯定;其二,我要把你教育成某种人。这中间隐含着我对某种作为教育目的的人的形象的价值认可;其三,我要如此教育你。这中间隐含着我认为用怎样的手段有利于教育目的达成,同时符合教育内在的精神。

结合石中英把教育实践的逻辑界定为"各种教育实践共同分享和遵守的一般形式、结构或内在法则",我们基本上可以把教育实践的逻辑视为渗透着教育精神法则的、自然的教育行为程序。进一步分析,教育精神的法则反映的是教育的道义,而自然的教育行为程序反映的是具有社会性的情境性操作问题,如果我们要深入细致地理解教育实践的逻辑,就可以从道义的和技术的两个层面或侧面进行。

1. 教育道义的逻辑

教育虽然萌发于人的生产和生活,在初始阶段类似于一种自然现象,但从生产和生活中分离出来并成为家庭和社会有意识、有组织的实践后,就逐渐地拥有了道义的内涵。这种道义无疑是外来的,体现着欲利用教育的人的企图和利用者认定的有益于自己企图实现的某种道理。正因为体现着欲利用教育的人的企图,而企图本身以及有利于企图实现的道理又内含着人的主观

---

① 石中英:《教育实践的逻辑》,《教育研究》,2006年第1期。

情感和意志，所以，反映教育道义的逻辑是以欲求、愿望、价值为内容的，其结构原理是人立足于欲求、愿望和价值的本位主义立场，根据利益原则和教育规律，对可用资源的吸引和组织。

面对教育，人会有怎样的欲求、愿望和价值呢？回答问题之前，先需弄清这里的"人"是什么情形。应先排除受教育者。也就是说，牵涉教育道义逻辑的"人"是指欲利用教育和从事教育的人。这样的人至少包括教育的举办者、投资者及实施者，他们各自的道义，亦即对于教育的企图和有利于企图实现的道理是不一样的。先说企图，举办者和投资者（这两者可以是同一的，也可以是分离的）企图的是受教育者的未来效益，比如国家要借助教育获得社会运行发展的各种人才，受教育者的父母则可能借助教育获得孩子未来的自食其力和生活幸福。再说有利于企图实现的道理，举办者和投资者通常是无暇和无力顾及的，除非个别对教育过程颇为自信的官员或家长会在这方面花费心思。一般来说，有利于企图实现的道理是教育的实施者关心和拥有的。但无论出自什么人的道理，其内在的理路都是"要想……就应该（或必须）……"或"只有……才能……"。在这样的语言结构中，我们能透视到道理的意志强度，这在一定程度上降低了道理的理性纯粹程度，但深入探究，又能发现道理的根基也可以是纯粹理性的，自然也可以不是。如果以纯粹理性为根基，道理的表达只是转换了一种口气；如果以不纯粹的理性为基础，比如基于有限的经验，道理才会具有某种主观的武断色彩。不过，无论道理的情形如何，在具体的教育情境中都不失其道义性，原因是道义自身就是具有社会情境性的。道义的情境性正是使教育实践逻辑成为"不是逻辑的逻辑"的重要原因。假如我们把情境性做空间和时间的综合考虑，那么，现实中不同种类的文化情境中和历史中不同时代的文化情境中的教育道义是有差异的，对于不同文化情境中的教育道义，我们恐怕很难用对和错进行评论，也就不能说此是道义的而彼是不道义的。

显然，教育的道义具有情境性，具体而言，教育的道义不是抽象的理念，而是具体文化情境和历史情境中的教育道义。在此基础上，我们可以推演出：教育的道义实际上指代具体文化情境和历史情境中的教育实施者所认定和坚持的一种他们认为天经地义的、正确的教育企图以及实现企图的道理。而教育道义的逻辑则是一定文化情境和历史情境中的教育实施者对他们教育行为合理性的一种思想性辩护。当我们去接触教育实践的时候，我们感觉到的总是生动的教育行为，而不是教育的道义，只有我们要求教育行为主体对自己的行为作出解释的时候，教育的道义才可能出场。出场的教育道义也许并不符合我们的主观准则，但它一定符合具体情境中教育实施者的主观准则。

教育实施者会从自身所在的传统中无知觉地继承一种基本的信念，即他们所做的一切都是为了受教育者的，同时他们会无知觉地独占这种信念而习惯性地把受教育者排斥在知情者之外。因为在他们看来，一则受教育者是尚未成熟的发展中的人，二则他们为受教育者服务的信念是不容怀疑的。这也让我们能够意识到具体情境中的教育实施者，他们的教育行为逻辑属于承载具有某种特殊客观性的主观逻辑。主观并无过错，也不可怕，何况主观的内容不可能完全是主体个人的意见，往往是主体以个性的、主观的方式呈现和展演某种客观性。这给我们的启示是任何教育理论之中的道义性之实现，不仅取决于教育理论所表达的道义自身，还依赖于主体的主观世界特征。

2. 教育操作的逻辑

在一定道义的支配下，教育是以做的方式显现的，就做自身而言，与人的日常行为并无异样，或者说做自身就是一种日常行为。悬搁无法感觉只可意会的教育意图，作为教育的做，其自身就是日常的行为。行为一旦成为现实，行为的格式已然存在，这种格式就是教育操作的逻辑。教育操作的逻辑是很难还原为语言性命题的。换言之，我们无法像阐释教育道义逻辑那样诉诸一个或几个语句结构，因为教育行为比起教育的道义具有更大的丰富性和多变性，它不会是某种原则和信念，而是必然联系到时间和空间的社会文化事件。与教育道义的逻辑相似，教育操作的逻辑同样属于不是逻辑的逻辑，即不属于可以形式化的思维过程。假如我们愿意把此类不是逻辑的逻辑也理解为一种秩序，那么教育操作的逻辑最现实地存在于为人们所熟悉的各种教育模式和教育方法之中。教育模式和教育方法做的是时间和空间的文章，空间的文章指向结构，时间的文章指向顺序，归结起来，就是秩序问题。

教育模式的一般意义在于把教育行为的要素依循某种原则和信念进行架构，经过架构，具体的行为要素在一定的系统中有了自己合适的位置，在自己的位置上，各种行为要素才能够恰如其分地发挥自己的功能。模式无疑是一种结构，而结构则是一种广义的空间。因而，不同的教育模式实际上表达了不同的教育活动空间，在其中教育行为的要素并没有发生质变，变化的只是行为要素存在的背景和方式。在语言学意义上，结构是中性词，除了自然的既定的结构，人类各种活动的结构在原初均是人自主建构的结果。这就涉及建构，建构显然不是自然的行为，而是意志的和意识的行为。意识的功能有二，一为反映，二为控制。教育实践中的模式建构，本质上是人对教育进行控制的意图的体现。为了让教育符合我们的主观愿望，人的控制意图会自然走向前台，控制的目的是实现我们对教育某种功能的期望。既为期望，便非现实，也说明现实的教育活动结构无法具有我们所期望的功能，自然需要对原有的教育活动结构进行解构重建，建构新教育模式的行动因而发生。人对教育活动模式的建构是高强度的意识行为，重建新秩序的理想需求建构者预设理想的建构依据，在这样的依据中，教育操作的逻辑必然是预先存在的。至于教育方法，理论上难以界定，这里指教育行为的策略。具体而言，是一种单个教育方式的策略或多个教育方式的组合策略，实际上是近于教育模式的。所以，在思考教育操作逻辑的时候，教育模式和教育方法是可以加以合并的。也许我们可以说，有逻辑的教育操作，其逻辑就潜藏在实际的教育模式和教育方法之中。寻找教育模式和教育方法中的思维路向自然也就是揭示教育操作逻辑的有效途径。

　　先从单个教育方式的策略说起。这其实并不是一个简单的问题，因为教育方式的范围几乎等同于表达方式的范围，一种具体的表达方式仅仅基于人的教育意图就自然成为教育方式。既如此，我们无法也没有必要进行某一种具体教育方式策略的探讨。此处以"说"为例，其自然的功效是把教育者欲传授的信息以有声语言的形式呈现出来，目的是要让接受者顺利接受信息。顺利，主要意味着接受者没有接受的障碍。如果接受者存在着接受的障碍，传授者就需要消除障碍。由于接受的障碍通常一般来自信息自身的特征和传授者的语言特征,又由于信息自身的特征是既定的,因而传授者对于"说"的策略的思考必然走向对"说"的规范和对信息阐释艺术的追求。传授者之所以要对"说"进行规范,明确的意图是避免要传授的信息因"说"自身的不足而有所损失和变形;之所以要追求阐释的艺术,明确的意图是让要传授的信息因"说"自身的优异而被更有效、更愉快地接受。不难想到,传授者的思虑有两个方面,一是完成信息传授的任务,这里没有情感的色彩,二是让接受者少些劳苦、多些愉快。而传授者的操作因为有了这样的思虑很自然地具有了"完成传授任务"和"体恤接受者的接受"的双重意向。如果有人问传授者为什么这样或那样做,那他们的答案当然是:只有这样或那样做,才能既完成了任务又体恤了接受者。换一种说法,要想既完成任务又体恤接受者,就应该(或必须)这样或那样做。这就是他们的操作逻辑。

再说多个教育方式的组合策略。自然存在的是有组合而无策略可言,客观的情形是教育内容和受教育者状态的变化带来教育方式的反应性变化。这就像天热了就减衣服、天冷了就加衣服一样自然,并没有也不需要什么刻意的策划。教育者在教育过程中如果有了组合教育方式的主动,一定是他们要力图超越惯常的活动格式,也意味着他们一定有了关于教育的想法。这里的新想法也可以说是某种新的教育操作逻辑。现在我们尝试走进教育方式组合的逻辑。因是组合,当然是多种方式共存,对于主动的组合者来说,应该认识到了教育活动目标和内容以及教育对象的组合特征。组合多个教育方式,是对教育目标、内容及对象内在差异的主动适应。组合者会认为,一定策略的教育方式组合对于有内在差异的教育活动目标、内容及对象是较为恰当和有效的,所以,他们才把创造力投入到教育方式的组合上。他们创造的成果是服务于教育活动目标、内容及对象的"教育方式组合"体,在其中存在着他们将要变为现实的教育操作逻辑。教育方式组合中的操作逻辑就涉及空间和时间问题。一方面,作为要素的单个教育方式在组合体中均有自己合适的位置,一种教育方式处于什么位置,是由组合者的教育理念决定的。不同的教育方式在一定的原则下被组合,自然形成一定的结构,此结构是组合者的创造,内含组合者对某种教育活动效果的追求。另一方面,在运动的意义上,教育活动是时间事件，组合体内的各种教育方式虽然有各自存在的位置，但必然按照一定的程序呈现。概言之，教育方式组合，静态地看是一个结构，动态地看则是一个程序。结构显现组合的逻辑，程序显现运动的逻辑，加起来就是教育方式组合所包含的教育操作的逻辑。

实际上，我们已经自然地接触到了教育模式，它的实质正是教育方式在空间和时间维度的组合。查有梁说："教育模式，上有理论基础，下有操作程序，模式处于理论与应用的中介。"[①] 进一步分析，理论基础为教育模式提供的是组合教育方式的信念和原则，操作程序则是教育模式的行动版本。检视具体的教育模式，我们首先能够感觉到它内含着一些要素，那些要素被创造者做了时间和空间上的安排。其次，我们能够发现创造者安排那些要素的教育信念和原则。教育模式中的要素一般包含教育和受教育两方面的具体行为方式，比如教学模式中的要素就是教和学的行为方式。各种教育方式经由人的建构而成为教育模式，事实上就是人把各种教育方式置入一定的结构和程序之中。结构是事物成为整体的基础，在教育模式的结构中，每一种作为要素的各个教育方式处于平衡状态，它们有静态的和谐和运动中的协调，从而为教育活动的完成有机地存在。程序是人为活动有秩序运动的基础，在教育模式的运行程序中，作为环节的各个教育方式具有时间上的连续性，从而为教育活动的完成自然贯通。简言之，基于教育模式的教育操作的逻辑，会与教育活动的追求构成"目的—手段"的实践逻辑关系，在其自身，既存在着作为要素的各个教育方式之间的结构逻辑，又存在着作为环节的各个教育方式之间的程序逻辑。结构与程序共同构成了教育操作的秩序，也就是教育操作逻辑的主要内涵。

三、教育理论向实践转化的理论探索

通过对（教育）理论与（教育）实践进行的认真思考，我们充分地意识到以往对于它们的认识是较为肤浅的，而在肤浅的层面谈论或解决教育理论

---

① 查有梁：《论教育模式建构》，《教育研究》，1997年第6期。

与教育实践的关系问题,当然会局限在一定的水平和范围之中。表面看来,我们对(教育)理论与(教育)实践的思考是纯粹教育哲学的工作,而在教育工学中做这样(实际上不能不做)的工作,目的仅在于为教育理论向实践的转化扫清理论概念上的障碍。不过,由于我们无法摆脱的工学意识,即便是对(教育)理论和(教育)实践的思辨,也同样具有工学的倾向,具体表现在对(教育)理论的思辨集中在功能的角度,对(教育)实践的思辨则落脚到了教育实践的逻辑上。在此基础上我们理解或探索教育理论向实践的转化,至少有了一个清晰的基础。在这一部分,我们首先会探讨不同种类的教育理论与教育实践的真实、合理联系,其次会阐述我在教育理论向实践转化这一问题上的两个层面的探索,即教育知识的实在化理论和教育思维理论。

（一）不同种类的教育理论与教育实践的真实、合理联系

摆脱笼统的教育理论和教育实践概念,我们才有可能探寻到教育理论与教育实践之间的真实、合理联系。根据我们的分析,教育理论可被分为两种类型:(1)围绕"教育是什么"、"教育为什么是这样的"之类的问题而形成的教育概念和教育原理;(2)围绕众多的"教育概念"、"教育原理"进行评论而形成的教育学。这两种不同意义的教育理论与教育实践的联系情形是有很大差异的。

1. 教育原理与教育实践

原理在科学的意义上是对规律的阐释,在人文的意义上除了对规律的阐释之外,还表达某种道理。教育原理,因教育的人文性,一方面包含对教育规律的阐释成分,另一方面也包含着播种关于教育的道理。规律具有纯粹的客观性,被我们把握并表达出来就是知识;道理是人基于知识的价值性创造,既反映理想,又反映"民俗",整体上是具有主观色彩的。在我国,人们对"教育原理"一词的使用比较随意,最有力的证据是各种以"教育原理"为名称的著作缺乏一致的问题域。不过,对各种"教育原理"著作的内容做"提取公因式"的工作,又能发现"教育原理"的要义基本上是教育的内部结构和外部关系的探讨。其中,教育的内部结构与教育概念的界定相连,教育的

外部关系与教育活动和事业的功能探讨相连。

教育原理无疑是教育理论，但它主要是人对教育事实的反映，体现的是人对教育的认识，从认识者的立场看，目的并不是要影响教育实践，只是想弄清作为认识对象的教育的真相。现在的问题是教育原理这样的教育理论与教育实践可以有联系吗？它们之间会形成怎样的合理联系呢？

既然教育原理是认识者对教育真相的认识，那么，当教育实践者接触教育原理时，他们完全可以借助他人表达的教育原理实现对教育的间接认识。教育实践者掌握教育原理和掌握其他的知识在过程机制上并无区别，若有区别，就在于教育原理所表达的事实恰是自己所从事的职业活动，所以他们实际上获得了关于自己职业活动的系统性知识。只要具体的"教育原理"具有相当的真理性，掌握了教育原理的实践者就不再处于原初的状态，从而成为新的教育实践者。新的教育实践者因掌握了教育原理会有更高的实践自觉，技术上等于拥有了对自身实践活动进行反思的理论依据。具体而言，教育实践者掌握了教育的概念，比如知道了教育是善意的干预，他们就可以检视自己是否对受教育者进行了必要的干预，同时可以检视自己的教育干预行为内含了怎样的善意；若掌握了教育与社会环境的关系，则能够把自己本以为朴素的教育行为与社会的发展联系起来，如此便可以体会到自身实践的宏大意义。人们常说，没有实践的理论是空洞的，而没有理论的实践是盲目的。盲目的教育实践虽不见得产生多么大的危害，但其自觉水平和专业内涵是值得怀疑的。这里说明一个常识，教育原理反映的是教育事实抽象的、一般的结构、关系和标准，它反映的是教育事实，却不是对任何具体个体的教育实践的简单描摹，进一步讲，具体个体的教育实践莫说符合"好教育"的标准，有时候甚至不完全符合"教育"的标准。因此，作为一种教育理论，教育原理被实践者掌握并作为自己实践的认识背景之后，其最主要的功效应是作为教育实践者反思自身实践和衡量他人实践的理性依据。

2. 教育学与教育实践

教育原理是关于教育的最基本的道理，其基础性和相对抽象性是同时存在的，它解决不了所有的教育问题，也不是教育理论的唯一形式。更值得注意的是，教育原理并不是单数的存在，不同的理论家可以建构出不同的教育原理。虽然各种不同的教育原理都是在解读教育，但解读的角度、立场、方法差异很大，即使每一种"教育原理"都闪烁着智慧的光芒，也会让想通过学习教育原理认识教育的人感到迷惘。如果不能简单地让学习者自己去在各种"教育原理"中辨别真相，在理论家的世界中就该对各种有差异的"教育原理"进行处理，这样的工作一旦出现，教育学也就出现了。之所以这样说，是因为在我的意识中，学科是在具体领域的认识历史过程中出现的知识批判和整合行为，批判者和整合者可以没有创造，可实际上他们的工作又是具有创造性的，这是因为创造自身就含有旧材料的新组合之义，何况组合之外的批判内含着固有的改变现实的追求。

当然，教育学作为学科并不只是针对原理的整合与批判，教育的整个内部的丰富细节决定了教育理论在基本原理之外还有指向教育活动细节的关于部分的理论。教育活动是一个结构的运动，有结构，就有构成结构的要素，人们自然可以就每一个要素以及要素之间的联系进行理性的思考；有运动，就存在时间维度的环节，人们自然可以对每一个环节以及环节之间的联系进行理性的思考。

首先，教育学中存在着关于教育活动要素的理论，具体有关于教育者（教师）、受教育者（学生）的理论，有关于教育目的、教育手段（内容、方法）的理论，甚至有关于教育活动环境的理论。换一个角度，我们还可以把教育活动解析为教学、训育和管理，那么，教育学中就会有关于教学、训育和管理的理论。当我们对教育活动整体做如此的分析时，教育理论与教育实践的操作就会有更高程度的契合，要知道无论什么情境中的教育者他们只是在理论的意义上在做教育。在实践的层面，他们所思虑的则是自己、自己对面的受教育者的个性化的特征，是无法回避和抽象掉的目的、内容和方法，是活生生的知识教学和行为训育。应该说，教育理论一旦到了分析的层次，具有了分析的品格，理论中的"名"（概念）便由一而多，一般的抽象便展现为众多具体的抽象，从而，教育理论与教育实践的距离会被拉近到最近的距离。或正因此，科学的、技术的教育理论比起哲学的教育理论更容易被教育实践者亲近和接受。除了对教育活动的要素的理性思考，教育理论还会关注各个要素之间的关系，阐明各要素之间的组合原则，通过这样的思考，被分析为要素的教育活动整体才能够在更高的认识水平上被重新整合。

其次，教育学中存在着关于教育活动环节的理论，以最为基本的教学活动为例，有教学决策与设计的理论，有服务于教学决策与设计的学情诊断理论，有课堂运行中的教学表达和教学组织理论、师生合作理论，有一定周期的教学结束之后的教学测量和评价理论。我们知道，教学论中有较为抽象的教学哲学成分，然而学校里的教师最为关心的恐怕永远是教学论中关于各个教学环节的理论阐释和建议。不用说，完整的教学理论不可能仅限于各个环节的孤立探讨，环节在教学运动中的链接原则也是教学理论的题中应有之义。像教学理论这样相对具体的领域，研究者的思考天然地具有更自觉的实践意识，这种意识在促成教学理论实践品格的同时也制造了自身之于实践者的亲和力。

基于以上对教育学的有限认识，就可以发现，教育学显然不同于教育原理，它几乎是一个丰富的关于教育的理论集合。作为教育理论的集合，教育学是站在整合、批判的立场上面对来自历史和现实中无数的个体研究者的具体研究成果，以教育全称概念的眼光进行旨在统一认识的概括和总结。眼下的教育学存在更容易让人们感受到学科群现象，实际上，学科群绝对是人类认识教育的"整—分—合"过程中阶段性的现象。单数意义上的教育学即使在可见的未来不能成为现实，也终将成为现实。如果有人乐意把最终理想的单数教育学视为学科发展的极限，可以追求、无法实现，我们也不必辩争，至少在人类教育认识的现阶段，教育学与教育实践的关系更容易被人们认可。但理性地看，教育学既然是一门关于教育实践整体的学科，怎么可能终止在因分析的必要带来的具体理论集合的阶段呢？须知，当最终意义上的单数教育学成为现实之时，它不会是前分析时代笼统教育学的形象，它的最终形象是因完成了分析而既抽象又生动、既深刻又通俗的知识加智慧的教育学。

在目前的教育认识阶段，我把教育学分析为史、论、用，亦即历史研究、理论研究和应用研究三大领域，其中，理论研究可分为教育哲学和教育科学，应用研究可分为教育工学和教育技艺学。也就是说在教育的历史研究之外，可以存在"教育哲学—教育科学—教育工学—教育技艺学"这样的从抽象到具体、从更理论到更实践的认识序列。进一步解释，这一序列虽然处在教育学的范围内，却已经显露出了从理论到实践的方向性。认识到这一点，我们再审视教育学与教育实践的关系，就很容易意识到教育学一方面因其研究的对象是现实的教育活动而内在地具有实践的色彩，另一方面则因从抽象到具体、从更理论到更实践已经客观地存在，教育学在具有实践色彩的基础上还具有了为教育实践服务的自觉。在此前提下，教育实践者接触教育学时，就不仅仅能够获得教育学中的教育知识，还能够感受到教育学背后的教育学家的实践情怀。今天的教育学者对于实践情有独钟，实践在很多时候已经不是简单地与理论相对应的概念，而是在一定程度上染上了道义的色彩。具有形而上学兴趣的教育学者常常被挤到学术界的边缘，这一定不是一种健康的现象，却戏剧性地展演了教育学者要让教育学回归生活、走向实践的强烈意向。换言之，教育实践者不必怀疑大多数研究者对实践的兴趣，如果尚未得到可以轻松获得和应用的教育理论，只能怪罪那些研究者的有心无力。尽管关注实践对教育学来说具有终极意义，但教育学对教育实践的关注也只能是以理论的和学科的方式进行。朝着实践方向的僭越可能表现出教育学者的急切，但教育学者永远不能忘却教育学的固有使命，严格地讲，这并不会降低教育学的价值，通过开辟类似教育工学这样的新研究领域反而会增强教育学的学科活力。

（二）教育思维中介论[①]

尽管教育学概念下的教育理论具有天然的实践色彩并在当前具有了明显的为实践服务的意向，但如果在此之外再没有教育理论与教育实践之间的工作，那教育理论的实践色彩和服务于实践的意向还只能是教育理论的一种特

[①] 关于教育思维中介论更为具体的思考参见本人所著的《教育思维论》，广东教育出版社，2008年版。

征，因此，协调教育理论与教育实践关系的研究在今天颇受人们重视。在这类研究中，寻找教育理论与教育实践之间的中介是一种较为主导性的思路，我的教育思维中介论就是其中的一种，它所阐述的是教育思维因处在理论的末端和实践的初始，可以承担中介转换功能的原理。

什么是教育思维呢？"教育思维是人类的教育实践理性，是教育理论认识在教育实践面前的凝结，也是教育实践经验在人们认识中的凝结。就其实质来说，是一定的教育观及其支配下的教育操作思路的统一体。"[1] 教育观和教育操作思路是教育思维的两个基本要素。其中的教育观显然不是教育的概念而是教育的理念，它是一定主体对理想的或好的教育的看法。如果一定主体所认为的好教育不是因袭了传统或认可了他人的观念，那只能是受到一种或多种已有教育理论的影响。"好教育"在这里特别值得注意，原因是人们对于教育做出好或不好的判断时，第一位的依据通常不会是教育外在形式的特征，而是具体的教育是否能够满足人们欲从教育中满足的需要，假如再深刻一些，还会把现实的教育是否符合教育的本质和规律作为判断教育好坏的依据。有了好教育的观念，人们可能会有意识地传播和宣扬，也可能试图把观念变为现实，必由之路是在观念的支配下对教育操作进行理性的构想，其产品就是教育操作思路。一定的教育观念支配下的教育操作思路连同观念一同构成了教育思维。

理解教育思维承担教育理论与教育实践的中介，可以借鉴我们在教育思维界定基础上发现的两个基本结构："一是知（理论）——知支配下的行的设计（教育操作思路）——行（实践）；二是教育理论家——教育工程师——教育实践家。"[2] 这两个结构实为一个结构，可以整合为"教育理论家创造的教育理论——教育工程师在理论的影响下形成教育观，进而在一定教育观的支配下进行实践的设计，形成教育操作思路——教育实践家进行的教育实践"。这当然仅仅是一个理论的模型，并不是对一切现实教育活动的摹写，原始、

---

[1] 刘庆昌：《教育思维论》，广东教育出版社，2008年版，第3页。
[2] 刘庆昌：《教育思维论》，广东教育出版社，2008年版，第20页。

粗放的教育活动基本上是由本能、经验和传统支配的,并不直接涉及教育理论。但是,日益专业化的教育活动,其典型的格式应是上述整合后的结构。

在《教育思维论》中,我把从教育理论到教育实践的过程划分为两个阶段,分别是从教育理论到教育思维和从教育思维到教育实践,这应是教育思维中介论的核心内容。

1. 从教育理论到教育思维

任何理论一旦被创造就自在而在,其内在的对普适性的追求使得它与实践并没有预设的功能性联系,说白了,反映实然的理论给予人的是知识,建构应然的理论给予人的是愿景,即便是表达愿景的理论也不会考虑愿景实现的具体情境。教育理论要对教育实践产生影响,必须借助教育实践者或者直接为教育实践服务的人才能够实现。无论借助哪一种人,其机制都是主体综合吸收各种教育理论,形成自己的教育观,继而在教育观的支配下构思出自己的教育操作思路,这就让教育理论走进了教育思维。

显然,在教育理论和教育实践的中间必须存在接受了教育理论又关注和进行教育实践的人,只有这样,两者才能够建立起现实的联系。这种中间人之所以能与教育理论形成联系,除了他们纯粹的认知兴趣,一般来说是想从教育理论中获得改善教育实践的启示。由于教育理论呈现的是教育的知识和好教育的愿景,所以结构性地会给予中间人以教育的真理和价值,而这恰恰是主体形成教育观最紧要的认识基础。教育观常被简单地表述为一定的主体对教育的看法,其实应该进一步地阐明教育观是一定主体对教育应然的看法。应然的,对于具体主体来说就是好的和理想的,因而有自己教育观的人等于在思想上超越了教育的现实。有一个核心的问题是什么样的教育才算是好的和理想的呢?如果我们不愿意陷入相对主义的陷阱,承认在具体的社会文化背景下应该存在较具有普遍意义的好教育的标准,那么这个答案就不在无数多的个体心中,而在追求普适性结论的教育理论之中。本质主义的教育理论中没有好教育的信息,但这种教育理论揭示教育的本质和教育运动的规律,可以启示教育实践者首先保证自己做的的确是教育,并客观上为教育实践者的合规律行为提供了规律。而实践的教育理论则会以其价值的倾向,为教育实践者的实践提供规范性的建议。要言之，好的和理想的教育应是遵循事理、顺从人文的，教育理论表达的规律服务于前者，表达的价值则服务于后者。确定了教育观的主体在较大的概率上要把自己的观念化为现实，那他就需要把自己的教育观作为依据，挖掘教育观中的操作性信息，并围绕着教育观的实现做创造性的手段开发，形成自己的教育操作思路，教育思维也就形成了。

在以上的论述中，我们意识到了一个重要的事实，即"从教育理论到教育思维"并不是教育理论的变形过程，这就提醒我们在专业的语境中，不能随意使用"把理论变为现实"的说法。理论之所以是理论，要么是对一类事物共相的揭示，要么是一组价值哲学性的陈述，任何的现实都不可能是理论的变形。就教育理论来说，无论它指代教育原理，还是指代教育学，都不是任何教育现实的观念形态。相对来说，"用理论指导实践"的说法更为合理，它意味着理论被实践者掌握之后能够对实践的路径和方向有所助益。这样看，"从教育理论到教育思维"一方面的确是"理论回到实践中去"的阶段，另一方面，教育理论不是以教育思维的方式，而是借助教育思维这一中介对教育实践发挥影响。

2. 从教育思维到教育实践

教育思维不可能只有一个，这首先因为教育观是各种各样的，其次，即使同一种教育观，不同的主体在其支配下也会因个人主观世界的差异而有不同的教育操作构思。预先说明这一点是要言明教育思维在教育理论与实践之间是一种具体的、现实的存在，并不只是塑造一个中介论模型所需要的抽象概念。不过，我们探讨"从教育思维到教育实践"又只能在抽象的意义上进行，这同样是因为现实的教育思维是多样的，只要在一般的意义上弄清机理，就获得了普遍意义上的方法。教育思维的核心是教育操作思路，让一种操作思路走向实践，必然意味着让这种思路走进实践者的头脑。那么，知道了实践者获得并认可了一种教育操作思路之后所发生的积极效果，也就容易理解"从教育思维到教育实践"的实质了。

实践者获得和认可一种教育思维是教育思维走向教育实践的第一步，在这一阶段，外在于主体的教育思维进入了主体的主观结构，且因为有认知基础上的价值认同，成为一定主体自我立场的有机构成。也可以说，原先外在的教育思维被转化为实践者自己的教育思维。自然的结果就是：（1）实践者用行动的方式实现自己的教育思维；（2）实践者以自己的教育思维为标准反思自己的实践、批评他人的实践。当这两种情形发生的时候，教育思维也就走进教育实践了。

实践者用行动的方式实现自己的教育思维有两种基本的可能：一是实践者根据实际的教育情境特征把教育操作思路转化为现实的教育活动方案。这里虽然说的是转化，实际上是把相对抽象的教育操作思路融进具体的教育任务完成过程。好比杜威的"从做中学"，就是一种教育操作思路，在现实中实现"从做中学"，就是要确定从什么样的做中学什么。二是实践者因把某种教育操作思路固化于个人主观世界，从而可以省略设计的环节，几乎自动化地制造着某种教育操作思路的行动版本。显而易见，第二种情形比第一种情形更加深入，无疑也是教育理论家和实践家共同追求的一种结果。

实践者以自己的教育思维为标准反思自己的实践、批评他人的实践，是教育思维走向教育实践的重要形式。一般而言，对于一个实践者来说，仅当他自己在较深刻和投入的水平上践行一种思想时，才会把这种思想当作反思自身和批评他人的依据。事实上，教育思维走向教育实践，既要借助实践者，同时就是走向实践者，走向他们的思想结构，并通过他们的思想结构走向教育行动。现在，教育系统做了很多让教育理论和思想走向实践者的传播工作，这是十分重要的，但须知传播主要解决的是让实践者"知道"教育理论和思想的问题，连同实践者对教育理论和思想的"信服"问题也不可能完全解决。需要解决的更重要的问题是教育理论和思想被实践者知道以后进一步的命运，这就不是传播可以解决的问题，即使最终只能由实践者自己解决，我们也应为他们提供一般方法论的服务，我们正在进行的教育工学思考就属于这样一种服务。

（三）教育知识的实在化[①]

教育思维中介论是在影响实践的意义上探讨问题，因而其核心的内容具有理想的和理论的特点，同时也可以说，教育思维中介论又具有技术主义的色彩，其通过教育思维连通教育理论和教育实践的意图是十分强烈的，总之是没有涉及教育理论运动的社会性因素。让教育理论在教育实践中发挥作用，这本身就是一种实践活动，必然发生在具体的社会生活中，所以我们有必要把它放置在社会生活过程中加以思考，我关于教育知识实在化的理论思考就具有这样的倾向。此处的教育知识是关于教育的理论知识，实在化是借用了俄罗斯哲学家柯普宁的概念。他在《作为认识论和逻辑的辩证法》一书中认为，人的实践活动是观念的对象化。知识体系包含并表达观念。知识的实在化实质上就是通过感性的物质活动，把知识在实践中现实化，具体地说，就是把一种形式的客观性，即知识的客观性，转化为另一种形式即客观实在。[②] 综合起来，所谓教育知识的实在化，指代教育知识在人的作用下从观念状态到现实状态的运动过程。教育知识实在化理论的主要内容如下：

1. 教育知识实在化的条件

教育知识实在化的条件主要是教育知识自身的条件和实在化过程所借助的人的条件。

教育知识是一个极具宽容性的概念，因而并非所有属于教育知识的内容都需要或都能够实在化。我们知道，在实证哲学未能确立之前，形而上学的思考也具有知识的资格，但关于教育本原和本质的认识结论是不存在实在化问题的；基于反映论的描述性知识也不存在实在化的问题；以复原过去为宗旨的教育历史知识更不存在实在化的问题。在我看来，能够和需要实在化的教育知识，最为典型的是内含价值追求的实践性的教育理论知识。这种知识

[①] 关于教育知识实在化更为具体的思考参见本人所著的《教育知识论》，山西教育出版社，2008年版。

[②] Л. В. 柯普宁：《作为认识论和逻辑的辩证法》，华东师范大学出版社，1984年版，第321页。

通常是以教育思想的方式客观存在的。早期的教育家因没有理论建构的兴趣和能力，直接贡献的就是教育思想，而在现当代，理论思维发展到很高的水平，即使如此，说一个教育家的教育理论和说一个教育家的教育思想几乎可以等同。教育家少有本体论的追求，他们的思考的核心一般是理想的教育，他们的教育思想整体上属于关于教育目的、教育过程（内容、方法）的理想，是具有价值倾向的，也因此有了教育思想的教育家会有把思想化为现实的强烈意志。现在我们可以认为，主要是那些表达教育理想的教育理论知识才具有实在化的需要、可能，才具有实在化的条件。

与教育知识实在化过程最相关的人主要是教育现场的教育者和游弋在教育思想和教育现场之间的教育工程师。实在化过程对他们也是有条件要求的，简而言之就是心和力两个方面，要求他们既要有实在化之心，又要有实在化之力。实在化之心可以转换为人对教育知识实在化的态度。这种态度有三个层次，一是不拒绝但无热情，二是积极参与并有热情，三是视之为己任。不用说，态度的层次越高，实在化之心越强大，而强大的实在化之心对于教育知识实在化的进行是重要的前提。实在化之力牵涉人在教育知识实在化过程中所承担的工作，主要有获得教育知识、处理教育知识以及在教育活动中实现教育知识。依此，实在化之力对应性的就是学习教育知识的能力、处理转化教育知识的能力和实际的教育操作能力。必要的能力是心愿实现的技术保障。

2. 教育知识实在化的过程

立足于教育知识，可以把教育知识的实在化理解为教育知识的一系列运动，依次是以下三种运动：（1）教育知识的类机械运动：教育知识在这一阶段由客观性的文献转换为一定个体的主观知识。由于表面看来，教育知识只是发生了处所的变化，所以称之为类机械运动，尽管个体对教育知识的掌握并不是对教育知识的简单搬运。通过学习，个体对理想的教育有了"知"。（2）教育知识的心理运动：指教育知识在个体大脑内发生变化，变化的内涵是教育知识向教育信念的方向运动，个体对理想的教育由单纯的"知"转向既"知"且"信"。（3）教育知识的社会运动：指个体在知且信的基础上在实践中实现理想的教育。由于这一阶段的工作发生在实际的社会生活过程中，不可能是纯粹的技术实践，必然会受到社会文化因素的制约，所以称之为教育知识的社会运动。

可以看出，教育知识实在化的理论思考是在生态学的意义上探讨问题的，它注意的焦点不在每一个运动阶段的技术细节上，而在于揭示出一个较为真实的教育知识运动事件。结合教育思维中介论，我们能够对教育理论向实践的转化有一个超越一般哲学的理解，这无疑有利于人们摆脱观念的和原则性的笼统思考。在哲学作用于具体领域的实践这一方面，我们需要借助科学的思维，去分析事件，并借助工程思维，让思想深刻地影响行为。遵循这一认识，我们有必要继续探讨教育理论向实践转化的现实路径。

四、教育理论向实践转化的现实路径

如果我们以往对教育理论和实践有了较为具体的分析，操作性的思考应该是摆在第一位的，实际的情况并非如此，所以才不得不对教育理论做了必要的具体分析，这从一个角度反映出教育工学的思考在目前的进展状况。由于操作性的信息就潜藏在理论分析中，使得关于教育理论向实践转化的操作性思考的主要意义，主要局限于尽可能在教育实践操作的层面做进一步的解读。根据之前的理论分析，我们的操作性思考主要包括以下方面：

（一）教育理论转化为实践者个人的价值信念

人文实践是文化的实践，其显著的特征是一定的价值信念贯穿于整个实践过程。不同的人、不同的组织、不同的国家的教育各有特色，感觉上是教育行为格式的不同，进一步追问则会发现关于教育的价值信念不同才是真正的原因。直接面向具体的教育实践，就能够意识到教育行为操作是以教育价值信念为土壤和前提的。那人们的教育价值信念又从何而来呢？多数适应了和适应着环境的人，他们的教育价值信念就来自于无时无处不在的传统，而对于那些总想超越环境的人来说，他们的信念很大的可能是来自教育理论。不难看到一些因学习了教育理论而与众不同的人，他们的与众不同最初并未表现为教育操作上的不同,而是表现为对教育现实的批评,甚至表现为不招人喜欢的好高骛远。其实质是他们掌握了尚未在现实中实现的教育理论。换个角度看,他们选择的教育理论已经转化为他们的教育价值信念。对这一现象,我们做如下的操作性理解。

1. 教育理论揭示的真启迪了人的归属意识

理论的第一功能是"描述+解释",此处的描述不是感觉意义上的素描,而是驱离现象之后的关于事物深层结构的反映,是以真为旨归的。教育学首先回答教育是什么,成功的结果当然是对教育真相的把握,其自身并无价值的色彩。但是,被揭示出来的教育真相会令人惊异地给人以可贵的归属感。我曾说"做什么就要像什么",可以演绎为"做教育就要像教育",怎样才算是像教育呢?答案只能是我们所做的事情不只是借用了教育的名号,还体现了教育的真相。如果我们接受了教育是善意的干预这一揭示,我们就可以反观我们自身行为是否真实的干预以及我们的干预中和内心中是否具备了善意。假设我们的行为的确是真实的干预,并且具备了善意,不必赞叹理论的高明,而应庆幸我们行为的到位。假设我们的行为没有符合理论对教育真相的揭示,是否有些许的失落呢?我们或许有的失落说到底是对职业行为归属感的迷惘。

教育理论揭示的真通向人的归属意识,借助的是个体心理上名实相副的意向。在人文世界中,个体重视身份,这里的身份不单有与名位、利益相关的意涵,也有自我行为符合所展现概念的意义,相对而言后者更为根本,理由是职业行为先有名正,才能涉及地位和名利的问题。设若有人向我们说"你做的哪算是教育",那人一定自认为掌握了教育的真相;设若我们辩护道"我做的怎么就不算是教育",一则我们自认为也掌握了教育的真相,二则我们可能是在追寻教育的真相。进一步假设我们接受了某种揭示教育真相的理论,对于作为实践者的我们,绝不仅仅是获得了一种理论的信息,而且还获得了可以作为教育者自信的理由。但这一切的获得均需要我们在内心确立名实相符的坚定意向,否则,任何关于教育真相的理论揭示都是外在于我们的无关信息。

2. 教育理论建构的理激发了人的理性自觉

教育的理在很长的历史时期是教育内部约定俗成的结果，也会折射教育之外的其他人文实践的道理，但当人类有了教育的理论自觉之后，教育的理就与教育理论的建构形成了合理的关系。我们意识到，教育自身的变化是教育之理的变化，还意识到教育的理在近代以来越来越来自教育思想家、理论家的建构。虽然他们对教育之理的建构总发生在一定的人文语境中，从而与人文世界整体血脉相连，但这样的建构又是十分必要的。若问教育理论家、思想家为什么要建构教育之理，理性的回答一定是为了建构新的教育。教育工程师则会通过把教育之理转化为教育者的理性自觉，最终把新的教育由理念变为现实。

　　没有理论的实践是盲目的。仅仅把理论作为知识存储于大脑，和没有理论也无很大的差别。只有理论激发了实践者的理性自觉，理论才会成为实践者实践的依据。教育理论建构的教育之理比起所谓教育的客观真相，对教育实践者来说更有价值，也更能牵动教育实践者的精神世界。实践者的角色促成实践者的本位立场，有吸引力的教育道理可以引发他们的合理联想，有潜力把他们带进新的教育格局和秩序之中。教育道理的文本一定程度上与哲学的和文学的文本相似，读者可以毫无功利地阅读，却能获得认识上的启迪和情感上的激发。我们之所以执着于某种教育理念的实现，固然由于它的正确和美好，更由于某种教育的道理激发了我们的理性自觉。

　　3. 教育理论表达的善促成了人的教育信仰

　　被人们界定的教育是向善的，因此凡实践性的教育理论无不内含着向善的品质。越是文明的社会越容易对教育有溢美之词，越是经典的教育理论越富含善和美的原则。天然的类教育行为是利于人的，这是最基础的善。在群体文化基础上建构的教育则在纯粹利益的基础上同时追求善和美，并会用善和美来规范追求利益的行为。对于这一切，教育理论会用适当的方式进行表达。一般来说，教育理论重在表达善的价值，既有目的的善，也有手段的善。更强调目的善和手段善的融合统一。教育目的的善，先是得失之利，后是利他之德，还有完善之美。得失之利引导教育不做不利于人的事情，利他之德引导教育不做有害于他人的事情，完善之美引导教育把人引至和谐。教育以知识和美德为资源，自然具有了积极的气质，以成人、成才为目标，又自然拥有了道德的品格。以建构好的教育为宗旨的教育理论在精神上是对善的表达，它作用于教育实践者的最大收益应是促成教育者的教育信仰。

教育实践者个人的价值信念，离不开之于教育的归属感，不能缺少对于教育的理性自觉，但最高表现形式应是他们在理论的作用下在实践中形成的教育信仰。人们基本认识了教育信仰存在的必要性，但对教育信仰内涵的认识分歧重重。有研究者回顾了2000—2014年期间我国教育信仰研究的状况，其中介绍了有关教育信仰内容的认识：有认为教育信仰包括对人自身的信仰、对生命的信仰和对教育中爱的信仰；有认为教育信仰包括育人为本的宗原观、传道为先的使命观、兼济天下的社会责任观和推崇学术的文化境界观；有认为教育信仰是教育认知、教育情感、教育意志等因素综合作用的结果。[①] 各自的认识看起来不同，但相互之间也无冲突，不同的是各自认识的视角和任务。我们至少能从有限的机制中认识到：教育信仰的对象有人自身、生命和爱，教育信仰的外显是宗原观、使命观、社会责任观和文化境界观，教育信仰的形成机制是教育者教育认知、教育情感、教育意志等因素的综合作用。这与我们的认识具有内在的相通性。

对人自身、生命和爱的信仰是人类人文的精髓，当代人本主义教育的精神核心也如约历史地表达了这一精髓。由于人本主义的深入人心，教育的技术理性也逐渐接受了人本主义的规约。当我们听到教育领域人本、生命、爱的声音时，完全可以把它理解为教育理论对教育实践者的影响。如果教育者有了教育信仰，意味着有了基于教育职业的使命、责任和文化境界，这说明教育者已经属于教育，即有了归属感，说明他们已经形成了教育实践的理性自觉。这也要归功于历来教育家对教育的深刻认识。在此基础上，我们就能很顺畅地理解教育信仰来自教育认知、教育情感、教育意志等因素的综合作用。

---

① 田友谊：《我国教育信仰研究的回顾与反思——基于2000—2014年研究文献的分析》，《上海教育科研》，2014年第11期。

稍加概括，教育理论借助一定的机制转化为教育实践者的价值信念是一种方式和路径。哲学家冯契有一个哲学命题为"化理论为方法，化理论为德性"，彭漪涟认为这是"克服科学与人生、理智与情感脱节的新思路和新门径"，对我们的思考很有启示。不可否认，人们思考教育理论为实践服务的时候，更多地着力于把教育理论化为教育方法，这就是教育技术理性的社会心理基础。这样的社会心理反过来使教育理论研究更重视教育实践中的技术问题。客观地说，只有少数具有人文主义倾向和兴趣的理论工作者和实践工作者在宣扬教育实践的伦理哲学意义。尽管这样的声音是无力或柔弱的，却也已经让更多的人领悟到教育理论不仅可以影响教育活动的效率，还可以增益教育活动的文化内涵和精神品质。实际上，这种现象的发生一点也不怪异，教育理论和思想从来就不只具有技术的内涵。无论中外，教育者的形象都是经师与人师、贤者与智者的统一，本质上是兼具方法与德性的人。对于教育者来说，他的教育的方法和教育的德性，既可以来源于生活实践也可以来源于教育理论。反过来，教育理论既可以改善教育者的教育方法，也可以改善教育者的教育德性。就教育德性的改善而言，教育理论转化为实践者个人的价值信念是一条重要的途径。

（二）教育理论转化为实践者的教育思维

教育思维是脱离教育情境的一般教育实践理性，个体一旦形成了自己独特的教育思维，基本上等于建成了他在具体教育情境中处理教育问题、完成教育任务的方法基地，对于教育实践有特殊的意义。承认了这一点，教育理论通过转化为教育实践者的教育思维进而走向实践就很好理解了。前文已述，教育思维处在教育理论与教育实践的中间位置，发挥着两者互通的中介作用，这里我们尽可能主要在操作的水平上探讨教育理论转化为教育实践者的教育思维的基本过程。因教育思维是教育观及其支配下的教育操作思路的统一体，我们将依次讨论教育理论与教育观、与一定教育观支配下的教育操作思路的具体联接。

1. 教育理论与个体的教育观

描述性的和解释性的教育理论内含的是科学的思维，其自身是没有价值倾向的，它为接受者提供教育的概念和原理，以使他们获得对教育的客观认识。虽然如此，由于对真相的敬畏也可算作一种特殊的价值行为，所以描述性的和解释性的教育理论必然成为个体教育观形成的认识论基础。认识了教育的真相，教育实践者的教育行动就有了归属感，这种归属感也能促发一定的教育情感，进而通过教育意志控制具体的教育行为符合教育的真义。"我做的是教育吗"这样的反思性提问客观上起到了监控教育行为的作用。在这样的过程中，"做教育就要像教育"就成为基础性的教育观。

实践性的教育理论自身就是价值性的，它对教育实践者教育观的形成便具有相对直接、快捷的影响。我理解实践性的教育理论从起点上就力图用好的教育设想替代不好的教育实际，即便在认识上可以掩饰武断的特征，其价值追求是显而易见的。由于教育观是教育实践者个体对教育的个性化的、主观的看法，反映着个体主观的教育理想，这就与实践性的教育理论具有内在品质上的一致。这种一致性顺理成章地使得具体的实践性教育理论在极端的情况下能够直接被实践者接受，进而成为自己的教育观。比如幼儿教育领域的蒙氏教育实践者，实际上就是忠实地接受了蒙台梭利的教育理念，他们的教育观就是蒙台梭利的教育观，他们的坚定性甚至能够让他们毫无顾忌地成为蒙氏主义者。

不过，类似这样忠实地接受某种个人教育理论的现象在实践中并非主流，大多数教育实践者虽然拥有强度不同的教育观，但通常不会是某种主义者。他们的教育观一般呈现出综合性质，换言之就是汲取百家之长，结构出一定时代背景下的个性化的教育观。这种教育观形成的现象更值得我们研究。

实践性的教育理论主要有以下的表现形式：（1）形式上是关于事物特征的客观描述：类似好教师的特征、有效教学的特征、高情商的表现等，表面上看是对好教师、有效教学和高情商的客观性描述，事实上，观点的提出者已经把自己认为的好和高融进描述中了。接收到这类信息时，教育实践者可以有两种反应：一是把这类描述不加怀疑地视为知识，以无批判的态度把自己的行为表现与这类描述进行对照比较，假如接受者碰巧是积极上进的人，他的教育观就这样自然地得以确立；二是以批判的态度对待这类描述，这并不必然导致简单地拒绝某种认识，批判带来的反向思考或者修正性思考同样可以促成他的教育观。（2）形式上是中立的教育操作程序或曰教育模式：教育活动的程序或曰模式，感觉上只是对教育行为的结构和顺序安排，但要知道任何一种教育活动的程序或模式，都是一定教育理念支配下的教育过程设计，并非对客观上自然存在的行为格式的白描。正如查有梁所说的，"教育模式，上有理论基础，下有操作程序"[①]，它处于理论与应用的中介。理论是什么？在这里就是各种类型的教育理论转化而来的教育价值信念。所以，教育活动的程序或曰模式并不是无涉价值的事物。当教育实践者接受了一种教育活动程序或模式时，实际上连同作为程序和模式之认识论基础的教育理念都接受了。我们也可以说，他接受了一种整体的教育思维。

2. 教育理论与个体的教育操作思路

实际上，接受了一种教育活动程序或模式就等于接受了一种教育思维。尽管如此，我们仍有必要讨论教育理论对个体教育操作思路形成的机制。在《教育思维论》中，我专门论述了教育操作思路形成的原理，这里择其要义来阐明教育理论在其中的作用。教育模式的构建从技术意义上讲，很像是模型方法的应用，实质上是一个认识过程，需要解决一系列认识上的问题。这些问题主要表现为以下两个方面：

首先，要明确教育目的。我们知道教育目的当然有抽象的一般的意义，比如"培养人"就是这种抽象的一般意义，但培养什么样的人呢？这就有了社会、历史、文化的内涵。在中国历史上，君子、真人、实科人才、建设者、接班人、全面发展的人等，都是不同环境下教育家理想中的人，每一种理想的人的背后都隐藏着教育家对教育与人及社会关系的认识。这样的认识在今天都存在于符合知识规范的教育理论中，教育模式的构建者所确立的教育目的就是对各种理论认识的选择和组合。

其次，要确定为达到教育目的要做什么和怎么做。要做什么是教育行为

[①] 查有梁：《论教育模式建构》，《教育研究》，1997年第6期。

方式的选择问题，教师的讲、示范、演示等，学生的听、模仿、观察等，师生、生生之间的问答、对话、辩论、竞赛、合作等，就是具体的教育行为方式。这些方式本身无异于它们在日常生活过程中的样子，是纯粹的中性行为，但教育要培养的人的品质、规格不同，各种方式在其中的意义也就不同。各种方式是否被采用、被采用之后在模式中的比例、顺序如何，均受到要培养的人的特征影响。怎么做即是对具体教育行为方式的秩序安排问题。构建教育模式的人心中潜存着"结构—功能"的思维，他们实际上是在制造服务于教育目的达成的教育功能。当然，目的的引导只是前提性的因素，教育模式的构建还要遵循教育活动的规律，而规律是由各种具体的像教学理论、训育理论、组织管理理论这样的教育活动理论揭示的。

也许最为重要的是教育实践者对教育思维这一现象的彻底自觉，至少迄今为止，教育思维对于教育领域的人们来说还是一个陌生的概念。教育思维内含的"教育观——教育操作思路"联接尽管客观地存在，但认识上的自觉尚待时日。如果教育思维概念不能深入人心，我们掌握多少教育理论也无法有意识地把理论转化到教育思维中去。理论除了认识的功能，它对实践的作用只能是经由实践者的理性自觉。人类教育理性的进化在很大程度上是由不断出现的新概念促成的。而理论家做的就是概念的工作，他们要么确立新概念，要么修正旧概念，目的都是要增益和提高人的理性能力和水平。立足于教育工学，我们尤其强调教育思维作为教育理论走向教育实践的中介，并希望这一认识能被越来越多的教育实践者知悉。

（三）教育理论转化为实践者的行为准则

有一个不容忽略的事实是：教育实践者在教育过程中的实际作为就他们自己而言会有一种由习惯固化下来的模式，而且这个模式他们常常并无知觉，教育价值信念对他们来说不可能完全没有，但处于意识的深层，直接并可言说地支撑他们作为的基本上是一系列的行为准则。如果是这样，要让教育理论作用于实践，就不能忽略把它有意识地转化为教育者的行为准则。教育活动和其他人类活动一样都是主体的自主行为，在自然的状态下看似随意，却也不是无所拘束和没有章法的。无论什么水平的教育活动，在主体那里都是井然有序的，原因是每个实践主体都有他自己行为的准则。

关于行为准则，有资料显示，是个人、集体和社会的行为所服从的约束条件，并把它划分为"应该"型和"不能"型两种基本类型。其中，"应该"型行为准则是主体选择和实施能够产生最大正向价值效应的行为准则，即主体行为所必须达到的价值高度；"不能"型行为准则是主体逃避和拒绝能够产生最大负向价值效应的行为准则，即主体行为所避免超越的价值界限。[①] 直观地理解，应该的，是具体主体设定的理想，不能的，是具体主体设定的底线。实际的教育行为品质就游弋在理想和底线之间。教育实践者心中无疑是有此种界限的，这种界限保证了他们的教育行为一方面不会走出教育的范围，另一方面具有走向好教育的可能性。可以说，教育行为准则是教育实践者具有教育意识的直接基础，当然也是他们教育实践的直接依据。

教育理论向教育行为准则的转化因教育理论的类型不同存在着不同的情形。

1. 教育理论为教育实践者提供一般意义上的教育区间

本质主义的教育理论会提供"教育是什么"的答案，其形式是对教育概念进行界定。界定的意义在于圈定了教育的范围，具体到教育行为，教育概念的界定会明示或暗示在什么条件下日常的行为能成为教育行为，哪些日常行为在任何条件下都不可能成为教育行为。实际上等于为教育行为划定了底线。对于此类问题，教育实践者是少有考虑的，传统成规的沿袭足以支持他们的教育认知，但基于如此教育认知的教育行为近于职业内部的社会本能行为，理性的自觉是极其有限的。有了教育的理论界定，教育实践者就有了把自己从庸识中解放出来的条件，他们可以把教育的界定作为参照，有意识地监控和反思自己的作为。这样的过程至少能够确保教育实践者的作为的确属于教育，在一定意义上，当实践者理解和认可一种教育的界定后，教育的界定就由外在的知识转化为他们自己行为准则的内容成分。

---

① 参见搜狗百科"行为准则"，http://baike.sogou.com/v63720024.htm。

实践的、价值性的教育理论则会提供"好教育是什么"的答案，其形式也可能是对教育概念的界定，实质上是表达界定者的教育理想。正因此，"好教育是什么"的答案通常是完全合理的多种多样，这与本质主义寻求教育本相的、对唯一答案的追求是不同的。一般来说，人们对教育的底线更容易取得共识，而对教育的美好则更容易浮想联翩。人性的复杂性和美好的丰富性，使得不同立场、兴趣、价值取向及文化背景影响下的人们，会对好的教育产生富有个性的思想结论。这就不难理解进入我们视野的"好教育"图景永远是有差异的丰富多彩。即使教育实践者极尽选择、组合的智慧，也不可能把所有"好教育"的图景都融入自己的教育行为准则。听起来这是一种乱象，却符合人的教育实际。如果人们失去了针对"好教育"的积极想象，教育思想、理论的流派纷呈是无法理解的，不同教育实践者以及教育实践组织的特色也会成为荒诞。实践者不必心存顾虑，只要与符合自己心性和认知的教育理论相遇，就可以在教育的区间内确定自己的教育理想。一旦实践者选择了一种"好教育是什么"的答案，这种理论就直接滋养了实践者的教育行为准则，理论也因此以此方式走向了教育实践。补充一句，实践的、价值性的理论是多元存在的，决定了它对教育实践者的影响主要是通过呈示观点和启发认识来实现的。

2. 教育理论为教育实践者提供教育操作的原则和规则

教育理论家在对教育做形而上学的或理性分析的同时，也在关注教育活动操作层面的问题，若作历史的分析，还能发现教育理论对教育活动操作的关注是贯穿始终的，自然是先于教育基本理论分析的。在教育操作问题的思考上，教育理论（早期是教育思想）的核心是方法和原则两种内容，但工程思维迟迟没能进入教育思想的领域使得关于教育方法的思考也具有原则的品格。教育原则，顾名思义就是人们进行教育活动时需要遵循的基本要求，但审视具体的教育原则却也能够发现教育原则并不是在保证教育实践者不突破教育的底线，而是在把教育实践者引至好教育的方向。我们通常把原则理解为主观见之于客观的结果，在其中既有客观规律的成分，也有人的价值性目的的成分。尤其是像教育这样的人文性活动，虽然根植于人的生产生活，却是在人对主观价值追求的历史过程中不断重复着"建构—解构—重构"的格式。因而，教育原则不可能是一些原生的规则，而是基于教育自然规律的人文创造。

教育理论中的教育原则存在着不同的层次。

第一层次是社会、历史、文化背景下的教育精神在教育活动操作上的反映，在这一层次，教育原则实为教育精神的操作形式。一时想不到经典的材料，暂且以我个人的认识为例。我曾根据"爱智统一"的教育精神，提出了"以学生为目的""以人道为师道""讲究策略""统一心力"四条教育原则。[①]这些原则涉及具有现时代意义的人文精神和科学精神，建议的对象很明确，即教育实践者，建议作用的范围是整体的教育活动。这四条教育原则内含的逻辑是：教育实践者不能把学生作为达到任何目的的手段，应该以学生为目的；不能坚持违逆人道的师生关系原则，应该把人道本身作为师道；不能随心所欲、基于本能进行教育，应该讲究教育的方式、方法；不能让自己处于有心无力或有力无心的状态，应该把教育的情怀和教育的能力统一起来。我们意识到教育原则内含的原来也是"应该"和"不能"，可见一切的行为准则还真逃不出这样的主观逻辑。

第二层次是承载教育属性的具体类型活动的操作要求，在这一层次，教育原则表现为生动的教育智慧。我们知道，教学和训育是实现教育的最基本过程，教育理论的原则成果也主要集中在这两个领域。先说教学原则，最为人熟知的有循序渐进、因材施教、启发诱导、理论联系实际等。和第一层次的四条原则相比，两者具有内在精神的相通，但教学原则明显走在由道及术的途中，能够让人体会到某种高明。教师遵循这样的原则进行教学，就不仅仅是完成了教学的本分，而是趋近理想的教学。再说训育原则，较为基本的原则是"晓之以理，动之以情，导之以行，持之以恒"，这既是经验的总结，又是规律的应用。因未涉及更细微的训育细节，所以是原则，又因可以被直接遵循，具有明显的策略性质，与教学原则的情形完全相同。

---

① 刘庆昌：《教育者的哲学》，中国社会出版社，2004年版，第100页。

我国的教育学是很重视教育活动原则探讨的，至今仍不断地向教育实践者提供符合规律和时代精神的各种教育原则，客观而言，这也是教育学影响实践的最有效的途径。

除了教育原则，教育理论还会为教育实践者提供较为细致的教育操作规则，这种规则附着于一定的教育方法或教育模式。正是这些操作性的规则对实际教育情境中的教育实践者发挥着指南作用。在《爱智统一的教育原理》一文中，我认为教育操作规则包含以下内容：（1）教育者应该做什么，才能使一种教育方法的意图得以实现；（2）教育者应该避免做什么，才能不破坏一种教育方法的主旨；（3）教育者需要有什么样的准备，才能驾驭和操作一种教育方法；（4）一种教育方法需求何种客观的物质基础和精神环境。[①] 在这里，我们又感觉到了"应该"和"不能"的存在，这的确是行为准则的内在结构。

归结起来，要把教育理论转化到教育实践中去，无法逾越作为教育实践主体的教育实践者，现实的路径只能是把教育理论转化为教育实践者的教育力量。这里所谓教育力量是由教育实践者的教育价值信念、教育思维及教育操作的原则和规则有机合成的。在这一认识基础上，我们对教育理论向实践转化的现实路径探讨的思路还是比较合理的。

五、两种事件的教育工学解读

我们正在对教育理论向实践的工学转化做理论的讨论，而这种转化的实践已经实际地存在。如果让那些现实的转化者看到了我们的讨论，他们一定会觉得是小题大做、并无新奇，这又验证了人文社会研究者很难告诉人们不知道的东西。在我看来，认识活动既有认知主体与认识对象的相互作用，也包含着认知主体与其他活动主体的相互作用。我们站在理论工作者的立场上关注教育理论向实践的转化，最终提出教育工学，那教育实践工作者及其他与教育相关的主体何尝不能站在自己的立场上用非理论的方式关注甚至实践

---

① 刘庆昌：《爱智统一的教育原理》，《教育理论与实践》，2009年第4期。

所谓转化呢？事实已然如此。在非理论的领域中，人们的确没有太用心力于教育理论价值的实现，而是更多着眼于教育现实问题的解决和教育整体状态的改善，是为了解决现实的教育问题，人们才开始从教育理论中寻找启示。由此，原先处于两个阵营的教育理论工作者和教育实践者建立起联系，以解决教育现实问题为目的的教育理论向实践的转化活动就应运而生了。此类活动有隐性的，也有显性的，比较有代表性的是教育改革和教育行动研究，我们对这两种活动拟作初步的教育工学解读。

（一）教育改革

教育改革的目的是要变革和完善教育，总是围绕着"存在的问题与解答的方法"展开。有研究者指出，积极参与教育改革的人"总是那些对学校和社会不满的人，总是那些对未来对明天充满激情和理想的人"。[①] 进一步说，教育改革是欲超越现实创造新教育的主动行为，是与教育历史发展相伴随的常规事件。教育改革的革旧造新，让我自然联想到工程哲学的核心观念，即造，结合李伯聪讲的"我造故我在"，不难理解教育改革是具有工程活动特质的。而由于教育改革具有实验性，它的过程和手段就体现为教育实验。[②] 我这里做一修正，把教育实验替换为教育试验，应该更能说明教育改革的特点。教育实验是为了认识的目的而进行的有控制的教育实践活动，教育试验则是为了改善实践的目的把某种已知的认识成果投入应用以获知其实际的效用。教育实验是借助教育活动进行的科学实践，教育试验是借助实验的原理进行的教育实践。

教育试验的对象是基于教育理论的教育操作思路，所以，以试验为灵魂的教育改革在展开之前，必然会有关于新教育的教育思维框架和理路。以2001年开始的新课程改革为例，经国务院同意，由教育部颁发的《基础教育课程改革纲要（试行）》，就是改革者绘制的新教育的蓝图，而专家对它的解

---

① 张荣伟：《当代基础教育改革》，福建教育出版社，2007年版，第235页。
② 张荣伟：《当代基础教育改革》，福建教育出版社，2007年版，第248页。

读则是展现蓝图背后的新教育思维框架和理路。我们已经知道，新课程改革推行的是一种新教育观，但不是以传播的方式宣扬一系列观点，设计者把新的教育观渗透在培养目标、课程结构、课程标准、教学过程、教材开发、课程评价、课程管理等具体领域，这是把教育观念化为现实的重要环节，正是这一环节使得教育改革具有了鲜明的工程性质。我们再提出一个问题，新课程改革的教育观来自哪里呢？我想就不必寻找具体的来源了，一个全局性的教育改革几乎不可能基于一个人的教育理论和思想，甚至不可能仅仅基于教育的理论和思想，通常是对迄今为止符合当代人和社会发展要求的各种教育理论和思想的创造性组合。因而，我们只能在总体的意义上说，新课程改革的教育观来自教育理论。这是一个重要的认识，因为它足以说明教育改革无论以怎样的方式推动，无论其效果如何，实质上都是教育理论向教育实践的转化活动。

而教育改革的社会性质又决定了改革的实际过程还牵涉到工程实践所强调的组织与管理问题。《基础教育课程改革纲要（试行）》中专门说明了教师培训和组织实施，前者是对教育者思想和观念的组织，后者则是对领导、实施和支持系统的协调安排，这一切都是为新教育的实现提供外部保障的，保障系统和核心过程共同构成了教育改革工程整体。

从教育工学的角度看，教育改革始于设计，目的是要用行动的方式制造新的教育，在设计到目的达成之间是制造和控制活动。教育改革的设计包含两个部分，一是对新教育的设计，改革者会为社会绘制出新教育的图景，二是对教育改革实施过程的设计，改革者为社会规划出达成新教育的现实路径。图景自身只是表达某种美好的可能性，路径则要显示实现美好可能性的现实性。教育改革的具体实施即实际的制造和控制过程。这里的制造实为现实的教育者用行动的方式体现新教育的理念，也就是说他们通过改变自己的教育习惯，代之以新的教育习惯，从而制造出不同于以往的新教育。当然，在其外，新的培养目标和课程结构及其实施原则已经被改革的设计者制造了。这里的控制有内源性和外源性两种，前者是新教育的体现者的自我监控，后者是来自管理系统的引导与约束。通过内外的作用，新的教育在不断的反复中逐渐在现实的教育者那里得以固化。如果这种固化成为一种较为普遍的事实，教育改革就算成功了。

(二) 教育行动研究

行动研究在最初是要将科学研究者和实际工作者的智慧结合起来，以解决某一实际问题，基本操作模式是计划—执行—审查—新计划……是一个螺旋式的不断开展的过程。① 这种研究的目的并不是要创造理论、总结规律，而是通过运用理论解决实际问题提高行动的质量、改善实际工作。可以看出，行动研究有两个重要的特征，一是以解决问题为直接目标，终极的效果是教育行动质量的提高和教育实际的改善；二是解决问题是研究者的智慧和实践者的智慧相结合发挥作用的过程。第一个特征显示了行动研究的实践性质，第二个特征显示了行动研究的理论指导特色。

根据行动研究的特点，有研究者认为行动研究可以充当教育理论与实践相结合的实践性中介。其核心观点是：

> 教育理论不能直接转化为教育实践，实践者只有结合自己的直接经验和现实情况，在实践中对理论作出思考、选择和检验，不断发展和创造指导自己实践的个人理解和行动理论，教育理论才能具有真正的现实力量。……在行动研究中，教师通过教育理论的学习，按照自己的具体实践和经验进行重新组织、加工和改组，建构出一个具体的新的教育教学活动方案体系，并加以灵活运用和完善。由于这些活动方案具有理论性和实践性的双重品格，这就决定了行动研究具有从理论到实践的转化功能。行动研究构成了教育理论与实践的双向反馈机制，是教育理论与实践间能动的实践性中介。②

---

① 宋虎平：《行动研究》，教育科学出版社，2003年版，第26页。
② 宋秋前：《行动研究：教育理论与实践相结合的实践性中介》，《教育研究》，2000年第7期。

行动研究的主体在这里已经由最初的科学研究者和实践者变化成为教师单个的主体。我对此持肯定意见，原因是最初的行动研究虽然虑及实践者的智慧，但仍是研究实践，以教师为主体的行动研究则因教师的工作角色因素被转变为教育实践。学生的学习可以是研究性学习，教师的教育也可以是研究性教育。教育行动研究则是教师为了解决工作中的切身的问题，通过采用行动研究的方法，在某一时间段内制造的研究目的明确、强度较大的教育活动。也就是说，既然是一种研究，行动研究不可能成为教育领域的常态性活动，仅当实践者遇到制约工作发展的问题时，才会采取它以解决问题。由于行动研究是行动和研究的结合，问题的解决并不独立于正常教育工作之外，自然就不会破坏教育工作的正常节奏。在解决问题时，实践者并不是简单地搬用已有的解决方案，而是由自己完成教育理论与自己工作实际的思维整合，形成超越经验和本能的解决方案，随即实施，及时监控与评价方案实施的效果。如问题被顺利解决，研究便告结束；如问题未被顺利解决，及时修正方案，在此过程中可以寻求新的理论帮助，再实施，直至问题的解决。一次行动研究结束后，第一效果当然是制约工作发展的问题被解决，第二效果则是作为行动研究主体的教育实践者自己的解决问题的能力得到提高。我们可以设想教育实践者在自己的工作过程中会不断遇到新的问题，小的问题自然不用周密计划的行动研究，遇到大的问题，实践者就采取行动研究。在对各种问题的行动研究解决中，教育实践者不会把教育理论简单地作为学习的对象，而是作为问题解决的资源。长此以往，教育理论通过实践者针对问题解决的应用，就能够转化为实践者的教育生产力，进而会改进教育实践。我觉得这才符合教育理论走向教育实践的真实。

教育改革和教育行动研究在实践领域已为人熟知，我们只是对这两种事件做了粗略的教育工学解读。在本章的最后倒是可以对这种解读的动机做简单的说明。我们在理论上提出教育工学的构想无疑是一种创新，但我们的构想并不是幼稚的标新立异。一种新思想的出现，存在着思想历史发展的内在必然性，但也不会与思想相关的经验世界毫无关系。在当下的教育语境中，在与教育实践的互动中，我不能否定教育工学的构想在发展过程中没有受到类似教育改革和教育行动研究的影响。现在反过来使用教育工学的视野审视教育改革和教育行动研究,难免有熟悉和亲近之感。原来,教育理论向实践的工学转换已经成为事实。这种被后觉的教育工学事实,为教育工学提供了有力的经验基础,而我们对这种事实的教育工学解读又会让人们清楚地意识到类似教育改革和教育行动研究的工程性质。还是做同样的教育改革和教育行动研究,实践主体从此以后在原有认识基础上增添了教育工学的立场、态度和思维,实践的效果必然会发生积极的变化。毕竟一种新的理论和思想不只是可以让接受者的知识更为广博,还会改善他们的认识方式和行动的立场。

第四章　教育工程师

　　一切活动均是一定主体的活动。如果我们无法不承认教育活动中的工程行为以及从理论到实践的转化行为的存在，那就必须面对这两类行为背后的主体问题。而假如这两类行为并非与教育一同起源的原生行为，那它们就具有理论上独立的性质。客观的事实恰恰是教育在最初是内含于日常生产、生活中的现象，莫说能够显现工程属性的设计等特征，其自觉性程度都是极其微弱的。所以，所谓"教育工程行为"应是一种后发而客观的存在。不用说，当教育工程行为历史性地出现时，其承担者就是从历史中走来的原生的教育者。他们的教育行为虽然有了新的元素，但在渐变的历史过程中他们是无所知觉。即便在当代，一线的教育者实际上已经在自己的活动中融入了工程行为，但他们恐怕仍然难以自觉工程行为与自己的联系。而那些实际从事化理论为现实的专业人员，基本上自我定位为为一线教育活动服务的人，但对其服务行为的工程性质也同样没有自觉。换言之，教育工程行为已然存在，但行为的承担者却难有自知。这一方面制约了教育工程行为在实践领域的系统和深入，另一方面也制约了教育工程行为知识的发展。现在，我们要用理论的方式把教育工程行为的承担者从实践整体中解放出来，以利于教育者重新认识自己，更重要的是为已经或可能承担教育工程行为的人们提供理性的依据。

"教育工程师"这一称谓在查特斯（W. W. Charters）1945年的著述中已经出现了，至今整整70年，但他之后人们对于教育工程师就少有理论的关注，以致对教育工程师进行理论的把握在今天仍然是一个有意义的问题。在国内，我由于教育工学的思考，较早关注教育工程师，并在2008年"呼唤教育工程师的涌现"，[①] 加之关于"教育思维"的研究与教育工程行为的内在联系，已经引发了相关的同行研究。[②] 实事求是地讲，已有的关于教育（教学）工程师的探讨，并未扎根于我的教育工学思考，而是在各自认知环境中进行的个性化研究，所以，并无法直接服务于我的教育工学理论建构，因而，我们仍需在教育工学的内部逻辑中重构教育工程师的理论形象。具体而言，我们要对教育工程师做基础性的发问，比如：教育工程师是教育者职能的一个侧面，还是一个专门、独立的主体？在什么条件下，教育工程师可以成为一种职业？职业化的教育工程师要有什么样的担当？……这些问题明显地具有哲学色彩，自然需要理性的思辨参与，而一旦问题得到较好的解答，教育工程师的概念也就随之确立了。我们将从以下几方面尝试回答以上的以至更多的相关问题。

一、教育工程师的现实存在方式

最初使用"教育工程师"概念的时候，就有朋友怀疑地发问：教育工程师在哪里？谁是教育工程师呢？要知道这样的问题是最让人头疼的。假如人们普遍对新的思维充满怀疑而非欢迎的态度，可以说人文社会领域的任何创新都不如用一句轻轻的发问更有力度。人文社会中虽然充满着先有观念后有事实的现象，但人们似乎更容易适应和接受先有事实后有观念的逻辑。当然，就源头来说，观念总是在事实之后的，但不能忽略一个重要的事实，即一种综合性的观念完全可以是在已有单个观念的基础上结构而成，从而新的综合观念与事实只是一种间接的联系。这种新的综合观念如果要与事实形成直接

---

① 《呼唤"教育工程师"的涌现》，《教育时报·课改导刊》，2008年2月20日。
② 例如：郭红霞的博士论文《教学工程师研究》，陕西师范大学2011年；马智芳的硕士论文《论教育工程师》，山西大学2013年。

的联系，只有一种可能，那就是人们根据新的综合观念制造出新的事实。由此来看，人们对于"教育工程师"概念的怀疑，主要是因为他们在感觉世界中找不到教育工程师。更准确地说，是因为"教育工程师"之名与实还没有在他们的头脑中形成联接，因而也就没有"教育工程师"这一概念。

为了消除人们的怀疑，我想说明自己关于"教育工程师"概念形成的情形，可以分为几个阶段：

第一阶段，基于教育学学科构成的思考，提出"教育工程师"之名。我把教育学学科分为哲（教育哲学）理（教育科学）工（教育工学）艺（教育技艺）四个层次，与每一个层次相对应的创造主体分别是教育哲学家、教育科学家、教育工程师、教育艺术家，"教育工程师"即在其中。在这一阶段，"教育工程师"只是一个无实之名。

第二阶段，基于教育工学功能的思考，对"教育工程师"进行功能性界定。2007年对"教育工程师"有如下论述：

> 基于教育工学的基本原理，教育工程师首先要对教育基本理论进行操作性解读，以帮助实践工作者顺利接受教育科学和教育哲学理论提供的概念、原理和理念。其次要在教育基本理论的影响下进行应用性的开发。这种应用性的开发，包括教育模式的设计、教育方法的构思以及教育技术的发明，归结起来，主要是进行教育操作思路及辅助性技术的构想和设计。再次要对自己所做的应用开发进行操作建议。这种操作建议一般分为两个层次，即操作原则和操作规则。操作原则是具有思想性的建议，意在保证实践应用不远离蕴含在具体教育模式、方法之中的精神性的内涵；操作规则是具有技术性的建议，意在保证教育实践者对教育模式、方法的应用是正确的和恰当的。最后要对教育实践中的优秀经验进行初步加工和处理，为教育理论工作者提供"理论原型"。[①]

[①] 刘庆昌：《教育工学初论》，《教育理论与实践》，2007年第3期。

第三阶段，我发现对"教育工程师"功能性界定的内容在教育实践领域已经存在，只是既有的存在要么是非系统的，要么是在旧观念统摄之下的。比如，对教育理论的操作性解读在一些高水平的教育培训中可能存在；在教育理论的影响下进行应用性开发，在每一所学校都可能存在；对某种应用开发进行操作建议，既可能存在于学校生活中，也可能存在于专业人员对学校教师的指导中。然而，能够完整承担以上各项任务的情形就可以忽略不计了。应该说，与"教育工程师"之名相关的既有事实，使得这个名远离了虚妄，这就为我们建立"教育工程师"之名与未来完美之实的联接奠定了认识和实践基础。

第四阶段，在已有教育工学思考的基础上，我们把教育工程师界定为：借助教育理论改善教育实践的人。这样的界定表面看来过于简单，但并不粗放。这是因为此界定在教育领域具有极大的概括性，同时也保持了传统对工程师的基本认识。如国外词典中把工程师解释为"工程师是运用科学知识识别和解决实际问题的人"或说"每一件工程产品都需要设计、制作，工程师就是从事这一工作的"[①]，与我们对"教育工程师"的界定是具有内在一致性的。根据我们的界定，教育工程师在现实中可以有两种存在方式：其一是在教育现场的教育者自身。由于他们完全可以实际上也已经运用教育知识解决实际的教育问题，而且为了使学生具有一定的认知和人格素质对教育活动进行设计并实施自己的设计，他们实际上就成为教育工程师。就此来看，说教师是人类灵魂的工程师既具有修辞色彩，也具有实际意义。其二是不在教育现场的又心系教育现场、试图运用教育理论改善教育实践的人。这样的人既可以是创造教育理论的教育学家，也可以是处在教育学家和现场教育者之间的专业人员。

依据上述概念，教育工程师的现实存在方式，即是具有一定特征的现场教育者、创造并实践自己理论的教育学家以及在教育理论指导下进行教育应用开发的专门、专业人员。

---

① 转引自李曼丽：《工程师与工程教育新论》，商务印书馆，2010年版，第50页。

（一）作为教育工程师的现场教育者

教育的现场可以是社会生活的一切场所，我们所接受到的教育有来自家庭的，有来自社会公共生活的，当然也有来自学校的。由于社会分工，教育虽然仍存在于社会生活的一切场所，但当人们提起教育的时候，首先想到的还是学校。社会分工带来了教育的职业化，教育职业的发展又把教育带向专业化，以致存在于学校之外的教育不仅越来越具有非正式属性，而且也越来越失去了权威。学校功能的趋强使得家庭的教育功能趋于羸弱，也使得社会公共生活与学校里的学生很难相遇，系统、深刻而持久的教育只能发生在学校这一教育空间。在这样的背景下，我们可以想象，没有什么人比学校教育者在教育的事情上更有责任和更有策略。责任是社会分工对他们的要求，策略是他们为了很好地履行职业责任对教育活动进行谋划的结果。换一个角度，可以说教育对家庭和社会公共生活中的成人来说只是偶尔为之的，对学校教育者来说却是唯一的事情，他们是教育的职业甚至专业人员。既然是职业的和专业的人员，学校教育者与其他任何职业和专业的人员一样，要对自己所从事的活动进行谋划，这就为他们运用教育理论解决实际问题埋下了伏笔。

不过，运用教育理论解决实际问题是历史发展到一定的阶段才可能发生的。在没有教育理论的历史阶段，学校教育者的行为依据基本上是社会文化系统的期望和教育行业的传统，他们会有种种明确的教育目的和目标，但不会在教育的策略上花费过多的心思。为了实现目的和目标，他们更多的情况下是顺从自己的心性自然、恪守行业的传统规范。即使教育理论历史性地出现，在相当长的时期，在实践领域占据统治地位的仍然是行业的传统和个人的心性。我以为教育理论被教育者自觉地运用，主要是教育者自己追求教育完美和教育生活民主化的结果。教育理论的创造者通常就是教育者，强烈的实践取向决定了他们的创造动机基本上是为了教育的完美。教育理论创造者之中的许多人往往会用自己的理论指导自己的实践，当实践卓有成效时，也会有其他教育者慕名追随。所以，如果没有追求教育完美的动机，恐怕就不会有以指导实践为目的的教育理论创造。然而，教育生活的民主化应是学校教育者运用教育理论解决实际问题更大的推动力。原因是在民主的教育生活中教育者的角色权威难以持续，服务于学生学习的职业定位要求教育者不能仅仅顺着自己的心性和传统规范运行教育活动，而是要以学生为本、基于学生。从而，讲究教育的策略既不可能敷衍，也不可能仅仅体现自己对教育完美的追求，而是为了学生的利益必须考虑的事情。

学校的教师一定想不到自己会承担教育工程师的角色，这完全是因为他们缺少或不习惯具有工程的意识，但事实是在追求完美或教育民主化的背景下，他们的确需要顺应性地接受有关教育精细化的要求。尤其是在教育改革如火如荼的当代中国，学校教师怎么可能无视和回避设计、模式等充满着工程色彩的概念？当一个教师为了他的教学、训育进行构思、设计时，他就是一位教育设计工程师，继而，当一个教师依循自己的设计进行他的教学、训育时，他就是一位制造工程师。在此需要赘言，不能把工程简单等同于机械、呆板的技术性事件，工程虽然原发于物质制造的领域，但工程的思维是可以迁移到非物质制造领域的。再者，技术作为工具性存在可以服务于任何活动，心理上无原则地拒绝技术恰恰是远离理性的。

随着学校教师在观念和操作上习惯了工程性的思维，他们的职业工作内涵会更加丰富和深刻。到那时，教师就是存在于教育现场的教育工程师，而不是在自己的职业劳动中偶有教育工程师的片段行为。我猜想更多的人更愿意赋予教育活动以诗意的和人文的内涵，实际上教师具有了工程思维并不会破坏教育的诗意与人文，相反的，工程思维的务实特性和效率理想会让教育的诗意与人文不只是一种虚无飘渺的意念。实际上，即便是饱含诗意的诗歌，其创作的过程也是既依于诗人纯粹、浪漫的心灵，也不排斥一定程度的技法，否则文学写作的训练就没有任何价值了。显而易见，我们期望学校教师成为运用教育理论解决实际问题的教育工程师，如果要补充一点，那就是期望他们成为拥有教育精神和情怀的教育工程师。做这样的补充是因为在教育精神和情怀不充分的前提下，工程的表象容易把教师塑造成精致的教育技术主义者。须知，即便在我们已经熟悉的物质工程领域，人们对工程师的形象也有了新的建构。有研究者指出，中国的工程师，"论个人的道德水平并不在西方工程师之下,……但是工程师作为一个群体整体性道德理性几乎不存在",[1]进而对工程师的文化形象和社会角色也有了新的认知,主张工程师应该发展出像医生和律师那样的专业文化来,并认为"描述工程师的词语将越来越多地包括利他、善行、同情、博爱、仁慈等"。[2] 不难发现,传统的工程领域正在接受人文的洗礼,那么我们的教育以及教育者是否应该接受工程思维的启示,以完成人文与技术的辩证呢?

(二) 实践自己教育理论的教育学家

今天的教育学家完全可能也完全可以脱离教育的现场,但总有一部分教育学家不仅进行着教育理论的创造,而且会以教育工程师的姿态把自己的教育理论在实践中实现。至于过去的尤其是 20 世纪上半叶之前的教育学家,他们大多是自己理论最忠实的推行者和实践者。在推行自己教育理论的过程中,会形成理论与实践的良性互动,一定范围的教育实践因接受了理论的指导而改善,最初投入实践的理论也因实践的检验而更为完善。

夸美纽斯(1592—1670)这位 17 世纪的捷克教育学家,写了西方历史上第一部系统的教育学著作《大教学论》,在其中表达了他的泛智论思想,即把一切知识传授给一切人。他说:"我们希望有一种智慧的学校,即泛智学校,也就是泛智工场。在那里,人人可以受教育,在那里可以学当前和将来生活上所需的一切学科,并且学得十分完善。"[3] 他不仅提出了泛智论的理论,而且亲自制定了实施的计划,其著作《泛智学校》就是以泛智论为依据为他在匈牙利建立的实验学校所拟定的实施计划。虽然这一计划并未得到完全的实施,但已经足以证明夸美纽斯属于实践自己教育理论的教育学家。令人敬佩的是他不只是有这样一次行动,同样在匈牙利期间,他还撰写了儿童启蒙教材《世界图解》,贯彻了自己主张的直观教学原则。

裴斯泰洛齐(1746—1827)这位孤儿慈父、瑞士的民主主义教育家,同

---

[1] 李曼丽:《工程师与工程教育新论》,商务印书馆,2010 年版,第 90 页。
[2] 李曼丽:《工程师与工程教育新论》,商务印书馆,2010 年版,第 87 页。
[3] 张焕庭:《西方资产阶级教育论著选》,人民教育出版社,1979 年版,第 42 页。

样既是一位理论家和思想家,又是一位亲身实践自己教育理论、思想的行动者。作为一位强调情感和爱的教育价值的教育家,他不只是通过写作表达自己的情感教育、爱的教育的思想,还身体力行了爱的教育实践。1774年,他自己处于穷困状态,仍然在新村成立了贫民学校,收留一些流浪儿和小乞丐;1798年,他谢绝高官厚禄,毅然接受了政府的委托,负责斯坦兹城的孤儿院,苦行僧似地对战争留下的80名孤儿实施了难以复制的爱的教育。裴斯泰洛齐还是"教育心理学化"理论的提出者,同时也进行了开创性的实验性探索。他所进行的"要素教学法"实验就是解决教育心理学化的一项重要探索。他用实践践行了自己的理论,也用实践检验了自己的理论。在谈到自己在斯坦兹的教育实践时,裴斯泰洛齐说:"我感到我的试验已经证明民众教育可以建立在心理学的基础之上。"①

约翰·杜威(1859—1952)是时间上离我们较近的一位教育大家。他是民主主义教育思想的倡导者,也是在教育中推行民主主义教育思想的实践者。杜威的教育著述颇丰,其核心思想常常被归结为:教育即生活、学校即社会以及从做中学。而他于1896年在芝加哥大学创办的实验学校则是他的教育理论的实验基地。这所学校最初叫"大学初等学校",1902年更名为"芝加哥大学实验学校",也就是一般所说的"杜威学校"。有研究者专门关注了杜威在芝加哥大学的教育实践,并认为杜威实验学校的第一特点就是"有坚实的理论基础",② 而这个理论基础正是杜威自己的教育理论。

我们选取了具有代表性的三位教育家进行了叙述,旨在说明"实践自己教育理论的教育学家"这一事实的存在。在我看来,这种看似轻易的叙述是具有特殊意义的。其意义主要在于又一次提醒我们教育理论的创造者虽不必实践自己的理论,但如果他们在理论思维之外还具有工程思维的兴趣和能力,便能够在教育理论创造之外制造出自己理论的最可靠的实践版本。在评论叶

---

① 裴斯泰洛齐著、夏之莲等译:《裴斯泰洛齐教育论著选》,人民教育出版社,1992年版,第22页。

② 朱治军:《在实践中孜孜探索——芝加哥大学时期杜威教育实践研究》,华东师范大学硕士论文,2013年。

澜教授领导的新基础教育研究时，我讲过，"教育学者能够通过自己的思想和理论创造来改造实践者的观念系统和实践活动，进而经由学校生存方式的改善，最终和实践者共同创造出能够培养出新人的新学校"，① 进而认为"借助实际的体验与思考教育理论，同时，与实践者一道创造新的教育"② 是教育学者实现自身核心价值的最佳路径。概而言之，实际上是表达了自己对教育学家兼做教育家的期望。

我的期望可能会过于理想，毕竟，理论的逻辑和实践的逻辑相异，擅长于理论的教育学家只要在理论上有所创新已经可贵，分工的趋势更利于个人工作的专门化，在今天莫说要求，即使是期望都是一种过分。可是，和夸美纽斯、裴斯泰洛齐、杜威这样的教育家做同样的事情也的确不是无稽之谈。实际上处在大学和研究机构的教育学家的确很少也很难有机会亲自实践自己的教育理论，那我们就退一步，是否可以建议教育学家们逐渐形成对与理论思维具有同等价值的工程思维的兴趣？教育的生命感注定了任何类型的教育学家都无法轻视实践的价值，都不会公开否定为教育实践服务的立场。如果教育学家面对教育实践不想做一个好龙的叶公，那么，虚心学习工程思维，为自己所创造的教育理论价值的实现做一做工程师的工作又有什么不可以呢？当然还是要明确一点，即教育学家也可以只专注于理论和思想的创造，越来越专门和专业化的教育学研究，使研究人员在学科内部还得各司其职，让他们既做理论家又做工程师的确是一种奢谈。也许正因此，教育工程师才有了另一种存在的形式，即专门、专业的教育应用开发者。

（三）专门、专业的教育应用开发者

这是一种工作不在教育现场却时常造访教育现场的人，他们的工作主要包含两个部分，一是根据一定的理论构想出可以投入操作的教育技法、方法、模式等，二是传播、推广自己的成果。如果离开教育系统，我们会发现这样

---

① 刘庆昌：《感悟"新基础教育"研究》，《当代教育与文化》，2015年第3期。
② 刘庆昌：《感悟"新基础教育"研究》，《当代教育与文化》，2015年第3期。

的人并不陌生，在传统工程领域表现为工程人员基于科学理论进行应用开发、发明创造，然后申报专利继而推销成果。然而，在教育领域，这样的专门人员好像是不存在的。我想，教育领域同样需要这样的应用开发者，只是教育的技法、方法、模式等应用开发成果缺少经济的价值，所以才难以激活人们在这一领域投入情感和智慧的兴趣。而且悲观地估计，这种现象还将持续很长的时间。

但是我们还是能够看到希望，原因是教育技术学有技术开发向工程开发的转向，已经在理论和实践两个层面成为专门、专业的教育应用开发的典范。当代教育技术学已经把教学设计视为研究的核心，有从功能上把教学设计视为教育、学习等理论和教育、教学实践之间的连接学科和实践学科，基于这一立场，教育技术学领域的专家已经在教学设计领域完成了理论的建构并创造了有效的操作性成果。事实上，在教育实践领域，教学设计、教学质量监控这样的观念和行为正逐渐走向普遍，各种个性化的学习模式、教学模式以及在某种理念支撑下的课程开发广受欢迎。相信随着教育实践自身发展需求品位的提升，出现为一线教育、教学服务的专门、专业的教育应用开发，必将成为教育活动运行系统的基本元素。

目前让人疑虑的是教育技术学影响下的教育应用开发，从范围上看，基本上局限于教学，对于教学之外的其他教育活动缺乏关注，从结果上看，客观上强化了学校教师的技术理性，同时也就淡化了教育事业不能没有的价值理性和目的理性。首先，系统、持续的教育与教学具有天然的联系，这就使得人们在思考和研究教育时几乎自动地走向教学。此种现象不仅仅在教育技术学领域表现出来，连同前文提及的裴斯泰洛齐的"教育心理学化"，在走向实践和进入实践之后都没有避免变为"教学心理学化"。我们的认识是：如果把工程视为一种立场和思维方式，一切服务于教育目的的活动都可以被"设计"和"控制"。尽管教育活动中人与人的相互作用具有较大的模糊空间，但"规范"和"精确（准）"在教育活动的一定时间和空间也是必要的。长期以来，我们追求科学与人文的统一、技术与价值的辩证，这不只是获得思维圆融的需要，也是实践智慧的基础。其次，不能轻视教育活动中技术理性挤压价值理性的现实。技术作为工具是任何活动的必需，但技术作为工具总归是手段性质的，忘却了目的，一切本有深刻意义的活动都可能沦落为没有诗意的简单或精致的劳作。应该没有人承认自己在教育活动中忘却了目的，而实际的情形往往是他们把目标误认为目的。须知目标和目的一方面具有有机的联系，另一方面在教育活动的具体时空中又可以相互分离。就两者关系而言，在时间的维度，目的是终极性的，目标是阶段性的；在空间的维度，目的是整体性的，目标是部分性的。完全是因为人的活动总处于具体的时间和空间之内，以致当人们把目标误认作目的时并无觉察，最终，忘却终极和整体的目的就具有了现实的合理性。

回到现实，我们发现有一个人群在性质上很接近我们所说的专门、专业的教育应用开发者，这个人群就是存在于教育行政部门管辖范围的各级教研室里的教研员。我国的教研室产生于二十世纪五十年代，应国家基础教育规模扩大带来的高质量师资短缺而生。教研室的工作主体是基础教育各个学科的教研员，理论上讲他们是来自学校教学一线的优秀分子，他们的职责是对一定范围内的学校教师进行教材处理、课堂教学等方面的指导，追求的是具体范围内的基础教育质量提高。在很长一段时期内，教研员的业务工作属于"就事论事"，与教育工程师的职能少有关联。八十年代中期后，受学校教育应试取向的影响，教研室在很多地方适应性地成为"考研室"，教研员莫说与教育工程师关联，连同他们原始的功能也基本丧失。积极的转变得益于2001年开始的"新一轮基础教育课程改革"，在改革过程中，因教育理念与传统差异明显，在行政推动改革的机制运行中，教研室作为教育行政部门管辖的业务机构顺应性地承担了课程改革的指导和推进职能，教研员的形象才发生了历史性的变化。

教研员形象的变化主要表现为他们工作的重心逐渐转向指导学校教师按照新的教育理念改造自己的教学，由于新课程改革是以课程改革为切入点的整体教育改革，使得教研员的指导范围客观上超越了教学的范围走向教育整体。这一次基础教育改革对中国基础教育的影响既深且远，不仅带来了学校教育顺应时代的积极变化，也催生了专门、专业的教育应用开发者。当然，我们还远远不能说现在的教研员就是教育工程师的一种,但基于教育理论的应用开发不再是天方夜谭。有一种现象值得重视,即传统的教研室正悄悄地转型为教科研中心,也就是说教研室在传统的教学研究之外开始触及科学研究。而由教研室里的教研员进行的科学研究,从一开始就是扎根于教育实践的应用开发研究。教研员不是以追求教育真知为目的的教育学家,也不是以追求教育实际效益为目的的一线学校教育者,那他们究竟是什么人呢?显然是处在纯粹教育理论与纯粹教育实践之间的中介人物。既然是中介,职能上必然是引导、促进和实施双方的互通互动。他们有条件总结学校教育实践中的成功经验和失败教训,为纯粹的教育理论研究提供必要的经验性资源,更有责任把纯粹的教育理论转化到教育实践之中,这里的转化正是我们的教育工学所关注的、将由教育工程师所承担的教育应用开发工作。作者曾基于教育工学的原理,阐释了教育工程师的基本职能:(1)对教育理论进行操作性的解读;(2)在教育理论的影响下进行应用性开发;(3)对自己所做的应用开发进行操作建议;(4)对教育实践中的优秀经验进行初步加工和处理,为教育理论工作者提供"理论原型"。[①] 现在看来,我们的理论设想和实践领域的变化不期而遇。

二、教育工程师的职业化

也许已经存在的教研员真的会逐渐转型为职业的教育工程师,当然,这只是一种预测,一种职业的形成是取决于许多因素的。教育工程师能否成为一种职业,职业的教育工程师是什么样的人,教育工程师的职业化会产生何种社会效果,这是我们讨论教育工程师职业化最为关键的几个问题。为了弄清这些问题,我们需要先对人们对职业的认识进行思维的整理,获得关于职业的一般知识,这是讨论具体职业问题的逻辑前提。在此基础上,以上涉及教育工程师职业化的几个问题也许会迎刃而解。

---

① 刘庆昌:《教育工学与教学研究新的使命》,《当代教育与文化》,2010年第5期。

(一) 关于职业的一般认识

感觉意义上的职业就是许多人所从事的一种行业。比如有人问我是从事什么职业的，我会说是从事教师职业的，当我作这样的回答时，实际上是告诉对方我属于被称为教师的这样一个群体。如果要深究职业问题，那就需要走进社会学。在学术意义上，职业是一个劳动社会学问题。劳动社会学研究者告诉我们，职业是劳动分工的结果，是随社会分工而出现的、人们赖以生存的不同工作方式。我比较欣赏美国社会学家阿瑟·塞尔兹的观点，他认为"职业是一个人所从事的为了个人收入不断取得而连续从事的具有市场价值的特殊活动"。[1] 从塞尔兹的界定中，我能清晰地意识到，职业是关乎个人生计和社会需要的，这两者可以说是一种职业形成的要件。进一步讲，社会的需要是第一位的，在没有社会需要的条件下，个人所具有的任何能力要么处于潜在状态，显在的也仅仅具有自我享用价值。而且，社会的需要也是未来市场的引信，这和恩格斯所说的"社会一旦有技术上的需要，这种需要就会比十所大学更能把科学推向前进"[2] 的道理是一样的。具体的社会需要本质上是社会生活对具体功能的需求，当人们意识到这种需求时，他们所需求的具体功能还处于短缺状态，而这种短缺通常会制约人们的生产和生活质量。更有趣的是当人们意识到对具体功能需求的时候，与那种功能相对应的人的潜能会被激发，非系统存在的功能要素也会被高效率地组织，一种职业在此基础上就会逐渐形成。

有研究者对职业的本质属性进行了归纳，可以帮助我们更为深入地理解职业这一社会现象。研究者把职业的属性归结为以下方面[3]，我们借助其要目稍作阐释。

(1) 社会性：任何一种职业都不可能孤立地存在，一定是社会系统的有

---

[1] 转引自胡鸿杰：《中国档案职业的形成与确立》，《档案学通讯》，2006年第1期。
[2] 马克思，恩格斯：《马克思恩格斯选集》（第一卷），人民出版社，1995年版，第732页。
[3] 胡鸿杰：《中国档案职业的形成与确立》，《档案学通讯》，2006年第1期。

机构成要素，这一点根底上是由劳动分工这一基本前提决定的。职业既然是劳动社会分工的结果，自然就是来自于整体的相对独立的部分，它与同样从社会劳动整体中分离出来的其他职业当然具有相互的依存性。职业之间相互依存的机制是功能的交换以及把各自的功能组合起来满足人的整体需要。所以，从业者个人或许并不多想，他们实际上制造着远远超出个人需要的产品，从而使自己的职业劳动具有了社会性质。

（2）目的性：这应是人类一切有意义活动的共性。职业的目的性体现为通过承载特殊的功能，满足社会的特殊需要。正是通过这一目的的实现，职业才能显现出自身独特的价值。职业的功能是因社会需要而产生的功能，职业系统需要专注于社会分配的功能制造，以强化和突出自身的存在。

（3）技术性：这是说任何职业都天然地具有技术的内涵。由此想到"职业技术教育"一词所显示的职业与技术的联系，进而想到职业教育只能是指向某一具体职业的技术教育。职业的技术性最为核心的是基于一定知识和技术的职业思维方式，其中的知识和技术是常识的还是专业的，决定着具体职业思维方式的成熟程度。但无论职业处于怎样的成熟程度，知识与技术总是存在的，区别仅在于成熟程度不同的职业或一种职业成熟程度不同的阶段，其知识、技术进而思维方式的专业化程度有所不同。

（4）稳定性：一种职业应具有相当长的生命周期。较长的生命周期可以折射出社会对一种职业特殊功能的需要是深刻而持久的，短时的需求无法保证职业的稳定，也无法促成服务于职业发展的内部机制和外部生态。昙花一现的专门性工作在技术更新速度很快的时代并不少见，因其难以持久，往往未成职业便告终结，恰说明稳定性是职业的基本属性。

（5）群体性："凡是从业人员达不到一定数量的社会活动，都不能称其为职业。"[①] 从业人员少，说明一种社会活动所创造的特殊功能，可能并非人们普遍的需要，也可能并非人们的急切需要，无论属于哪一种情况，这种社会活动都无法成为现实的职业。

---

① 胡鸿杰：《中国档案职业的形成与确立》，《档案学通讯》，2006年第1期。

获得了对职业的一般认识，反观我们的教育工程师，它可能成为一种职业吗？如果可能，在什么条件下，就可以成为一种职业？这都是我们讨论教育工程师职业化无法回避的问题。

(二) 教育工程师成为一种职业的可能性分析

实事求是地讲，我期望职业的教育工程师的出现，我的期望自然与我对教育工学的探索有直接的关系，但这种关系主要是主观逻辑的结果。若追究期望的终极价值，是想让教育理论家可以心安理得地做理论研究而不背负脱离实际的内疚，还想让学校一线的教育者可以接受真正专业的和操作性的指导。无论如何，教育工程师的职业化在当下仍然是包括我在内的少数人的愿望。即便在理论世界中设想职业化的教育工程师，仅仅依据主观愿望也是不充分的，因而，基于对职业的一般认识，我们有必要郑重地探讨教育工程师成为一种职业的可能性。如果在理论上是可能的，那么，我们就不能只是把教育工程师看作一个新颖的概念，[①] 而是要对它的历史性出现充满期待。我的直觉是：教育工程师是能够职业化的，原因是教育系统对教育工程师有内在的需求，同时，教育理论的发展和客观上已经发生的教育工学实践可以保证教育工程师从概念走向现实。

1. 教育实践发展需要教育工程师

由于教育工程师这一概念仍困居于理论领域，所以不会有任何教育实践者能说出教育工程师，但我们可以从他们对教育专家的渴望和失望的情感交织中发现他们究竟需要什么样的教育专家。众所周知，伴随着国家的改革、开放，教育系统逐渐恢复了教育理性，为了提高教育质量，以学校为基本单

---

① 实际上也算不上多么新颖，一则查特斯在1945年的著述中已经在使用"教育工程师"的概念，二则即使在我国，二十世纪六十年代，在水利电力部举办的发电厂现场培训研究班上，就提出了意指"培训专责人"的"教育工程师"概念，在《教育工程师（培训专责人）职责条例》（草案）中规定，"教育工程师（培训专责人）在总工程师的直接领导下，负责全厂（局）生产人员的技术培训工作"。参见《教育工程师（培训专责人）职责条例》（草案），《水利与电力》，1963年第14期。

位的教育系统从20世纪八十年代开始就有了运用教育理论的动机。虽然未成普遍，但毕竟有一些学校开始寻求"教育专家"的帮助，我相信在那一时期专家这一称谓在一线学校教育者的心里是很神圣的。即使学校领域甚至自己的学校可能就存在着缄默的专家，学校教育者也会认为教育专家是工作在大学或研究机构的教育研究者。根据我的观察，那时的"教育专家"无疑更为纯粹，具有为教育实践服务的热情，但他们给予学校教育者的建议，其基调是原则性的，也就是阐述种种教育的道理。由于那些教育的道理对于学校教育者来说，虽不系统，却不陌生，使得他们感觉到专家的建议对于自己的实践来说属于隔靴搔痒，渐渐地也就对专家失去了兴趣。

但值得注意的是，一些重视操作的教育研究者所做的更具有科学甚至工程色彩的研究也在八十年代产生，比较具有代表性的有查有梁、黎世法等。

查有梁毕业于大学物理学专业，也从事过物理学研究，这样的知识背景使他在思考教育问题的时候很自然地相异于当时国内主流的教育研究路线。他成功地把控制论、信息论、系统论引入教育科学研究，在当时对教育研究颇有启示。而他最为重要的工作在于把源于数学、物理学领域的建模方法引入教育系统，用建模的方法解决问题，并于1993年和1998年先后出版了《教育模式》和《教育建模》两种专著，这可以说是工程思维在国内教育研究中的较早体现。查有梁的工程思维在新时期也持续体现，曾借用航天学的词汇"软着陆"对新课程改革进行了相关评论。应该说他的理论研究主要在教育理论研究领域发挥了影响，学校教育实践者并不关心，但他"把'理论'和'模式'的内容融入到教学经验的介绍中"，[①] 在教师培训中很受欢迎。这一现象一定程度上也反映了一线教育者对专家选择的方向。

黎世法是具有强烈工程倾向和操作天赋的教育研究者，也许他的研究所内含的教育思想并无创新，但带来的实践效益在当代中国教育改革过程中是可圈可点的。我注意到，黎世法从1979年开始就思考这样一个问题，即怎样从中国实际出发，又从人类社会生产力和科学技术发展出发，以及从教学实

---

① 张瑞芳：《查有梁访谈录：十年磨一剑》，《中国教师》，2009年第9期。

践和发展规律出发来研究改革。研究的出发点注定了黎世法的教育研究不会是思辨式的理论研究，而是运用教育和心理科学理论解决实际的教育、教学问题。随着研究的成熟，黎世法明确主张"适合学生的教育才是优质教育"，在这一理念的支配下，确立和逐渐完善了自己的"异步教学法"，并进一步上升为"异步教育学"。黎世法也被教育界的许多人尊称为"黎氏法"，人们关心的是他的"法"而非他的"道"，这既说明他的创造集中在"法"上，也说明教育实践工作者关心的是"法"而非"道"。教育之道的追寻是重要的，而教育之法的追寻则是实践者需要的。黎世法的成功在我看来应是适应了教育实践者的需要。值得提及的是，黎世法曾在湖北大学建立异步教学研究和推广中心，我们可以窥见其意图不仅在于研究，还要自觉推广，几乎就是一个典型的教育工程师。更值得提及的是武汉和康异步教学开发有限公司依托湖北大学异步教学研究和推广中心而成立，以适应国家基础教育改革和发展的需要，可谓教育研究从思想到方法到市场的教育工程运作典范。我想到了一种教学方法推广过程中的"推广顾问"，他们可能就是在体制外、市场中存在的第一批教育工程师。

我们知道，2001年以来的新课程改革把中国基础教育带进了一个新的阶段，我判断这一轮改革的最大意义在于激发了广大一线教育者对新教育的热情，同时客观上启蒙了他们的教育理性。十多年来，一线教育者和教育研究者进行了从未有过的广泛和深刻的接触，"教育专家"不再神秘，加之教育理论借助各种媒体得以广泛传播，传统意义上的、只能讲教育之道的教育专家恐怕只能专心于自己的高深学术了。然而，实践领域又需要专家的参与，必然的结局就是一种不同于传统理论专家的教育工程师的产生。为了说明教育工程师的产生，我们可以假设学校教育者具有运用教育理论解决教育实际问题的积极愿望，由于他们对教育理论不能做深入的分析处理，只好求助于教育理论专家，可是他们发现教育理论专家虽然博学深思却与自己少有共同语言，这时候，他们要么放弃运用教育理论解决问题的意图，要么不想放弃，只好寻找既通晓理论又能帮助他们解决问题的人。他们要寻找的这种人不正是目前尚未成为职业的教育工程师吗？

2. 教育理论和已有的教育工学实践为教育工程师的产生创造了条件

教育工程师的确还没有成为一种职业甚至还没有出现一批有实无名的个人，但在未来的确是可以出现的，教育理论和已有的教育工学实践已经为教育工程师的产生创造了良好的条件。若说有什么不充分，恐怕主要是教育实践发展对教育工程师的需要转化成为一个消费市场目前还有些难度。我们依次加以分析。

首先，教育理论的发展为教育工程师的职业化奠定了知识和技术基础。笼统地说教育理论发展是没有意义的，对于教育工程师的职业化来说，最强有力的支撑理论莫过于基本成熟的教学设计理论及其所依托的教育技术学。我们正在进行的教育工学探索也是在为教育工程师的职业化进行理论的准备。我们当然也注意到，已有的相关理论探索，究其动机而言，并不指向职业的教育工程师，客观上只是能让学校教育者在传统教育、教学能力之外再具有教育工程师的能力，从而使他们实际上在传统的角色之外再承担了教育工程师的角色。但可以肯定的是，当教育工程师出现的时候，那些理论一定是现成的理性支撑。除了作为职业的教育工程师的理性支撑，已有的相关理论还在无形中制造着人们对教育工程师的需求。要知道社会的许多需求其实是人为制造的而非自然发生的。人性的弱点使得人的活动除非有外在的挑战和压迫否则很难主动改变。如果我们被动地等待教育实践对职业的教育工程师的强烈需求，那将是一个无法预估的漫长过程。教育理论在一定意义上需要承担、实际上也已经承担了向既有的教育实践挑战的角色。就说依托于教育技术学的教学设计理论和我们的教育工学，在揭示教育工程活动的同时，实际上也在呼唤承担这种活动的主体——教育工程师。

其次，已有的教育工学实践证明了教育工程师的职业化具有现实的合理性。已有的教育工学实践主要有以下三种情形：（1）学校教师运用教育理论解决教育问题的实践。学校里总有一些受事业心推动而借助教育理论改善自己教育实践状况的教师，他们对发生在自己课堂或课外教学活动中的问题不会轻易放过，除了学习同行的经验，也会自觉地运用教育理论解决。从某种意义上讲，如果学校教师均有此心性，且具有这种能力，职业的教育工程师就没有必要存在。但现实是这样的教师少而又少，于是，他们的做法一方面直接改善了自己的教育、教学，同时造就了自己教育工程师的本领，另一方面则为可能出现的职业的教育工程师提供了实践智慧的借鉴。（2）学校领导运用教育理论改革学校教育的实践。也总有一些学校的校长具有教育改革家的精神、情怀，自觉地进行学校教育的整体改革。这样的校长通常对教育发展的趋势有特殊的敏感，并具有选择教育理论的卓越眼光，还具有超乎寻常的推行力，一旦他们确定了学校发展的方向，就开始了教育工程师的系列工作。他们是学校新教育的总设计师，校长的角色使他们同时也是改革方案的推行者，为了实现方案，他们建立制度、组织人力，对教师和其他参与者进行动员和培训，整个学校的运行在改革之中摆脱了常规管理而成为一种工程活动。如此的实践同样地既改造了学校、造就了自己，也为未来职业的教育工程师提供了实践的智慧。（3）教育研究者在一定的教育理论指导下进行的教育应用开发和推广实践。前文提及的黎世法教授就是这方面的典型。此类教育研究者通常具有改造现实的追求，大多喜好操作和行动，理论知识的优势加上操作和行动的兴趣，使他们最容易从纯粹的研究者转化为运用教育理论解决实际教育问题的教育工程师。以上三种主体，教师、校长和教育研究者，都是体制内的工作者，即使他们出色地运用理论改善了自己的课堂、改造了自己的学校、实现了自己的理论，也没有人把他们叫做教育工程师，而实际上在三种主体那里都有教育工程师的影子，这一方面表明他们均有教育工程师的能力，另一方面则表明需要由教育工程师承担的功能客观上是存在的。以此来看，教育工程师最终的职业化关键就在于当下由体制内不同工作者承担的功能有没有必要独立出来交给教育工程师。答案很简单：有必要。原因也很简单：具有教育工程师能力和情怀的教师、校长和教育研究者是极为少数的人。

  最后说教育工程师的需求市场。即使从逻辑上能够证明教育工程师可以职业化，也不意味着它自然成为现实。不能忘却职业既关乎社会需要，也关乎从业者的个人生计。由此而来的问题是，教育工程师的市场如何形成呢？

  若照自然的规律，教育工程师需求市场的形成应该是如下的过程：（1）学校存在着超越经验范围的问题，必须寻求理论的介入，有一个（或很少一些）具有教育工程师能力的人发现了学校的需求（当然也可以是学校先发现具有教育工程师能力的人，同时想到了自身存在的问题），然后两者形成了合作关系；（2）两者合作是有效的，因此得以持续，逐渐形成了示范效应；（3）其他有问题需要解决的学校也向一个（或很少一些）具有教育工程师能力的人发出邀请；（4）由于具有教育工程师能力的人很少，学校之间为了争取这些少数人可能发生价格大战，这样的少数人可谓一将难求；（5）看到了这种现象，更多的人开始努力使自己成为具有教育工程师能力的人；（6）先行消费的示范作用和逐渐扩大的学校与具有教育工程师能力的人的互动，最终促成了教育工程师的市场。以上阐述是剥离了社会情境的纯粹主观运演，逻辑上顺理成章，在现实中并没有这样顺遂。

在我们的运演中至少潜存着两种不可靠的乐观，其一是对学校系统自觉、主动性的乐观；其二是对学校和具有教育工程师能力的人两者合作顺利程度的乐观。近年来，学校与教育专家的联系的确越来越频繁，但深入观察就会发现只有极少数的学校与教育专家之间形成了深层互动，这种情形一般发生在教育专家主导的教育试验之中，大多数与教育专家有联系的学校对他们的使用基本上局限在教师培训的范围，专家工作的方式主要是讲座。而且，在学校组织的教师培训中，高水平的教育专家通常承担通识讲授的职能，学校更为重视的、教师更为欢迎的则是各个学科的教学专家。还有更多的学校是不组织教师培训的，这些学校的教育、教学整体上还处于比较粗放的状态。在此，我们还是不得不谈及基础教育学校的应试倾向，这种积重难返的错误倾向，使得任何内含更高教育文明和智慧的思想和方法在应试面前都自惭形秽。可见，现实中学校对教育工程师的自觉、主动需求绝对不是一件容易的事情。那与学校相对应的具有教育工程师能力的人又是怎样的情形呢？应该说，除了少数坚定的以教育改革为己任的教育专家之外，其他教育专家，即使具有教育工程师的能力，也和其他知识分子一样处于被动状态。中国知识分子历来羞于推销自己，这在我们的文化中并非缺陷而是美德，但此种美德客观上的确限制了学校系统对教育专家及其成果的正确、深入认知。可以说，基于两种不可靠的乐观，我们关于教育工程师市场形成的阐述只是一种空想。

要变空想为理想进而变理想为现实,就需要设法让那两种乐观变得可靠,但这无疑是一个难题。

我们能够改变基础教育学校的应试倾向吗?只有一种情况下,应试倾向无法改变,那就是应试属于学校教育的基因,但事实上应试只是特殊历史阶段和文化背景下的教育赘生物。尽管中国学校教育自隋代有科举制度之后逐渐成为科举的附庸,但并不能把当代中国学校教育的应试倾向简单地归咎于科举制度的影响,毕竟当代中国学校教育根本上不是某种选官制度的附属物。站在国家的立场上,从无鼓励学校教育应试的指令或暗示,现实的问题只是教育行政机构对学校教育应试的放任。教育行政机构之所以能够持续放任应试,显然是错误的政绩观和教育督导不力的结果。相对而言,历史形成的中国行政引导和推动力量远远大于行政机构的放任力量,因而问题的症结可能在于整个教育系统对教育事业神圣的轻视甚而无视。我曾听过一位省教育厅长在正式的会议上讲一个道理:大学招生名额在一省之内是一个定额,学校不去应试,招生名额也不会减少。听到这样的道理,与会者多一笑而过,原因是为了自身的利益,一省之内的各个地区必然会借助应试争取定额中的更大比例,而这种看似乖张的争取行为不仅会受到当地政府的鼓励,也具有深厚的群众基础。由此看来,那位教育厅长的道理是不切实际的浪漫。教育厅长的确无力改变教育的社会生态,但他有能力更有责任加大教育督导的力度,这恐怕也是教育系统唯一能做到的,同时也是最为有效地解决问题的切入点。

我们能够改变知识分子羞于推销自己的品格吗?我想即使有途径可以借助,也不应该有这样的与民族文化品格相违的举动。放眼世界,何止中国的知识分子羞于推销自己!还要注意到一种情况,即知识分子不是羞于推销自己,也可能对推销自己缺乏兴趣。查特斯在《是否存在教育工程学领域》一文中说过,"教育思想家并不总是对实现他们的观点感兴趣。他认为如果他出售自己的思想,别人会将其转化为实践。"[①] 不必指责教育思想家的迂腐与清

---

① Charters W. W, Is There a Field of Educational Engineering? Educational Research Bulletin, Vol. 24, No. 2 (Feb. 14, 1945), pp. 29—56.

高，任何岗位的工作者都会在职业生活过程中形成自己的角色意识，这种对职业角色的固守，恰恰是社会劳动进一步精细分工的基础。世上本没有全能的人，而在行业工作越来越复杂和专业的当代，谁有理由要求一人身兼多职、身具多能？所以，问题已经不是我们能否改变知识分子的某种品格，而是对具备新功能的知识分子的寻求。

归根到底，教育工程师的职业化只能是教育实践内部继续分工的结果，而进一步的分工除了等候外在的需求外，理论的和行政的引导也是非常重要的。其中，理论的引导在初期与学校教育实践系统还可能是一种对立。尤其是那些基于现实批判、追求理想教育的理论探索，其成果所标示的方向和路径与现实的教育往往是高下分明甚至是水火不容的，客观上形成了对学校教育实践传统的挑战。可惜的是理论对实践如此的挑战通常没有来自实践的回馈，以致光辉的思想、有效的方法被束之高阁，而现实的教育却持续地充满着问题。打破这一僵局的一般是教育改革家，他们可以不创造理论，也可以不实际操作教育，他们的卓越在于能对教育理论所包含的价值做出明智的判断，并能够唤起普通教育者自我超越的热情。需要清楚一点，即市场在高速发展的社会是可以人为制造的。想一想营销的智慧为什么在当代能让投资人趋之若鹜，就是因为营销可以导致原先没有或处于萎靡状态的市场产生或复活。未来进入教育工程师行列的人们，一定要从教育工程实践中有利可图，这并不是上不了台面的利己主义动机，职业的内涵本就既关乎社会需要又关乎个人生存。有研究者就明确指出，职业是"个人所从事的具有特定内容和方式的，并作为主要生活来源的具体工作"。[①] 在教育工程师市场的制造上，教育理论家的任务是勾画出教育工程师的职业图景，教育行政机构则要发挥自身控制全局的力量，引导学校教育系统的需求，并有机制地促进学校教育系统与未来的教育工程师群体的结合。如是，教育工程师的职业化才能够最高效率地变为现实，整个教育才能尽快地走进新的历史阶段。

---

① 冯桂林、张元：《现代职业分类概论》，（香港）现代知识出版社，2002年版，第22页。

（三）职业的教育工程师：意识、能力、风范

关于教育工程师，我们已经做了很多的论说，但提供的核心信息不过是"运用教育理论解决教育实际问题"，这大概就是我惯常的思维风格。我事实上预设了教育工程师的模糊形象，并把它作为思维的单位来讨论与它相关的问题。当围绕着它的许多问题有了答案，它的形象也就呼之欲出了。我们心里知道应该有教育工程师出现，而且是作为一个职业出现，但他们究竟是怎样的人，由于现实中并没有一个样本，仍然需要我们进行理论建构。这样的建构很像是一个未来之物的结构图和效果图，建构的结果既有利于人们更加深入地认知，也能一定程度上激起人们的渴望。粗略地讲，职业的教育工程师是处在教育理论和教育实践之间的一种中介人物。他们不是教育理论家（当然也可以是），所以不以教育理论创造为职业的目的，他们也不是教育现场的教育实践者，所以不以具体受教育者的积极变化为职业的目的。然而，有了他们职业化的存在，教育理论家不必（当然也可以）为自己理论的实在化而花费心思，更重要的是他们不需要再为自己纯粹的理论工作而在实践者面前感到内疚；有了他们职业化的存在，一线的学校教育实践者也不必（当然也可以）为自己吃不透教育理论而感到忧心，更重要的是当他们遇到现实的问题时可以寻找到能实际解决问题的专家。如上说明的，既可以说是关于教育工程师功能的，也可以说是关于教育工程师社会效果的。现在我们对教育工程师的形象进行理论建构，基本的思路就是寻找和建立能够具备特定功能、能够产生特定效果的教育工程师的素质结构。我以为教育工程师的素质结构应包含基本的三种要素，即职业意识（立场、观点、思维方式）、职业能力（种类）和职业风范。

1. 职业意识

职业意识显示着职业的自觉，一个人的职业意识越强，其职业的自觉程度就越高，同时他对所从事职业的认同程度也越高，因此，职业教育理应合理重视从业人员的职业意识培养，但现实的职业教育在这一方面用力较少。这样说自然也不全面，应该说系统的职业意识教育基本上不存在，但可以归

属到职业意识教育范围的作为并非空白。什么是职业意识呢？到目前为止，重要的辞书尚无这一词条，但人们在各种文献中已经形成了关于职业意识的一般观念。通常认为，职业意识是人们对职业劳动的认识、评价、情感和态度等心理成分的综合反映，是支配和调控全部职业行为和职业活动的调节器，是职业道德、职业操守、职业行为等职业要素的总和。① 这个解释看起来有点"包罗万象"，虽然其中包含着对职业意识的清晰认知，却同时给人以杂乱的感觉。在我看来，职业意识的核心是从业者对所从事职业性质的认知和认同，至于职业道德、职业操守等外铄的因素，虽然也会在人的"意识"中，但不宜并入职业意识的范畴。进一步讲，职业意识不是意识中的职业，而是职业人员在职业生活中逐渐形成的、具有约定俗成性质的、能够强化职业功能的立场、观点和思维方式。换言之，职业立场、职业观点和职业思维方式共同构成职业意识。

立场是职业本位心理的自然结果，也是最能标志职业性质的观念。在这里，我们需要摆脱把立场视为"认识和处理问题时所处的地位和所抱的态度"的朴素认识，靠近当代学术语境中的立场概念。当然，若想找到不同于"地位与态度"的立场概念界定并不容易，但从一些研究者的不经意表达中，还是可以捕捉到立场在当代学术语境中的基本内涵。比如有研究者思考教育学的学科立场时说到，"正如每个人都有自己的人生观一样，每个教育学研究者都有自己教育学研究的内在追求和价值取向，也就是说都有自己的学科立场"。② 很显然，立场在这里指的是一种"内在的追求和价值取向"，对此我表示认同。那么，教育工程师的职业立场，也就是他们内在的职业追求和职业价值取向。说白了，教育工程师的职业立场就是他们自觉意识到的自己干什么和为什么干的内容。根据我们教育工学的思考，教育工程师是运用教育及相关理论解决教育问题的人，是对教育理论进行应用性开发从而把理论转化到实践中去的人。因而，教育工程师的职业立场就表现为他们对教育实践专

---

① 百度百科：职业意识。
② 徐继存：《教育学的学科立场——教育学知识的社会学考察》，北京师范大学出版社，2014年版，第54页。

业化和教育理论实在化的内在追求，这一追求的心理基础是他们对教育理论实践价值的肯定和自认为能把理论转化到实践中去的乐观。对教育理论没有价值肯定的人会相信经验的作用，自然不会去做教育工程师；相信教育理论的作用却缺乏把理论转化到实践中去的能力的人则不敢去做教育工程师。所以，相信教育理论的实践价值，并相信教育理论可以有效地转化到实践中去，这就是教育工程师应有的职业立场。

观点是指直接支持教育工程师职业行为的基本专业认识，是教育工程师作为专家的核心知识。这里的知识毋容置疑地就是教育工学的知识，这里的基本专业认识毋容置疑地就是在融汇教育工学知识之后形成的基本思想。就知识而言，主要包括关于"工程视野中的教育活动"的、关于"教育活动中的工程行为"和关于"教育理论向教育实践的工学转化"的知识。在这些具体教育工学知识的基础上，形成以下基本判断：

（1）工程虽然首先发生在物质制造领域，但工程不是简单的造物。即使把工程理解为造物，所造之物也不仅指物质产品，还指精神产品、社会体制、制度模式等。有研究者认为，"工程是作为有价值取向的主体，为了满足其特定需要，以一定经验知识或科学理论为基础，以一定技艺或技术为手段，以一定程序或规则为运作机制变革现实的对象化活动及其成果"[1]，给我们的启示是，任何职业劳动（包括教育）在走向专业化的道路上迟早会意识到自己的劳动不知不觉中已是工程。这位研究者还在生存论的意义上认为工程是人以"栖居"为旨归的"筑居"，是人筹划着去存在的能在的生存方式，则把工程上升到人存在的依据了。这一认识对我们把握越来越专业化的教育实践活动是不是也有启示意义呢？

（2）教育虽然是具有较强人文性的实践活动，但现实的工作任务使其不可能完全温情脉脉。应该认识到，当教育者真正具有教育情怀和人文精神后，存在于教育活动中的任何工程和技术的实践都会失去它形式上的生硬和机械。教育活动中的设计、制（塑）造、控制是客观存在的，类似导入、表达、组

---

[1] 张秀华：《工程的生存论阐释》，《光明日报》，2011年11月15日，第11版。

织等教学的技巧也是客观存在的，此类存在并无害于教育的本质。相反的，正是基于此类存在，教育、教学艺术才不至于虚无。要知道任何门类的艺术创造都无法与技艺分离，艺术之所以是艺术，关键在于创造主体能以自己的高深的素养让技艺在艺术活动及其结果中无有痕迹。

（3）只要寻找到合适的方式和路径，教育理论是可以转化到实践中去的。人类的教育之思并非始于思辨，即使存在着后来的悟道之思辨，也还是把行动的改善作为思考的旨归。既如此，我们不应怀疑任何种类的教育理论存在的价值，而应寻求每一种类的教育理论与教育实践的联系，积极探寻把教育理论转化到实践中去的方式和路径。过去，我们缺乏工程的立场，以致关于教育理论和实践关系的探讨主要局限在哲学的范围，现在，有教育工学的指导，我们到了该用工程的思维方式理顺教育理论与教育实践关系的时候了。

教育工程师的思维方式与其他工程师共享工程思维方式，其特殊性仅在于工程思维在教育活动中运用时因以教育为内容，会显示出一定的弹性，就其本质而言还是一般意义上的工程思维。工程思维是与工程活动紧密相连的，所以，工程思维的个性也就是工程的个性。在动词的意义上，工程，简言之是造物，进一步说，是人设计并制造能满足自身需要之物的过程。从这个意义上讲，整个教育就是一项特殊的工程。工程思维就是在工程活动中形成的具有鲜明个性的做事的而非求知的思维。许多研究者喜欢比较科学思维、技术思维和工程思维，要我说，科学的求真、技术的求巧、工程的求实，决定了科学思维、技术思维和工程思维分别是以真、巧、实为内在追求和价值取向的思维。

工程思维的求实首先表现为这种思维的极强的目的性、价值性、科学性和具体性。照常理，有意识的人类活动均有明确的目的性，但工程活动以设计和制造满足自身需要之物为灵魂，运行在其中的思维会被设计的蓝图牢牢吸引，以致工程思维不会随主体主观而游弋。由于工程中所设计和制造的为所需之物，一切额外的干扰都是工程主体所排斥的，工程思维也因此天然具有直指价值和排除干扰的品性。工程思维以科学思维为基础，两者共同遵循纯粹理性逻辑，不同的是科学因求真知，科学思维无价值立场，而工程因求实，工程思维自然接受规律性和目的性的双边约束，在特殊的条件下，工程主体可以放弃规律但不会放弃价值，足见工程思维的价值强度。也是由于工程活动的求实，工程思维具有时空上的具体性，所想均能通向所做，截然不同于以寻找未知为旨归的科学思维。

其次，工程思维的求实还表现为"目的—手段—结果"的简明结构。这是一个做事的结构、一个行动的结构，似与一切行动的结构并无二致，但要知道工程活动中的目的是明确的，是活动之前设计好的，始终以观念的形式存在于活动主体的头脑之中。或者说，工程活动是一个观念实体变为现实实体的过程，可以想象，这种活动情境中的人的思维会做怎样的运演。活动主体也可能有预设的观念实体，但基本上可以忽略不计，他们思维的焦点几乎全部在把目的化为结果的手段之上。正因此，工程与技术、工程思维与技术思维是最容易交织在一起的。工程的目的性、价值性和技术的效率追求在实践活动中常常一拍即合。工程哲学把工程看作是改造世界的活动，切中了要害。回看我们的教育工程师，论其位置，在教育理论和实践的中间，论其功能，是教育理论走向实践的中介，若要论其终极理想，正是要改善教育的现实。欲承担如此的职能，教育工程师的确需要熟惯于工程思维的方式。

2. 职业能力

职业意识是职业行为的心理保障，但职业行为的完成还需要具体职业所要求的种种能力。职业的教育工程师需要具备哪些能力呢？这取决于职业的教育工程师需要做哪些工作，不同的工作对主体的能力有不同的需求。还有一个问题是，教育工程师究竟是一个全能的个体还是一个具有部分能力的个体？这个问题之于尚未出现的教育工程师职业提出得好像有点早，但这是迟早要面对的问题，因为物质工程领域的具体行业工程师已经成为一个个分担部分职能的个体了。我国目前对工程师尚无权威机构的分类，所以对工程师的命名比较杂乱，为此有研究者通过综合分析，把我国工程师划分为四种类型，分别为：服务工程师（Service Engineer）、生产工程师（Produce Engineer）、设计工程师（Design Engineer）和研发工程师（Research & Develop

Engineer)。[①] 这样的分类对于教育工程师的能力探讨并无直接的借鉴意义，但可以让我们意识到教育工程师所做的工作不会是单个性质的，而是多种性质的复合。教育活动的现实以及可见的未来状态，不可能像物质工程领域那样可以把整体工作流程分割为相对独立的部分，这就使勾连教育理论和教育实践的教育工程师也不可能有更具体的分割。具体而言，由于教育工程师的工作与现场的教育者的教育活动并非平行、共时存在，因而也就不会存在与教育活动流程一一对应的职能划分。尽管在理论上可以分别存在服务于教育理论和实践双边的教育设计工程师、教育制造工程师、教育控制工程师以及理论转化工程师，但在现实意义上设计、制造、控制和转化，在相当长的时期内是要由单个个体承担的。而且，教育作为精神生产的整体性决定了更为精细的、与教育活动流程一一对应的工程工作划分并不见得有利于教育。因此，我们讨论教育工程师的职业能力应该立足于单个教育工程师的能力结构。也就是说，一个职业的教育工程师需要具备的是一个由各种具体能力有机构成的职业能力结构，对它的探讨，既要涉及具体的能力要素，还要涉及各个能力要素之间的联系方式。根据我们已有的教育工学思考，教育工程师在教育理论和教育实践双边及之间需要有设计、制（塑）造指导、监控、对理论的操作转化等基本作为，与此对应的能力即为教育设计能力、教育制（塑）造和指导能力、教育活动监控能力和对教育理论进行操作转化的能力。

（1）教育设计能力

教育现场的教育者的设计是针对具体教育任务和内容的设计，他们设计的结果就是可以立即投入实施的工作方案，此种设计具有工程属性，因而教育者自己即是身兼工程师和教育者两种职能的人。职业的教育工程师所做的教育设计是在教育现场之外的，他们设计的结果一般是具有一定抽象性的、较为普适的教育工作模式。即使他们就具体的教育任务和内容进行设计，因无涉具体的学生和教育活动生态，也无法立即投入实施。尽管如此，现场的教育者和职业的教育工程师在设计中所发挥的设计能力本质上是一回事。针

---

① 林健：《工程师的分类与工程人才的培养》，《清华大学教育研究》，2010年第1期。

对实践活动的设计，是一种筹划、策划，操作上是要构架一个结构和流程。因而，教育设计的能力在表层上可以说是构架结构和流程的能力，深入下去，就会发现结构的构架和流程的构架是有区别的。构架结构，是把具体的教育任务和内容与人的行为在空间上进行合理的思维整合；构架流程，则是设想空间意义上整合出的结构在时间的维度如何展开。究其本质，教育设计能力是内在的思维运演能力，具体地讲，设计的过程中，内在的思维运演要外化为对教育活动科学认知其要素性能的能力、合理匹配其活动要素的能力，以及协调其目标和流程关系的能力。

（2）教育制（塑）造和指导能力

职业的教育工程师不实际进行教育制（塑）造活动，但实际实施制（塑）造活动的教育者需要他们在现场的指导。指导的对象是制（塑）造，指导的运行又不与制（塑）造同步，这就要求指导者具有审视制（塑）造全局的能力。审视全局，意味着审视教育制（塑）造的全方位和全流程，在其中的指导者需养成整体思维的习惯，同时需具备立足全局的判断和评论能力。指导是伴随着评论进行的。如果指导主要是关于教育制（塑）造方向与路径的，评论就是为具体的指导所做的全面和深刻的理性说明和论证。一旦进入教育的现场，教育工程师会发现教育者需要的不只是教育活动方向和路径上的指导，他们还需要更为细致的教育内容分析、教育活动组织甚至偶发事件处理等方面的建议，应该说这些方面也在教育制（塑）造的范围内。教育工程师如果无理由拒绝此类具体的指导，就需要在场外整体的把握能力之外形成现场操作的能力。可以设想教育工程师对教育者的现场指导如同训练运动员的体育教练，他们可以不是卓越的教育者，但必须掌握教育活动所涉行为的"技术要领"，否则，与以往擅长理论的教育专家就少有差异了。

（3）教育活动监控能力

到目前为止，由于教育工程师并不是一种独立的存在，人们谈及教育或教学监控能力时，仍然是以学校现场的教育者——教师为主体的。在这样的背景下，有研究者认为，"教学监控能力是指教师为了保证教学的成功，达到预期的教学目标，而在教学的全过程中，将教学活动本身作为意识的对象，不断地对其进行积极、主动地计划、检查、评价、反馈、控制和调节的能力，这种能力主要可分为三大方面：一是教师对自己教学活动的事先计划和安排；二是对自己实际教学活动进行有意识的监察、评价和反馈；三是对自己的教学活动进行调节、校正和有意识的自我控制"。[①] 也有研究者更为直接地认为，"教师的教育监控能力是教师能力结构中的核心成分，在结构上包括四个方面：教育前的计划与准备能力，教育中的反馈与评价能力，教育中的控制与调节能力，教育后的反思与校正能力"。[②] 我认为要求教师具备教育活动监控能力虽有难度却也不过分，但这种能力对于职业的教育工程师应该更为核心一些。如果说教师最好具有教育监控能力，那么职业的教育工程师则是必须具有。但因职业教育工程师并不承担教育的任务，所以他们的教育监控能力应有自己特定的内涵。

教师的教育监控能力是自我监控能力，教育工程师的监控能力则是对指导对象的监控能力。前者突出的是教师个人工作的高度计划性和强烈的反思性，可以让他们不只专注于教育、教学的对象和内容，还能对教学活动本身有清醒的意识；后者突出的是教育工程师对指导对象及其行为的高度敏感和合理认知，可以让他们实施的指导是切实的和到位的。现实中走进课堂的教学研究专家习惯于记录自己所观察到的教师和学生的行为以及整个课堂教学的状态，更关注教师和学生课堂表现的细节，然后在课后做认真、细致的评论和建议，通常这样的活动是非连续的，对于他们自己和教师来说，这只是自己职业生涯中的一小段故事，必将成为记忆的碎片，这显然不属于教育工程师要做的现场指导。当然，教育、教学活动的特殊性，使得任何现场指导也不能终止或打乱教师既定的工作计划，但这并不意味着身在教育现场的教育工程师对正在进行的教育、教学活动无所作为。要想有所作为，教育工程师就需要与教师进行必要的双方均可心领神会的交流，这便需要教育工程师

---

① 辛涛、林崇德、申继亮：《教师教学监控能力与其教育观念的关系研究》，《心理发展与教育》，1997年第2期。

② 解希静：《论教师的教育监控能力》，《牡丹江师范学院学报（哲学社会科学版）》，2003年第5期。

具有良好的现场教育监控能力。此处的教育监控不是管理性的,而是服务于现场指导的监控,它等于分担教师因各种原因不能到位进行的自我监控,也正是教师自我监控的不足才使得教育工程师的现场指导成为必要。教育工程师的教育监控自然离不开观察记录技术和方法的使用,不过,最要害的还是他们对发生在主观世界的理论理想和教育教学现场的信息互动结果的即兴判断和组织。这样的能力是内在的,只能是在教育理性支配下长期进行现场教育监控实践的结果。

(4)对教育理论的操作转化能力

在我们的教育工学思考中,把教育理论转化到实践中去是核心的教育工学活动,因而,对教育理论的操作转化能力无疑是教育工程师最为核心的职业能力。但这种能力或许更可以意会而难以言传。这应是教育实践中成熟的设计者、指导者、监控者为数不多却也不鲜见,但成熟的理论操作转化者极为鲜见的重要原因。我也曾试图把教育理论的操作转化程序化,具体研究了教学理念的操作转化,提出了一个程序性的原理:即先发现教学理念中的教学思维,再从教学思维中演绎出核心教学行为,最后分析核心教学行为对教师专业素质的要求。[①]看起来有一个程序,实际上每一个环节的实现都需要主体内在复杂的智慧品质,并不能让人循序而行。揭示出这样一个程序性原理,主要在于帮助人们对教育理论的操作转化有明确的理解,以便做定向的努力,同时也为人们提供了反思的依据。

与前三种能力相比较,对教育理论的操作转化能力具有一定的特殊性,主要体现在这种能力所对应的教育理论操作转化工作是可以独立存在的。我们甚至可以做出这样的预测,即在未来的教育工程师人群中,必将有一种专事教育理论向实践操作转化的,他们可以不在教育的现场,也就是可以不根据具体的教育对象和任务进行具体设计,可以不对教育现场的教育者进行教育指导和监控。在我看来,这样的人已经存在,他们的核心工作是以经验中的教育实践为背景,让具体的教育理论与个人经验中的教育实践在意识中互

---

① 刘庆昌:《广义教学论》,山西教育出版社,2011年版,第74—77页。

动，最终生产出具有理论理想和实践操作双重性质的产品，这种产品的主要形式是教育（学）模式和方法。对于教育工程师，我们一方面不能排斥教育现场的教育者必须具备这一侧面的素质，另一方面，更为重视孔德所把握的工程师内涵。审视整个教育系统，教育工程师的确更需要是站在严格字义上的教育理论家和现场教育者之间的、将教育理论和教育实际联系起来的人。也正是这个意义上的教育工程师才具有职业化的可能性和必要性。

3. 职业风范

处在教育理论家和实践者之间的教育工程师一定会有自己不同于其他两者的职业风范。什么是风范？我的理解是能够显现一主体本质内涵的外在言行特征。说某人有大家、君子、老者风范，就是说他的一言一行、举手投足都与我们概念中的大家、君子、老者相一致。基于此，所谓职业风范即是具体职业的从业者所表现出来的符合具体职业本质、精神的一系列特征。简单而言，一看某人的言行等表现就觉得他不愧是从事某种职业的人，这就说明此人具有特定职业的职业风范。如此说来，不同职业从业者的职业风范就内容来说是具有逻辑同构性的，不同的只是不同职业的职能所带来的不同内涵。操作意义上的职业风范，是具体从业者基于职业道德、职业使命和个性化职业实践的、能体现一种职业的本质和精神的外在社会形象。进而，教育工程师的职业风范会有也应有以下表现：

（1）理想主义的气质

人总会有理想，但是否有理想主义的气质则要另当别论。有理想主要是说一个人在具体境遇中总会有些超越现实的追求，而理想主义气质则是说一个人已经形成了超越现实的兴趣，以至总习惯于对超越现实的景象充满憧憬之情。对于理想主义者来说，即便他的憧憬难以甚至不能变为现实，也不会终止超越现实的冲动。柏拉图构建了一个理论的"理想国"，但他自己也十分理智地认为理想国只是一个样板，人们可以拿它做标准判断自己幸福或不幸，以及幸福或不幸的程度，他说："我们的目的并不是要表明这些样板能成为在现实上存在的东西。"① 柏拉图这样讲，虽然有他对彼岸世界的信仰，却也说明他是一个具有理想主义气质的人。教育工程师站在教育理论和教育实践之间，他们一方面对理论建构的理想教育充满着憧憬，另一方面对现实的教育充满着期待，但职业的性质决定了他们不会让教育理论俯就教育实践，相反的，他们会力图运用工程的思维在设计中把教育实践提升到理论的标准。看起来，教育工程师更像是倾向于技术性的中介人物，但教育的人文性质使得教育工程师不可能以物质领域的工程师形象出现。要素、程序、框架、模式之类的概念当然也是教育工程师思维的元素，但每一种教育工程思维元素中都无法摆脱人的和人性的影子，那么，他们用理想的方式构建理想教育的过程注定是一个理想主义的过程。这样的工作过程强化着教育工程师的理想主义气质，越是接近构建的完成，他们也会越具有改造现实的愿望。搁置具体的工作过程，审视作为个人的教育工程师，活在理想中、体现理想应是他们存在的状态。理想主义气质是人内心自由和浪漫的结果。正是自由的心性让教育工程师能够不受教育现实的束缚，同时也能够摆脱纯粹理论逻辑的规限。以此来看，教育工程师的理想主义气质是建立在务实的理性基础上的，他们是要超越现实的，但不会因超越而走向空想，阻止这一趋势的是他们所信任的存在于纯粹教育理论中的理想教育。或者可以现实地说，教育工程师的理想主义气质外在地表现为对教育的完美和精致的追求，而完美的和精致的标准是由他们信奉的教育理论提供的。

(2) 批判现实的倾向

我们说具有理想主义气质的教育工程师具有超越教育现实的兴趣，实际上已经暗含着他们对教育现实的批判。因为他们不是空想主义者，他们的观念中存在着自己信奉的教育理论，而教育理论作为一种标准，必然会成为他们判断教育现实的依据。工程的本质是制造，面对人文实践的工程制造，更确切地讲是一种改造。不用说，改造具有（至少是部分）否定对象的基因，实际上就是一种批判。我们会发现，有实践情怀的纯粹理论家同样会对现实

---

① 柏拉图著，郭斌和、张竹明译：《理想国》，商务印书馆，1986年版，第213页。

进行批判，但他们的批判说到底是一种理论的和思想的批判，最彻底的也不过是理性地反思了支撑实践的理论基础。相比较而言，教育工程师对教育现实的批判就不限于或者说不主要是理论的和思想的，而是会采取工程建构的方式，直接设计出可以替代教育现实实践模式的新的模式。这样的方式当然是更为彻底，也是比较感性的，它可以直接导致改造实践的行动。除了批判的方式，教育工程师对教育现实的批判也更具有针对性和更强烈。毕竟，教育工程工作过程虽然在实际的教育过程之外，却是瞄准实际教育过程中的问题的，一则目标明确，二则没有迂回，自然具有与现实教育过程冲突的更大可能。在与教育现实相对直接的互动中，教育工程师改造教育现实的愿望会格外真切。如果纯粹的教育理论转化为教育观念主要在于教育实践者的理解和认同，教育工程师在纯粹教育理论的指导下构建模式或程序则需要教育实践者实际的运作。以上是从教育工程师的职能推导出他们具有批判现实倾向的必然性。从对从业人员的要求角度讲，如果有人对做教育工程师有兴趣，他需要审视一下自己是否具有天然的批判现实倾向，这种天然的倾向无疑是重要的，它和超越现实的兴趣一样会成为做教育工程师的良好天赋。我们还是要结合教育工程师的中间位置和中介作用来说明，教育工程师的批判现实倾向不是简单的否定现实的意识表现，在功能上，这种倾向的实际发挥也是他们寻求特定教育理论启示的动因。只要不是莽撞的破坏者，教育工程师对现实的批判应该就是一种理论活动，因为批判的本质是理性地审视对象，教育理论从一开始就介入到了教育工程师的工作之中。

（3）理性主义的精神

教育工程师的中介角色使其自然就是一个理性主义者，他们虽然心系实践，但天生就是信奉理论的人，由此也把自己与教育实践中的优秀工作者区别了开来。无关理论的优秀教育实践者目前仍然是教育实践的支柱，但理性地看，他们的优秀整体上是一种业余的优秀或说是优秀的业余。显然，这里有两个内容：一是优秀，二是业余。优秀，说明他们的教育作为比同类人更为出色；业余，则说明他们的优秀因无关理论，只能算是业余。所谓业余，是与专业对应的，所以我们可以不费力气地知道，业余的优秀基本上由于具体教育实践者个人的热情、天赋和勤奋。历史地分析，业余的优秀作为曾是教育理论的源泉，但已经在经验的层面形成定势，与此同时，教育理论又在不断发展，可以说就很难有超越常识世界的优秀了。否则，教育的专业化及由此而来的教师专业发展就没有那么紧迫了。不得不承认，经过教育思想家、理论家长期的思索，教育思想和理论已经远远高深于现实的教育实践，可以为今天以至可见的未来的教育实践提供可靠的教育理性。

理性主义的精神，具体的表现就是相信理性的力量和价值，在教育领域就是相信教育哲学、教育科学的力量和价值，并努力把蕴含于其中的教育理论理性转化为教育生产力。这样的道理不难理解，但成为现实却并不容易。尽管在今天教育理论已经与教育实践建立起了不可能再脱离的联系，但这并不意味着广大的教育实践者对教育理论充满了期待和信心。人们大多仍然会认为教育理论过于高深，即使有价值，他们也无力享用；甚至还会有人认为教育理论不过是被称为教育理论家的人们钟爱的一种智力游戏，对实际的教育没什么价值。那些怀疑和否定教育理论价值的实践者，其实就是典型的非理性主义者，他们在教育实践中会非常逻辑地更重视个人或共同体的经验、传统，这也就是经验主义的逻辑。他们自然不知道从学理上讲教育理论的历史性出现正是从经验主义的失败开始的。我不习惯于对经验主义者的批评，而且能体谅他们的逻辑，在我们所处的历史阶段，还不能理想地要求教育实践者普遍具有理性主义的精神。既然教育仍然发挥着人口社会地位配置的功能，仍然没有成为纯粹帮助个体自由、全面发展的手段，我们就应该理解关注具体教育成效及寄生于此的经验主义、保守主义等。在这种情况下，教育工程师的独立存在就显得格外有意义。他们不会有理论和实践两种极端的价值执着，却能够借助教育工程的过程和产品把理论家的和实践者的理想进行对接和融合，从而使教育系统呈现出结构性的和谐。教育工程师没有纯粹教育理论家的思维自由，也不会有教育实践者的经验任性，他们拥有的是一种中和的教育操作理性。具体而言，教育工程师瞄准教育实践中的问题，继而寻求教育理论的启示，并在教育理论的支配下开发能够解决教育实践问题的方法，整个工作过程贯穿着理性主义的精神。

（4）务实操作的兴趣

我们必须承认教育理论家通常是以理论的建构为己任的，基本上缺乏操作的兴趣。当然，如果有人愿意把他们的理论诉诸实践，他们也是乐见其成的。这种情形在很大的程度上是合理的，尤其在教育理论研究高度专业化和高度分化的今天，要求教育理论家去实现自己的理论，既是对教育理论家的苛刻，也是对教育实践的不负责。同样的，我们也不能对教育实践者的务实和操作有过高的期望。他们固然是务实的和重操作的，但他们的务实是指向现实工作目标的，甚至可以说他们的务实是无需努力的，现实的工作来不得半点虚无，而他们的重操作往往是拒绝理论的姿态和理由。所以，教育工程师的务实操作的兴趣是具有独特意义的。简而言之，教育工程师务实操作的兴趣是为了教育理论价值实现的，是为了教育实践现状改善的，他们要把理论内含的观念实在化，把种种想法变为种种做法。

教育工程师对务实操作的兴趣与教育理论家的纯粹理性追求形成了鲜明的对照，根本上反映了两者在价值取向上的不同。教育理论家做的是认识领域的工作，他们的理想是揭示教育的真相、解释教育的怪象、建构好教育的形象。一旦有了认识的成果，他们需要得到的是人们的理解、接受和认同，至于进一步的实践化，他们是少有兴趣的。教育工程师因不在教育认识的领域，对理论上的建树并无追求，但他们对优秀的教育理论具有欣赏的兴趣和极好的判断力。如果他们对具体教育理论有了积极的判断，绝对不会限于做宣传、解释的工作，而是要开启教育工程思维的程序，实际推动教育理论向实践的转化。更多的时候，教育工程师会从教育实践领域的棘手问题出发，寻求多个而非单个的教育及相关理论的帮助，运用自己独特的工程思维，研发能够解决棘手问题的办法。正是在此过程中，教育理论经由教育工程师的使用实现了自己的实践价值，长此以往，教育理论在实践者头脑中的形象就会发生积极的变化。

其次，教育工程师的务实操作兴趣与现场教育实践者的务实操作兴趣，虽然很是相像却也明显不同。关于这一点前文已有涉及，这里主要说教育工程师务实操作兴趣的特殊内涵。其特殊性的直接原因就是教育工程师独特的职能。教育工程师在教育理论和实践之间运转乾坤，实际上从事着兼具理论属性和实践属性的综合性实践。既可以说他们在做一种为了教育实践改善的理论工作，也可以说他们在做一种为了教育理论价值实现的实践工作。但总的来说，教育工程师的工作是为了教育实践的，教育理论客观上发挥了工具性的作用。教育工程师很可能会感叹许多优秀教育思想和理论的束之高阁，但更核心的情感则是改造不能令他们满意的教育实践的急切。这样说来，教育工程师务实操作的兴趣更深刻的基础应是他们改造教育实践的情怀。

教育工程师具有了理想主义的气质、批判现实的倾向、理性主义的精神以及务实操作的兴趣，我们怎么看都会觉得他们就是真正的教育工程师。当然，我也能意识到如上这些品质，一方面无疑可以有机构成教育工程师的职业风范，另一方面似乎也不是教育工程师独有的品质。客观上的确如此，同时也是合理合情的。因为，教育工程师固然具有独立性，但他无疑是整个教育活动系统的一个有机环节和角色。这就使得教育工程师的品质必然具有由教育带来的因素，而其勾连教育理论（家）和教育实践（者）的职能也决定了他们的品质与教育理论家和教育实践者均会有一定程度的重叠。无论如何，在教育理论家和教育实践者之间，教育工程师并非一种多余。教育工程师的职业化在理论上已是必然，但成为现实还有待时日，不过可以预见这一事件将会带来令人喜悦的社会效果。

（四）教育工程师职业化的社会效果

一种新职业的产生必定会带来以它为中心的生态性变化，如果这种变化符合人们的积极期望，那么就可以说一种新职业的产生是具有内在合理性的。职业是分工的结果，所以，教育工程师职业化最直接的效果就是让教育领域多了一种新的功能人群。从此，在广义的教育领域，从事职业劳动的人不再只是"做的人"（教育实践者）和"想的人"（教育研究者），还有了一种新的、力图用"想的人"所想来改善"做的人"所做的中间、中介人物。教育工程师这种新人物的出现，必然会牵动支持它的因素和它支持的因素，其职业化的社会效果就是在这两方面体现的。

首先，教育工程师一旦产生就会对自身的支持因素有所要求，有了充分的支持系统，教育工程师就能够合理、持续地发挥自己的职能。这里至少涉及三方面的问题：

（1）制度建设问题。成熟的职业，无论在民间社会还是在公共系统，都会有必要的制度保障。所不同在于，民间社会的制度往往是隐形的，能为消费者提供所需服务的职业人群实际上获得了民情民意的默许、认可和保护，而具有政府背景的公共系统则必须建立明文制度，只有这样，一种职业才能够在体制内存活。教育工程师的职业化，因自身存在的需要，客观上影响到了相关的制度建设。制度需要明确教育工程师的合法存在。在我国，这同时意味着教育工程师合理占用公共服务人员编制的事实性，最本质的是教育工程师可以从公共系统获得生存的资源。制度还需要明确教育工程师的工作职能、工作范围、工作规范等，以使他们能够与原有的相关教育工作主体建立有机的关系。具体来说，教育工程师与学校的校长和教师、与教育研究机构的研究人员、与教育行政机构的行政人员，应该是一种怎样的工作关系，通过怎样的机制可以让他们无缝对接，这都是制度建设需要考虑的问题。

（2）专业研究问题。教育工程师的职业化仅仅意味着他们在教育系统中合理、独立的存在，但他们的存在状况和未来命运却是由自身的专业化程度决定的。社会中的职业为数众多，但各职业在社会中的地位、在历史中的命运各自不同甚至有天壤之别，其原因无非在于各个职业的能量差异。在民主的社会中，各个职业的能量差异基本上是由职业所达到的专业化程度决定的。所以无论我们在理论上如何挖掘教育工程师的价值，如果他们在实际的工作中对教育系统作用甚微，仍然会被冷遇甚至抛弃。因而，教育工程师自身的存在需要有力的专业研究作为其理论的支撑，自然的，服务于教育工程师专业成长和发展的专业研究会因此而逐渐得到发展。

（3）职业教育问题。记得最初提出教育工程师时，很多同行都关心一个问题，即教育工程师从哪里来？我想在很长一段时期内，教育工程师只能从教育工学实践中自然成长而来，这与其他领域的情形是大致相同的。哲学家、数学家、物理学家、教育家……都是专业的教育系统确立之前自然成长起来的，教育工程师也不可能例外。但随着教育工程师的职业化被社会彻底认可，专门培养教育工程师的职业教育系统就需要认真确立。迄今为止，培养学校教师的师范教育或者广义的教师教育系统已经较成熟地运行，与此对应，组织教师参与各种培训活动也已经成为学校的常规工作。可以预见，在未来也一定会出现以培养教育工程师为任务的教育工程职业教育系统，那将是教育工程师职业发展的最可靠的基础。

其次，教育工程师的产生会对他所服务的对象系统产生必然的影响。教育工程师的服务对象就是两种人：教育研究者和教育实践者，或者说就是两种事：教育理论的价值实现和教育实践的发展。由于教育工程师的出现，教育研究者、教育实践者、教育理论的价值实现以及教育实践的发展，都将发生微妙的变化。

(1) 教育研究者可以心安理得地做纯粹的研究，而不必背负某种莫名其妙的愧疚。我们注意到，在务实重行的时代精神下，纯粹的研究常常受人诟病而无法辩解。"为研究而研究""为学术而学术"等说法在语用上明显具有贬抑的倾向，以致许多纯粹的基础研究者要么主动与教育现实隔绝，要么总觉得自己对教育实践有所愧疚。长期以来，由于没有教育工程师这样的中间、中介人物，学术取向的教育基础研究者在实践的需求下不得不直接面对教育现场的实际问题，进而学术和实践的不同逻辑又使得基础研究者不得不产生理论思维对工程思维的僭越，结果是实际的问题一般得不到切实的解决，基础研究者却在教育实践领域形成了不切实际的形象。平心而论，这样的结果对学术取向教育基础研究者来说有失公平，客观上会导致基础研究者与教育实践者相互的心理疏离，还会使基础研究者背负莫名的愧疚。但有了教育工程师，情形就发生了变化，分工可以让基础研究者不必顾忌实践者的反应，更不必在实践要求的裹挟下在教育现场勉为其难。而这一情形的变化，完全是因为教育实践者不再需要带着实际的教育问题寻求基础研究者的帮助，他们可以直接与教育工程师就实际的问题进行有效的互动。

(2) 教育实践者从此有了自己最可靠的专业支持者。传统的教育实践者不会奢望自己的教育实践与专家有什么真实的联系，即便客观上存在着教育专家，与他们的实践也没有关系。然而，在教育改革和发展的过程中，原先与他们无关的教育专家陆续来到他们面前，具体说来有两类专家，一类是为他们传播教育理念的理论专家，一类是给他们指导教育操作的实践专家。经过一定时间的互动，教育实践者几乎没有纠结地选择了能够指导他们实践操作的专家。至于传播观念的理论专家，对他们来说就可有可无了。应该说，教育实践者的如此选择完全符合实践者的逻辑，问题是他们所选择的实践指导专家因种种局限并非完全有利于他们实践的发展。考察现实，目前活跃在教育现场的实践指导专家，其主流是现有体制内教研室的教研员。今天的教研员从职能上很接近教育工程师，但工作的传统和体制内的角色定位，使得教研员通常并非应实践之需而临场，相反的，他们在教育现场基本上进行着指令性的指导。加上教研员更具有就事论事的倾向和习惯，对教育内在的精神缺乏足够的关心，他们对于教育实践者来说一方面有用，另一方面也会成为压力，很难说是教育实践者最可靠的专业支持者。教育工程师则不同，他们有解决教育实际问题的愿望和能力，更重要的是他们还具有实现教育理论价值的理想，因而，走进教育现场的他们，不仅带着指导教育操作的本领，同时也带着教育理论所内含的教育精神内涵。如果教育实践者的发展不只是教学、教育的技能、技巧娴熟，还包括教育风范的提升，教育工程师无疑是他们最为可靠的专业支持者。

（3）教育理论的价值实现将成为一种专业性的活动。除了少数的元教育理论研究者，以教育为对象的研究者基因里都会具有实践的倾向，即使他们揭示教育的实然，也会把自己的认识与教育实践进行习惯性的比照。假如他们在建构教育的应然，则必然希望自己的理论在实践中得以实现，但有趣的是教育理论的价值实现并没有普遍地由创造者自己承担。我并不认为教育理论的创造者普遍不承担其理论的价值实现仅仅是因为他们缺乏兴趣。如果没有天赋的或者系统的教育工学学习和工程思维训练，他们就会缺乏一种专业性的能力。如同作曲家不必然有能力演奏自己的作品，教育理论家也不必然有能力在实践中实现自己理论的价值，这就需要他们之外的专门、专业的承担者。不用说，演奏家就是实现作曲家作品的人，教育工程师就是在实践中实现教育理论价值的人。我们已经欣喜地发现，实现教育理论的价值以改善教育实践的专业行动正在蓬勃兴起，服务于这种专业行动的理论建构也越来越受关注。在此背景下，处理教育理论与教育实践的关系，不再仅仅是一个理论研究者思辨的话题，而逐渐成为真实的专业行动的对象和任务。而承担这种专业行动的主体就是教育工程师，实际上也只有教育工程师才能够担当此任。由于教育工程师尚未职业化，我们只能把正在致力于教育理论价值实现的专业人士视为未被命名的以个体方式存在的教育工程师。

（4）教育实践的发展将成为理论与实践的联动性发展。教育理论和实践以至一切领域的理论与实践都是历史过程带来的分化，追溯到源头，理论是以"想"的方式存在于实践之中的，那时候，实践者是一个"我想我做，边想边做"的人。后来，有一部分人从实践中分离出来，专门去"想"，由此在一个领域出现了两种人：一是原先的"我想我做，边想边做"的人；二是分离出来的可以"只想不做"的人。前者就是所谓的实践者，后者就是所谓的研究者。按理说，分离出来的研究者是为实践者服务的，但在研究自身的发展过程中，研究逐渐成为一个基本可以自运行的系统。研究者基本可以背对实践、面对文献进行自己的研究工作，长此以往，研究者与实践者这对久别的兄弟竟无法相认，从而导致理论与实践相互脱离，几乎平行发展，既限制了教育理论的价值实现，也限制了教育实践的深入发展。目前，虽然在行政力量的推进下教育理论和实践不再简单平行，但教育理论仍处于被动的地位，只能耐心等候教育实践的邀请。就教育实践的发展来说，主导实践的教育管理者首先会发挥自己的才智，其次会调动教育者的激情和才智，至于教育理论，他们无力运作，偶有兴趣认真，也只是请现有的教育研究者做客，教育实践的发展基本上还是教育实践者自己的独角戏。问题的症结显然在于教育实践和教育理论之间中间、中介人物的缺席，这才使得教育实践的发展虽然已经与教育理论有了自觉的关联却无法形成多种力量联动的局面。教育工程师因其特殊位置和功能，可以让教育实践者、教育研究者在教育实践系统中有机接触与结合，最终促成教育实践的发展走向理论与实践的互动、联动，由此，教育领域的工作人员结构也会发生自然的变化。

三、教育工程师的培养

当教育工程师职业化的时候,其培养问题必将提到议事日程。对于越来越趋于专业和精细的教育来说,没有成体系的教育专业人员的教育系统,是无法保证教育活动专业化和精细化的。现在,一般意义上的工程教育及其理论探索已经备受关注。为了贯彻落实《国家中长期教育改革和发展规划纲要(2010—2020年)》和《国家中长期人才发展规划纲要(2010—2020年)》,2010年6月23日,教育部在天津召开"卓越工程师教育培养计划"启动会,联合有关部门和行业协(学)会,共同实施"卓越工程师教育培养计划",目的就是要促进我国工程教育的改革与创新,培养和造就一大批创新能力强、能适应经济社会发展需要的各类型的工程技术人才。虽然这一计划无涉教育工程师的培养,但它所释放的信息,即国家发展对高质量工程技术人才的迫切需求,对于我们思考教育工程师的教育培养是有鼓舞和借鉴意义的。

关于教育工程师的培养,基本的理论问题几乎无需探讨,我们拟本着实践的立场,以通常的人才培养方案结构为依据,对相关问题进行理性的分析、判断,为未来教育工程师的教育提供操作性的认识论基础。

人才培养方案是教育机构实施人才培养过程的基本蓝图,是教育教学的纲领性文件。如果把人才培养视为一项工程,那么人才培养方案就是整个人才培养工程的总设计,它对于整个人才培养工作是具有规限作用的。究其实质,人才培养需要回答"培养什么人才""怎样培养人才"和"谁来培养人才"这样三个问题,具体内容涉及培养目标和规格、课程设置、教学方法、培养进度、师资配备、物质条件及相关运行机制。从内在逻辑上看,确定所培养人才的规格是人才培养方案制定的出发点和归宿,其他一切思考都是以此为基础进行的;人才规格确定以后,则需要根据人才规格要素设计课程和匹配教学方法,这可以说是人才培养的核心,因为所谓培养,在操作层面就是课程与教学的实施,具体教育机构的人才培养能力其实就是它的课程与教学能力;为了保证课程与教学的顺利、高质量实施,还需要设定实施者(师资)的条件和相关的辅助性条件。可以说,人才培养方案属于人才培养工作的指南和标准，如果方案科学、适切，教育机构依照方案实施人才培养工作，就可以保证合格人才的顺利出现。

(一) 培养目标与规格：教育工程师的素质

在教育工程师职业化的思考中，我们已经对教育工程师的意识、能力和风范进行了分析，应该说那都是关于教育工程师素质的内容，但显然不能搬来做培养的目标和规格。作为人才培养目标和规格的内容须是可操作性的，只有这样才能成为课程与教学设计的有效依据。不过我们的讨论并非无用，恰恰可以作为确定培养目标的原则性参照。关于意识，职业立场、职业观点和职业思维方式共同构成教育工程师的职业意识；关于能力，教育工程师的职业能力包含教育设计能力、教育制（塑）造和指导能力、教育活动监控能力，以及对教育理论的操作转化能力；关于风范，教育工程师应具有理想主义的气质、批判现实的倾向、理性主义的精神和务实操作的兴趣。基于以上认识，我们要进一步思考的是怎样确定构成教育工程师素质的具体可操作的条目。

顺便一提，培养目标和规格是有区别的。人才培养目标是对培养什么样的人的定性的、较抽象的说明，比如，教育工程师的培养就是培养合格的教育工程师；而培养规格，实为人才规格，旨在说明一个人达到或符合了什么标准就是教育工程师。换言之，就是要言明合格的"格"，这当然就相对可操作和相对形象了。

被培养的人在教育过程中能够获得哪些收益，目前已有共识。借鉴教学的三维目标，教育工程师的培养，也可以指向特定的知识与技能、过程与方法、情感态度和价值观，这三维目标是一个教学目标的三个维度，并非三个教学目标。也可以说，作为有效培养的结果，教育工程师这一目标自身能够进行知识与技能、过程与方法、情感态度和价值观三个维度的解读。我们需要说清楚合格的教育工程师应具有的知识与技能素质、过程与方法素质以及情感态度和价值观素质。

1. 知识与技能

教育工程师需要什么知识与技能取决于他的工作性质，笼统地讲，因其居于教育理论和教育实践之间，所做的是一种教育理论应用转化工作，所以，教育理论知识、教育实践知识、理论向实践转化的工程知识都是他们需要掌握的。但细究起来，这并不是一个可以轻易回答的问题。时常有朋友告诫我们说，做教育理论研究的，应该到教育现场去积累实践经验，他们也会说，做教育实践工作的人也应该学习一些教育理论，这样教育理论和教育实践就可以相互结合、互不脱离。这样的告诫听上去颇有道理，实际上也仅仅是一种可以说说的道理。教育理论研究者到教育现场能否积累出经验，教育实践者学习什么样的教育理论，在告诫者的头脑中实际上也是模糊的。而实际的情形常常是教育理论研究者在教育现场并不必然有经验上的收获，即使是课堂研究的专家，也多习惯于使用自己的标准衡量课堂，他们能够收获的只能是衡量课堂的经验，至于教育实践的经验，因他们并不在进行教育，是不可能获得的。教育实践者学习教育理论则是功利性地选择和被动地接受，他们要么因遇到了教育过程中的困惑和问题，有方向地寻求教育理论，要么因外力的要求而被动接受理论，无论怎样，他们并没有因和教育理论有所接触而顺利地成为教育工程师。

如果遵循上述貌似有理的告诫，教育工程师的素质讨论也终将流于一种说法。在长期的思考和体验中，我意识到教育工程师的确需要掌握教育理论，但是这里的教育理论不能只是具体的教育概念、原理和方法。具体而言，教育工程师固然必须尽可能多地知道一个个具体教育理论家的教育理论，比如赫尔巴特的、杜威的教育理论，更需要知道的是关于"教育理论"自身的知识，也就是元教育理论知识，这一点恰是我国教育领域的人们基本忽略的。之所以强调关于教育理论自身的知识，只有一个原因，即这种元理论知识能够帮助人们理解理论及教育理论的本性。一旦走进元教育理论就会发现教育理论是多元化的存在，每一类型的教育理论都有自己特定的功能，还能够透过元教育理论知识理解教育理论家的思维和逻辑，这才算得上是真正理解了教育理论。对于教育实践的理解同样不是简单的感觉经验积累问题，而是要在哲学的意义上理解实践及教育实践的本性、逻辑。当然，对于教育工程师来说，还有一个较为专门的知识领域，即传统工程理论及教育工学的知识领域，这应是教育工程师的核心知识领域。

因此，我们可以得出基本的结论，即教育工程师需要掌握的知识有具体教育理论尤其是元教育理论的知识、关于教育实践的哲学意义上的知识，以及作为核心领域的传统工程理论及教育工学知识。关于教育工程师应该具备的技能，可与"过程与方法"一并考虑。

2. 过程与方法

过程必定是主体运用方法走向目标的时间经验，因而，过程与方法是一体化的。在教学目标中，过程与方法是学生在知识、技能收获之外的认知能力附加值，体现在人的素质上，实际上是与知识、技能创造相关的认知能力。过去我们讲在向学生传授知识的同时要发展他们的能力，却一直未能对所传授的知识与所要发展的能力之间的关系作出操作性的说明。事实上所要发展的能力正是创造知识和技能的能力，这种能力只能来自无数的具体知识、技能的实际形成和教学形成的过程。在这里，知识、技能相当于"鱼"，而基于过程与方法的认知、创造能力则相当于"渔"。认识到这一点是很重要的，直接的效益是对教育工程师过程与方法素质的启示。对应教育工程师需要掌握的三种知识，他们依次需要在教育者的引导下自觉地、清醒地参与到教育理论知识、教育实践知识以及理论向实践转化知识的实际形成和教学形成过程中。在两种过程中，他们会遇到不同性质的方法。由于知识的创造过程具有一般性质，因而，经历了无数的具体知识形成过程的熏陶，教育工程师会自然形成指向知识、技能创造的认知能力。职能的规限可能不需要教育工程师进行知识、技能的创造，但理解了知识、技能创造过程的他们，因掌握了知识、技能创造的内在机理，在不同知识融汇的过程中很容易自动化地意识到理论向实践转化的奥妙。

教育工程师的职能是面对实践中的问题，在特定教育理论的作用下进行应用性的开发。如果他们是教育现场的教育者，将会面对设计、制（塑）造、控制等一系列教育过程环节，与此对应的方法就是设计的方法、制（塑）造的方法和控制的方法。如果他们是典型的处于纯粹的理论和纯粹的实践之间的转化者，将会面对理论的认知、认同、操作转化以及活动模式构建的过程，与此对应的方法就是认知的方法、操作转化的方法和活动模式构建的方法。其中的认同是基于认知的情感和价值过程，不是一个方法问题，另当别论。现在，我们着重分析转化者所面对的方法问题。显而易见，认知的方法似乎无异于一般性的理解，可实际上是具有特殊性的。教育工程师对特定教育理论的认知，不会局限于对理论意义的理解，更重要的是在意义理解的基础上对隐藏在理论中的操作性信息进行思维挖掘，目的是要梳理出理论向实践流动的线索。通常，当教育工程师能够自觉展开对教育理论认知的过程时，他们对特定教育理论的价值和情感认同一定会同时发生，否则，他们的思维挖掘行为就成为一种无聊。对理论的操作转化，是教育工程师的核心职能，与此对应的方法在目前是开发不足的。作者曾对此进行过专门研究，就教学理念的操作转换提出过一个原理，认为教学理念的操作转换需要依次进行以下过程：发现教学理念中的教学思维；从教学思维中演绎出核心教学行为；分析核心教学行为对教师专业素质的要求。[①] 这既是操作转换的原理，也是操作转换的方法。

3. 情感态度和价值观

工程根本上是人文性的活动，它是人为的，也是为人的，所以，表面看来是一种技术性很强的事件，在起源和归宿上却是地道的人文事件。虽说如此，也不意味着参与教育工学实践的人必定具有人文的情怀，工作任务的规定性和教育工学实践内部的分工，也可以使具体的参与者只是技术人员。目睹仍然活跃在教育领域的教学设计者和课堂指导者，我们很容易觉察到他们强烈的技术主义倾向。他们几乎总在关注教学，而少有对教育的关注，他们甚至只是关注"课"自身，对课中的教师和学生的生命体验基本上没有概念。这样的工作即使具有实际的效用，与教育工程师的工作仍然有质的区别。其区别主要在于职业化的教育工程师具有一种认识上的自觉，即他们处于系统的教育事业之中，与教育研究者和教育实践者一同构成新的教育工作者群体。

---

① 刘庆昌：《广义教学论》，山西教育出版社，2011年版，第74页。

他们不是纯粹的教育研究者,却具有教育研究者一样的理性主义精神,他们不是教育实践者,却具有教育实践者一样的实践情怀。理性主义精神可以让他们相信理论之于本能、经验及传统的高明,实践的情怀可以让他们愿意把一切可能的理性转化为现实的教育生产力。更值得提及的是,他们对自身与教育事业宏大结构以及人类社会发展之间联系的自觉,可以让他们拥有普通教学设计者和课堂指导者难以具备的社会使命感。我们注意到,在物质工程领域,人们也开始注重工程师的社会使命,"工程师群体必然要深入追问自身究竟应该承担何种社会责任,他们或许必须且直面'忠诚于雇主'和承担'独立的职业责任'及'真正的社会责任'的冲突"。[①]应该说,对社会责任的普遍自觉对工程师群体来说尚未成为普遍的事实,但正在被人们提及和逐步重视就意味着工程师正在走出"技术员"的简单处境。

深入考察,教育工程师的社会责任以至人文自觉必然关涉情感态度和价值观问题。先说情感态度,至少有两个内容:一是与他们的职业劳动相伴随的情感态度;二是指向职业劳动过程之外的情感态度。无论何种劳动者,只要能够持续有动力地进行自己的劳动,除了理论上的为了生存而获得劳动报酬,一定是他们能从劳动过程自身获得一种自然的愉悦。对于教育工程师而言,我首先想到的是他们对务实操作的兴趣。就工程活动而言,纯粹的教育实践者和纯粹的教育研究者要么缺乏能力,要么缺乏兴趣,教育工程师就是在这种缺乏的背景下确立了自己存在的必要性。我们都见过幼儿对游戏的沉醉,我们也能合理地想象出教育工程师在教育工程劳动过程中的愉悦与自足。不过,与社会责任及人文情怀相关的情感态度主要是指向职业劳动之外的那一部分,对于教育工程师来说,就是他们对教育事业、对教育中的人的存在状态以及对人类社会发展的兴趣和关怀。俯瞰教育系统,教育研究者在追求真知,教育实践者在教书育人,难道我们要把教育工程师仅仅看作是研究者和实践者之间的技术性桥梁吗?切实的功能固然如此,但至高的境界必然是教育工程师对研究者和实践者两种格局的超越。教育工程师,无论是教育实

[①] 李曼丽:《工程师与工程教育新论》,商务印书馆,2010年版,第63页。

践者，还是理论向实践的转化者，都会有超越一般同行的事业意识。通俗地说，他们想通过自己的独特努力把教育变得更好。由于他们深知教育理论蕴含着各种可能性的智慧，反观现实，难免会产生把教育者和受教育者从劳烦中解救出来的意图。一个模式、一个程序、一种方法，既是一种秩序，更是一种效率的利器，直接影响着一线教育劳动者的存在状态。我相信卓越的教育工程师一定会具有更为宏阔的人类情怀，这种情怀不见得依赖于某种高尚的觉悟，完全可以来自一种职业的自信，因为越是自信的职业劳动者，越能够把自己的作为与人类整体的命运联系在一起。

教学三维目标的框架对于我们来说只是一个借用，之所以借用是因为它内在的合理性。如果再追溯它的思想源头，那就是美国心理学家本杰明·布鲁姆（Benjamin Bloom）的教育目标分类学。布鲁姆立足于教育目标的完整性，把教育目标分为认知、情感和动作技能三个领域，这对于各种教育系统所培养的人才之素质分析的确具有启示价值。

（二）课程与教学：教育工程师培养的知识和方法基础

我们无疑正在建构一种未来，这意味着我们相信教育工程师的专门培养必将成为事实。可以设想，正如心理学科有应用心理学专业，大学的教育学科也可以有应用教育学专业，这种应用教育学专业当然是实践而非学术的取向，其培养目标就是广义的教育工程师。理清了教育工程师的素质，进一步的工作就应是建构可以形成教育工程师素质的课程与教学系统，这是特定人才培养的知识和方法基础，功能上相当于达成目的的手段问题。培养教育工程师，到底需要什么样的课程，究竟需要什么性质的教学，这是我们需要认真思考的问题。

1. 课程问题

已有的工程教育已经明确关注工程技术人员的"通识"和"专识"并重，事实上是在扭转根深蒂固的仅仅关注工程专识的习惯，这一转变显然与强调工程师群体的职业伦理和社会责任感有关。可以说在高度文明的现代社会，单向度的人在任何的领域和层面都在被人们否定，本质上是在追求人类劳动的精神属性。服务于教育工程师培养的课程同样可以分为通识和专识两个部分,具体的内涵,我们依次讨论。

首先是通识部分。虽然称谓是通识,却不只是知识的问题。有研究者在论及工程教育中的通识问题时认为,通识是工程人员进行创造活动的基础,有助于工科人才严密的思维训练,有助于提升工科人才的伦理道德修养,有助于工科学生设计灵感的诱发。[①] 进一步了解,发现研究者在表达一种具有现代文明气质的工程教育观。这种工程教育观,希冀工程人员自由博雅的品质和进行创造性活动的基本态度,希冀工程人员具有创造性思维的动力和能力,希冀工程人员具有对人类的爱,希冀工程人员时常具有创造的灵感。若依据我国目前的学科分类,我们可以把教育工程师的通识教育大致看作是人文教育,就课程而言,可以再划分为三种类型:

第一类:指向教育工程师职业创造动力的通识课程。任何职业都会以创造为理想的追求,但世界上没有一种职业可以叫做创造。教育学教科书中常说的"教师的劳动具有复杂性和创造性",从来就不是对实然的表达。而就创造本身来说,最终固然依于某种能力,但又必然会起于某一种动力。评述个人或群体的创造力强弱,既指创造能力的强弱,也连带着创造动力的强弱。那创造的动力能来自何处呢?最高的境界应该是来自个体天然的创造兴趣,不过更具有普遍性的是来自人内心对完美的追求和对群体的责任。既如此,我们就需要寻找能够促成个体追求完美、担当责任品质形成的科目。逻辑地思考,这一类课程需要呈现"完美"和担当责任的崇高,接近于传统概念中的美育和德育。什么样的科目可以呈现完美的人、物、事、思,就应该进入教育工程师的课程范围。

第二类:指向教育工程师职业创造能力的通识课程。既然是通识,就不是具体的工程专业课程,可又涉及职业创造能力,那只能是有关一般创造能力的课程。而这样的课程应该只有两种可能,一是与哲学有关的,二是与心理学有关的。哲学并不以激发人的创造力为己任,但它无疑是凝结最多和最

---

① 李曼丽:《工程师与工程教育新论》,商务印书馆,2010年版,第244—251页。

好创造的领域。我国的哲学教育过于重视具体的哲学立场、观点，没有自觉的哲学思维教育训练，以致人们很难想到从哲学中获得创造的启示。事实上，如果我们有幸能走进哲学的过程，就会感觉到哲学的大用，它能够为我们展现人类思维各种维度的可能性和经验思维无法企及的深刻性，从而能够让具体领域的创造者具有宏大的智慧背景和深刻的自信。相对而言，心理学与人的创造之间的联系更可感觉也更可操作，重要的是心理学家在人的思维训练领域已经进行了有效的工作，"创造力的训练"已经渗透到了学校教育以及工商界的教育培训之中。教育工程师的培养自然也可以设置这一类课程。

第三类：指向教育工程师职业品位和个人幸福的通识课程。职业之于个人，首先是生存的依托，多数个人正是在这一认识的支配下日复一日地重复一种劳动，长此以往，便生出倦怠，个人的生命体验庸常乏味，职业劳动的品位乏善可陈。我们不希望未来的教育工程师仅仅是一种新的可以作为一部分个人生活依托的职业，还希望他们在职业劳动中收获幸福的，即愉快、自由、自足的生命体验。这样的希望当然是超越的和诗意的，却也有现实的追求，那就是我们希望教育工程师能因职业劳动的幸福体验而有超越平常的创造热情。职业品位和个人幸福是一个复杂的问题，且是只有在真实的职业劳动中才能够现实生成的，所以，不可能存在什么课程可以保证教育工程师的职业高品位和个人幸福感。课程的极限也只是在职业的意义和幸福的理解上有所作为。

显然，我们并没有明确任何一种通识课程，不过已经言明了思考的方向。从以上的思考中，我们是可以在观念中组织科目的。单就内容项目来说，教育工程师的通识教育需要涉及（思维的和伦理的）哲学、社会学、历史学、文化学、艺术学、心理学等领域，但实际的课程设置却不能是简单开设学科取向的一组科目，而是需要根据上述三种"指向"进行课程编制和开发。或许"宇宙与人生""社会、历史与文化""思维与创造""艺术与审美"是一种可取的聚类，如此的聚类课程理论上可以把未来的教育工程师带进广阔与深邃，能够为他们的职业劳动营造一种通向崇高的意义背景。这也是我们对教育工程师通识教育的基本追求。

其次是专识部分。由于这一部分与教育工程师的职业劳动直接相关，课程的设计相对来说容易有清晰的思路。(1) 教育工程师需要懂教育。适应这一需要，我们需要考虑能让教育工程师懂教育的科目。什么样的科目能让他们懂教育呢？答案是"教育的历史""教育的原理"和"教育的实务"。(2) 教育工程师需要懂工程。适应这一需要，我们需要考虑一组关于工程的科目，结构上应有"工程的哲学""工程的实务"和"工程的伦理"。(3) 教育工程师需要联接各种思想、理论与教育实践的智慧，我们需要考虑这一陌生领域的课程开发。

参照通识部分的思路，我们也可以把专识部分的课程分为以下几类：

第一类：指向教育工程师"懂教育"的课程。懂教育的第一层面是理解公共视野中的教育概念，原则上，普通人和理论家的理解并无本质差异，都会包含"教育"和"好教育"两个部分。要说差异，理论家的理解会更理性、更全面和更深刻。教育工程师工作的对象抽象意义上就是教育，因而有必要理解自己环境中的"教育"和"好教育"概念。只有这样，教育工程师才不会因自己的工作而改变教育的本性，同时也才不至于空有改造教育的愿望而无明确的方向。懂教育的第二层面是理解形式化的教育思维。教育思维是人类教育认识的内在结构，教育认识在横向上的差异和纵向上的变化，都是以教育思维为其载体的。教育工程师应该对"教育观及其支配下的教育操作思路的统一体"烂熟于心。懂教育的第三层面是对现实的教育实务的理解。现实显现和运行的教育虽然是实际的和可感的，但真正理解它也不是轻而易举的事情。在现实教育系统之外的人，很难走进现实的逻辑，充其量只能略知教育运行的粗略轮廓。在现实教育系统之内的人，因角色不同同样难以对教育实务全知全解。谁也不会认为学生因总在课堂中就最懂得课堂，教师因总在学校就最懂得学校，校长因领导学校教育运行就最懂得教育。对于教育工程师来说，理解教育实务，重点并不在于熟记现实教育的工作项目和运行机制，而是要透过可感觉的工作项目和运行机制，体悟教育实践的逻辑。现在的问题是：设置什么样的科目能够帮助未来的教育工程师懂得教育呢？依照前述"教育的历史""教育的原理"和"教育的实务"框架，为了让教育工程师懂教育，需要设置以下科目：（1）教育的历史；（2）教育的原理：教育基本原理、课程原理、教学原理、训育原理、管理原理；（3）教育的实务：编制课程、运行教学、训育学生、管理各类活动。

第二类：指向教育工程师"懂工程"的课程。教育工程师本质上是工程师而不是教育者，所以，其本质的展开和实现是以教育为场所的、以工程为原型的。值得高兴的是工程实践以及工程理论在今天已经高度成熟，这就使得后起的教育工程师教育可以直接汲取工程的智慧和借鉴已有工程教育的经验。不过，这样的认识还是有些想当然的成分。毕竟，已有的工程实践和工程教育都是分领域存在的，教育系统如何从水利、建筑、航天等工程领域汲取智慧呢？又如何从工科、医科、商科等大学汲取成熟的经验呢？唯一的做法是对已有的工程实践和工程教育进行抽象的学习，从而开发出"工程哲学""工程实务"和"工程伦理"这样一组课程。其中，"工程哲学"意在把工程置入人类整体文明中进行考察，通过反思获得工程的实质；"工程实务"是对工程师职业工作的整体设计；而"工程伦理"则是对工程师职业品位和个人行为的期望。懂得了这些，就理解了工程，也就在第一层面懂得了工程。懂工程的第二层面是理解形式化的工程思维。在这一方面，哲学工作者已经做了抽象的功课，对工程思维有了比较到位的认识。比如徐长福指出，"工程是各种实体及其属性的复合物，这些实体和属性之间不必然存在逻辑联系，所以工程思维就是一种非逻辑的复合性思维"，[1] 我以为就十分精辟，包括教育工程师在内的工程人员应该谨记。懂工程的第三层面并非对工程实务的理解，原因仍然是工程总是具体领域的工程，代替理解工程实务的是一般意义上的工程方法理解。如果我们认可"设计""制（塑）造""控制""转化"等为基本的工程行为领域，那么，一般工程方法也就是"设计方法""制（塑）造方法""控制方法""转化方法"等。基于上述理解，指向教育工程师"懂工程"的课程，是否可以有"工程哲学""工程方法""工程伦理"呢？

---

[1] 徐长福：《思维方式：僭越与划界——人文社会学科中理论思维与工程思维之批判》，《学海》，2001年第1期。

第三类：指向教育工程师联接各种思想理论与教育实践智慧的课程。这样的课程只能是方法性质的课程，尽管很难有什么具体的方法能够解决思想、理论和教育实践的连接问题。客观而言，这一领域成熟的研究成果乏善可陈，成功的实践者也很难说清楚自己运用了什么方法，实际上是他们内在的综合智慧的作用。如果要用课程的方式帮助未来的教育工程师在教育理论向实践的转化上有所作为，我想这类课程应该是作业主导的。换言之，这门课程应设计出分类的教育理论向实践转化的作业任务，要求被培养者自主或与他人合作完成，之后是培养者对作业完成情况的判断、评价和建议。除此之外，这类课程也不能排除必要的可外化的相关理论，比如：哲学层面的"化理论为德性""化理论为方法"；教育学科层面的"教育知识实在化理论""教育思维中介理论""教学理念的操作转换理论"等等。

2. 教学问题

实际上并不存在专门用于教育工程师培养的教学方法。站在教学论的立场上，人类教学的内容主要包括知识和技能两大类，即使需要传授的"过程与方法""情感态度价值观"，也必须转化为知识或技能才能够进行有效的教和学。培养教育工程师，也要在知识、技能、过程与方法和情感态度价值观等方面进行教学，与其他教学的不同主要表现在教学的思维会因教育工程师这一培养目标的特殊性而带来的不同。教育工程师无疑是一个新的职业概念，是工程师集合中的新成员，但已有的工程师及其背后的工程师教育却是既有的事实。因而，服务于教育工程师培养的教学是能够从已有的工程师教育实践中汲取营养的。关于教学问题，目前尚无条件在具体的技术层面进行研究，我们主要讨论一些基本问题，以表达我们在培养教育工程师的教学上的基本立场。

教育工程师的教育总体上属于职业教育而非学术教育，这就决定了其中的教学内容既要有必要的理论知识，更要有联接理论和实践的策略知识。依照传统的思维，这两种知识最终是由学习者自己在未来的职业劳动中进行整合的。而在教育过程中，这两种知识的教学长期以来是平行进行的。如果有的学习者整合能力较弱，那他就很难成为合格的教育工程师，所以，这种整合应该在教育工程师的培养过程中进行。基本的思路是：在理论教学中贯穿实践意识，在实践教学中贯穿理论意识。这其实就是一个教学原则。之所以提出这一原则有两方面的原因：一是教育工程师的职能发挥在教育理论和实践之间，角色职能要求教育工程师面对理论要自觉地联想到相关的教育实践，面对实践要自觉地联想到相关的教育理论或非教育理论；二是已有的教育学科教育甚至基于自然科学的工程教育中不同程度地存在着理论教学和实践教学的平行现象。原则是一种依据规律和目的人为确定的要求，对工作者具有提醒作用。对教育工程师的培养者来说，如果他们能够在理论教学中具有自觉的实践意识，就能够高效率地把具体的理论与教育实践中的项目和问题联接起来。同样的，如果他们能够在实践教学中具有自觉的理论意识，也能高效率地把具体的教育实践项目和问题与教育理论中的观点和方法联系起来。

关于教育工程师培养的教学方法，一定是多样的综合，任何教学方法在培养教育工程师的过程中都有用武之地，我们这里只强调工程教育和职业教育中既有特色又通用的基于项目的教学。

(1) 理论教学的实践意识

要求培养教育工程师的理论教学具有实践意识是有理性基础的，其核心的依据是，与元教育理论相比较，对象性的教育理论是以教育为对象和内容的，关于教育的哲学和科学尽管抽象，仍然是对教育自身的思考和研究，只是这种思考和研究抽象掉了教育活动的生动细节和具体情境。从事教育理论教学的人，如果在教育学术教育系统中，他原则上可以遵循纯粹的认识逻辑进行教学，若是在教育工程教育系统中，就需要有联系教育实际的自觉意识。有必要指出，这里所说的联系教育实际不只是简单地进行以说明理论为目的的举例行为，而是要依托工程思维、基于工程的态度和立场，一方面挖掘理论观点中的实践信息，另一方面能够自动化地在具体的理论和具体的教育实践项目、问题之间建立联接。能在教学中实现这一原则并不容易，教师除了具有教育实践的情怀之外，还需要掌握类似"教育思维"这样的理论知识并能够熟练地应用之。教育思维作为一定的教育观及其支配下的教育操作思路的统一体，蕴含着理论和实践的意向，是关于教育的想法和做法意向的整体。

从事教育工程教育尤其是教育工程师的培养者有必要熟悉教育思维的理论。

(2) 实践教学的理论意识

要求培养教育工程师的实践教学具有理论意识客观上难度更大，主要原因是钟情于教育实践操作的人总体上讲不容易对理论持理性的态度。他们通常是务实的、讲效率和效果的，同时也容易忽略超越常识的效率与效果只能来自理论的作用这一事实。这就使得他们在进行实践教学时，既缺乏联系理论的意愿，也缺乏联系理论的能力。目前更值得我们关注的是整个教育领域中技术主义和实践主义的强劲势头。其中的技术主义已被人们充分关注，技术主义侵蚀教育教学人文性的消极作用也引起了人们的警惕。而实践主义则还没有引起人们深刻的注意，这主要是因为实践主义不像技术主义那样赤裸裸地追求效率和效果，而是在不排斥甚至主张人文性的前提下把实践的价值抬高到极致，与此同时贬抑教育理论的价值。未来的教育工程师的培养者，只要明确意识到自己所要培养的是联接教育理论和实践的人，就不应该非理性地附和貌似有理的实践主义，更不应该陷入教育技术主义的泥沼。在操作的意义上，让实践教学具有理论意识，需要教师一方面言明任何方略性知识的一般理论基础，另一方面能言明教育实践中的项目和问题所对应的一般理论范围。在这里，我们要说明的是，人类教育发展到今天，已经走上了专业化的道路。虽然教育者个人的聪明与德性永远发挥着独特的作用，但专业理论知识对教育实践行为的支撑作用日益显著，进而，教育实践不再指代一切的教育作为，而是指理论指导下的教育行动。那么，培养教育工程师的实践教学中的"实践"，完整的称谓也就应该是"基于理论的实践"。

(3) 基于项目的教学

既然我们把教育工程师的培养定位为职业教育，那么，除了一般教学方式方法的运用之外，还需要借鉴现有职业教育的基本经验。基于项目的教学，实为基于项目的学习（project－based learning），简称PBL。这种方法起源于医学教育，由美国神经病学教授Barrows所创，现在已经成为工程教育和职业教育中有特色又通用的一种教学方法。就教学内容而言，PBL挖掘真实工作情境中的课程资源，其中的项目是真实工作情境中典型的职业工作任务；

就主要活动来说，PBL表现为学生为完成作业任务而进行的探究行动，这种活动可以发生在真实的工作情境中，也可以发生在模拟情境中。通过PBL，学生可以获得职业知识、职业技能和职业态度等。

联系到教育工程师的培养，PBL的应用，关键在于挖掘教育工程师这一职业的典型工作任务，也就是开发出用于教学的基本项目。从理论上讲，这种项目，既不是教育学科学术的，也不是教育操作技术的，但又与以上两者不无关系。抽象而言，教育工程师做两件事：一是帮助教育工作者在理论的指导下进行实践，二是把可转化的教育理论转化到实践中去。把这两件事具体为典型的职业工作任务，就需要作进一步的分析了。第一件事是以实践为对象的。帮助教育工作者在理论的指导下进行实践，并非要把他们的一言一行都建立在具体理论的基础上，而是在他们实践遇到难题时帮助他们接受理论的启示甚至把与难题相关的理论转化为他们的德性和方法。第二件事是以理论为对象的。我们强调对"可转化的"教育理论的转化，道理不再赘述，而作为教学依托的项目，就是把具体的教育理论转化为教育思维，即转化为一定教育观支配下的教育操作思路的统一体，并进一步把教育思维转化为教育活动的方案。在以上分析的基础上，我们可以列出几项典型的教育工程师职业工作任务：

其一，确定教育实践领域的典型难题，并建立那些典型难题与相关教育理论及其他理论的合理联系。完成这一任务的探究行动，核心是要对教育实践进行广泛的调查和分析，以发现实践者高度认同的典型难题，在此基础上寻找相关的理论，并在两者之间建立合理的联系。这样的探究因教育工学的缺位，目前基本上没有展开。

其二，就具体的典型难题解决，设计在理论指导下的探究行动。应该说完成这一任务的基本的思路就是问题解决的思路，需要强调的是这里的问题解决不是简单层面的、依据问题解决者有限的经验和个人的聪明才智，而是要在相关理论的有效作用下进行。

其三，确定"可转化"的教育理论范围，并建立那些理论与相关教育实践问题的合理联系。完成这一任务，需要完成者对理论有到位的认知，需要从功能的角度把握不同理论的性质，筛选出可转化的教育理论，然后对筛选出的教育理论进行潜在功能的判别，最终把它们与教育实践问题合理地联接起来。

其四，就具体"可转化"教育的理论，设计以实践改善为旨归的转化过程。这是教育工程师职业最为关键和典型的工作任务，"教育知识的实在化理论"和"教育思维中介理论"可以作为其基础，具体的操作则可遵循我们讨论过的"教育理论向实践转化的现实路径"。

（三）师资条件：谁可以培养出教育工程师

未来的教育工程师培养工作是需要培养者的，但问题是什么样的人能够培养出教育工程师呢？这种问题在所有职业领域的培养中都会被人们提及，实际上并不是一个难题。也许没有任何一个个人可以批量地培养教育工程师，但由一组各有所长的人组成的培养团队完全可以担当此任。就像制造一架飞机，没有任何一个个人可以完成制造任务，但飞机却实实在在地被许多仅具有部分能力的人合作制造而成。未来参与教育工程师培养的每一个个人可能都不是教育工程师，但只要他们能够各自分担必要的职能，通过专业化的组织、协调，完全可以完成教育工程师的培养。当然，培养的目标决定了教育工程师的培养者在一切培养者的共性之外还要具有一些个性，这里分述如下：

首先，教育工程师的培养者需要具备一切培养者的条件，即学高、身正、专业化。

具体的培养者个人总是具体课程的实施者，即教师。既为教师，必先学高。怎样才算学高呢？在操作的意义上，我们可以主张两个维度：其一是参照布鲁姆的教育目标分类学（认知领域），要求教师对所实施课程领域的核心知识依循"知识－理解－应用－分析－综合－评价"不断走向高阶；其二是参照"肤浅与精深""狭专与博大""识事与知理""孤立与联系""迷信与怀疑"的标准，建构自己的个人知识系统。由于学无止境，今天的人们即便皓首也难穷经。教师对自己课程范围内的核心知识，一定要追寻到它们的"近亲"和"远亲"，也就是与具体核心知识联系最紧密的两层知识。只有如此，核心知识在教师的头脑中才能够具有生命感和生命力。

既做教育，必先身正。怎样才算身正呢？本质上这是一个做人的问题，第一位的自然是私德，即培养者作为一个人的健康、文明品格，但更重要的是人在处理自身与他人、与环境关系中所表现出来的健康、文明品格。古人讲修身，重在涵养私德，以使人不假言行便有德者的气质。然而，"身正"根本上还是一个社会意义的概念，它表明一个人在社会活动中能够承载符合群体利益的正义和希望。教育工程师培养的参与者，就个人承担的课程职能看，与一切教师并无差别，但特定的培养目标要求他们比其他的教师具有改造现实教育的使命和责任意识。具体的培养者自己可以不是教育工程师，但应该具有教育工程师的职业意识和风范。这种意识和风范在某种意义上就是德性，因为教育工程师职业意识和风范中包含着他们自身与教育事业以至社会发展、人类文明的建设性关系。一个人只要洁身自好、无害于他人，即便颓废些，也不算失德，但一个培养人的人，如果缺失了积极的使命和责任意识，从而影响了学生与事业及环境的关系思维，一定属于失德。

关于专业化的问题，可以接着学高身正来讲。学高身正虽然基本存在于教育的语境中，但绝不只是教育者人群才应具有的素质，任何职业的从业人员都应该学高身正。如此，教育者要与其他职业的人员区别开来，就只能是他们在教育劳动上的专业表现。专业化是一个职业发展的高级阶段，越趋于专业就越能彰显职业的个性和创造力，同时，越趋于专业，从业者也越能拥有坚实的自信和自适。专业化是专业的思想、技术和精神的综合，它既体现在教育劳动的专业思想和技术含量上，也体现在教育劳动者的专业精神上。教育工程师的培养者最好能有理想的教育作为，如有难度，至少应有规范的教育作为，以便未来的教育工程师在自己的受教育过程中就能体验到理想教育的现实性。而更为重要的是，教育工程师的培养者必须在培养过程中表现出教育工程教育的专业精神。此处所谓的专业精神与教育工程师的职业意识和风范具有内在的关联，核心是务实操作的兴趣和改造现实的情怀。

其次，教育工程师的培养者需要独具实践的精神、工程的思维和对教育现实的批判、改造意识。

实践的精神蕴含着积极作为的冲动和理性。教育工程师肩挑教育理论与实践，但其重心必在教育实践一边，他们固然延续着教育理论家的意志，却在追求教育实践的利益。在知与行之间，他们选择了对行的改造，并不改造理论，因而其功德最终体现为教育实践的发展，至于教育理论的价值在此过程中得以实现基本上属于副产品。与此对应，教育工程师的培养者也理当具有实践的精神。要知道实践的精神在我们的文化中并不缺乏，甚至可以说是中国文化的精髓，但在眼下的教育学术界，实践的精神却是一种稀缺资源。单一的学术教育取向加上吊诡的学术评价思维，已经把教育研究者赶到了寻章摘句、高谈阔论的死胡同。各级政府各部门的"课题"虽然比较重视应用，但因研究者普遍缺乏对研究的内在信仰，且难以摆脱功利主义和浮躁的幽灵，他们的研究中也很难见到实践的精神。这大概就是迄今为止教育理论与教育实践仍然难以协调发展的现实原因。纯粹的研究者有理由做纯粹的研究，但如果他们参与到了教育工程师的培养之中，就需要培育自己的实践精神。具备实践的精神并不是盲目地信仰实践，而是有了基于理性的行动的冲动。

工程的思维与理论的思维并列，两者的区别在于前者用思维组织实体与活动，朝向做；后者用思维组织概念和判断，属于想。理性而言，无论是教育理论家还是教育实践者都应该熟悉和能够运用两种思维，只能是教育理论家因追求理论创造而更需要理论的思维，而教育实践者因追求实践效益而更需要工程的思维，但两种角色对两种思维均不应有认识和操作上的无知，否则，由他们制造的理论和实践都会是跛脚的。教育工程师的核心思维肯定是工程思维，培养他们的人，即便具体承担着基础性的理论课程，也应该熟悉工程的思维。其实，理论思维同样的重要，而且是我们传统中的重要缺憾，但相比较而言，规范的工程思维对教育工程师的培养者来说更为重要。如果说我们的教育传统中，理论的思维是一个缺憾，那么工程的思维尚未形成概念。现实的教育学工作者群体恐怕很难把自己的工作与工程、工程思维联系起来，那么今天是应该强调工程思维的时候了。

我们还强调教育工程师的培养者具有对教育现实的批判、改造意识，设想着教育工程师的培养领域应该洋溢着一种批判和改造现实的氛围。如果教育工程师的培养是一种专业文化，批判和改造现实的氛围就是专业文化的构成要素。批判是理性支配下的分析和判断；改造是为了某种利益，在批判的基础上对具体对象的干预和处理。因而，对教育现实的批判、改造意识实质上就是人依据教育理论所提供的教育理性对现实教育的真假、善恶、美丑进行分析和判断的意识，和在分析判断基础上欲使现实教育由假而真、由恶而善、由丑而美，或者欲使现实教育更真、更善、更美的意识。这样的意识是教育工程师应该具有的，当然也应是教育工程师的培养者应该具有的。

现在整理一下思路，我们可以对教育工程师的培养者做如下的设想：他们是具有教育工程师职业意向和风范的人。具体而言，他们自己可以不是（当然也可以是）教育工程师，但具有工程的态度、立场和思维，具有批判和改造教育现实的明确意识。和一般教育者一样，他们是具体课程教学的承担者，传授给学生知识和技能，培育学生的思维和人格；与一般教育者不一样的是，他们是具有实践精神的人，他们所拥有的一切理论修养最终都指向教育实践状况的改善。

（四）其他辅助性条件：教育工程师培养的生态性要求

我们最后说及辅助性的条件并不意味着它的次要，恰恰相反，辅助性的条件虽然在位置上是边缘的，但其作用却很重要，我们视之为生态性的条件。教育工程师正在被我们进行理论的建构，这说明现实的教育系统仍然没有他的位置。进一步讲，对教育工程师的需求仍是潜在的，即使有一天这一需求成为显在，还必须借助其他的社会条件才能使教育工程师的培养成为现实。基于以上思考，我们会发现教育领域对教育工程师的显在需求和一些必要的社会条件是教育工程师培养必要的生态性要求。

1. 教育领域对教育工程师的显在需求

现实的教育领域尚不知有"教育工程师"，当然不会发出需要教育工程师的声音，但客观上需要"教育工程师"所具有的功能。换言之，现实的教育领域需要教育理论的指导，需要把许多好的教育理念化为教育的现实。在这种需要的作用下，教育领域的人实际上已经在寻找能够帮助他们的专家，但因为他们未掌握教育工程师的概念，只能在现有的专家群体中进行选择，结果往往是不尽如人意的。这中间既有专家的局限性，也有教育领域使用专家的局限性。专家的局限性是现有教育研究系统分工导致的。教育实践者意识中的专家主要是学术型的教育专家，最贴近教育实践的专家并不是最懂实践的专家，通常是其研究的对象正好属于教育实践的核心操作，比如课程研究专家和教学研究专家。他们固然在研究课程与教学，但研究的思维是学术的、理论的思维。须知学术的、理论的思维是致知的而非致用的，即使具体的专家具有实践的情怀，若没有工程思维，他们为教育实践所作的研究努力也往往会走向思维的僭越，具体而言就是用理论思维去解决实践的问题。教育领域使用专家的局限性，主要表现为实践者依据经验和传统，只是邀请专家进行教育知识或理论的讲座，更多的要求在既有思维的支配下难以提出。这样看来，目前最为紧迫的问题应是让学术型的教育专家和教育实践领域的人知道"教育工程师"这种新的专家角色以及与此紧密相连的教育工学。

  一种显在、强烈的需求理论上讲可以在长期的历史发展过程中逐渐形成，但也可以通过理论的引导较快地形成。我们通常说理论对实践的引领，不仅仅指向实践中的操作技术，也可以指向实践者的需求。建构理想教育的教育理论一方面在进行纯粹的理想教育的营造，另一方面也在制造理想教育对现实中教育实践者的吸引。如果教育理论家预先意识到一种新的有意义的事物，他们一定希望教育实践者对该种新事物产生一种需要。然而，值得注意的是，教育理论家的预见最初总存在于学术的范围，如果没有进一步的有效传播，哪怕是天才的预见也可能被埋没。就像查特斯在20世纪40年代就提出"教育工程师"的主张，并未引起人们的关注，以致半个多世纪过去了，教育工程师以及教育工学仍然是让教育实践者感到陌生的。人类已经进入到消费主导的社会，在其中，"广告等社会传播媒介推崇的消费方式确立社会主流的消费价值观，引导消费成为一种集体行为，对社会其他成员形成同化作用，诱导其他成员主动加入集体消费活动中，努力进入消费的社会主流群体，确认消费主体的消费品位和社会地位"。[①] 切莫以为这是一段与教育无关的言说，我们的教育实践领域在改革行动的熏陶下事实上已经具有了消费教育理论的意识，恰恰是由于"教育工程师"的缺位使得这种消费意识刚刚萌动便迅速消解。显然，让人们了解教育工学是十分必要的。如果教育工学作为教育学术上的探索还难以走向实践领域，至少可以让"教育工程师"这一新的专家角色概念深入人心。

2. 必要的社会条件

教育工程师的培养如果需要教育领域之外的条件，最本质的应是社会公众对教育专业化的需求。社会公众对教育的关注往往是与切身的利益相联系的，基本上不会涉及教育的过程。他们有时候会表现出对教育系统的不满意，但主要是基于对结果的判断，对教育过程的兴趣是可以忽略的。人们也许会认为教育过程的专业化应该是教育领域的事情，这听起来很合情的观念实际上并不具有普遍性。相比较而言，人们对医疗过程专业化的关心就要到位得多，这无疑促进了医疗实践的快速进步。当然，我们只是希望社会公众对教育的专业化有所需求，要真正实现是很难的，因为教育毕竟不像医疗那样与我们的生命、健康直接相关。之所以指出这一需求，是我们意识到适当的外部需求和关注能够激发教育领域内的人们焕发精神，尤其能够激发教育工作者高质量的服务意识。有一点也需要提及，即职业分类标准在修正过程中应该考虑吸收"教育工程师"。虽然教育工程师还没有实际地作为一种职业存在，但这并不影响职业分类标准的先行。要知道培根在《论科学的价值和发展》中把教育学作为一门独立的科学提出时，教育学还没有实际地存在。基于学理和实践需求的职业分类标准是可以引导一种新的职业逐渐形成的。

回顾我们对教育工程师的思考，可知教育工程师现实上是有实无名的，是非职业化的，是自然产生的。无论怎样，教育工程师之实的存在说明教育实践存在着与此相关的内在需求，我们有必要在实践的启示下让教育工程师

[①] 王国富：《从解构到建构：确定性理论建设性维度的解读》，《哲学研究》，2015年第2期。

既有实又有名。名，是概念，是对一类事物的本质概括。有了名，就有了范围和标准，从此，教育工程师就指代在教育理论指导下进行教育的人，指代把可转化的教育理论转化为教育生产力的人。这样的个人是可以在实践中自然形成的，但这样的群体却必须通过专业的教育过程进行培养。教育工程师的培养，是一个新的教育门类，它牵涉教育目标、课程、教学及相关生态性的条件，是一项系统工程。随着这一教育门类的现实化，教育工学的意义也会逐渐彰显，教育实践的支持系统必将进一步得到完善，而且，我们对教育工程师的呼唤也会被现实的培养活动所替代。

余 论

　　回顾我们已有的思考，教育工学的基本观念在具体问题的探讨中逐渐得以明晰。它首先意味着工程思维作用下的教育思考，这绝非庸俗的标新立异，对于习惯了哲学和技艺两个端点思考的教育领域来说，应是一种极为必要的尝试。广而言之，人文社会研究者之所以给人留下坐而论道的印象，在实践者那里以为这些研究者不懂得操作的技艺，在研究者那里实质上短缺的是工程思维和行为的能力。而这种思维和能力在自然科学及其延伸的领域中已经高度成熟，并因此而使那些从事基础研究的人们可以心安理得。从此意义来说，把工程思维进而把工程的态度和立场带进教育和教育学之中应是可取的。其次，教育工学意味着以教育理论价值实现和教育实践状况改善为目的的、关于教育理论向实践转化的思考。应该说这一方面的思考并不鲜见，问题在于以往的思考要么是偏向思辨的理论探讨，要么是偏向技术的程序、模式的开发，间或有关于教育理论与实践关系中介的研究，也少有工程的思维、态度和立场，以致教育理论和实践的关系在实践中是经典的难题，在研究领域是经典的话题。当然，教育工学还意味着关于教育工程师的思考，在学理上，这是教育工学实践活动的主体问题，在实践上则是在建构一个有意义的职业。面向长远，我们在教育工学名义下所进行的思考仅仅是一个开始，但就目前来看可以告一段落。就我们的思考本身来看，客观而言，尽管幼稚，也不乏创见，至少一个初步的教育工学观念基本形成。在本书就要结束的时候，有一个问题执着地触碰着我，此即教育工学在未来究竟会产生什么样的效应。实事求是地讲，在这一研究的一开始，我就直觉到它的深远意义和实际的价值，否则也不会历经二十多年的思考。但只有在细致思考了一系列教育工学问题之后，当初的直觉才逐渐转化成为一种确实的自信。现在若有人问询教育工学的意义和价值，我一方面会告诉他们所有的意义和价值就在我们的思考及其文字的表达中，另一方面，我会说教育工学的思考就像在巴西轻拍翅膀的一只蝴蝶，很可能导致德克萨斯州的一场龙卷风。值得庆幸的是，教育工学的思考所能引发的有效的结果，在目前已不只是一种可能，我们至少能够肯定，因为工程思维以及工程的态度和立场的明晰，教育学、教育实践以及教育理论与教育实践的关系状态会发生相应的变化。

一、教育学会更加完整

二十多年前当我产生教育工学的观念萌芽时，第一位的外部刺激和内在追求的确是来自教育实践的，但几乎同时就意识到了教育学科的结构和功能问题。即使到了今天，我仍然能够感觉到教育学尽管遗产丰厚、硕果累累，但又的确少了些什么。究竟少了什么，不同的人必然会有不同的想法，但有一种缺憾应是大多数教育学人能够理解和认可的，即教育学缺少一个明晰的结构，这也正是学科人员常常迷惘、困惑进而没有学科自信，以及其他学科人员低评教育学的深层原因。不过，理性地看，教育学之外的人何曾靠谱地小觑过教育学？如果偶有局外人揶揄教育学，也不过是依据了关于教育学的道听途说或者是他们个人关于教育学的肤浅见识。问题是如果那些局外人想对教育学有切实的了解，他们又能获得什么呢？实际的情况是资深的教育学人恐也难说清教育学的结构。由于一门学科的结构并非有待发现的某种客观存在，而只能来自人的主观建构，所以教育学没有明晰结构的根由只能是在教育学人身上。可目睹教育思考和研究成果的丰硕，便无法对教育学人过度指摘。假如可以肯定明晰的教育学结构为所有不认为教育学只是一个尊称的人们的期望，那么，教育学结构的现状很可能源自教育学人对某种对教育学来说不可缺少的因素的集体无语。

读者一定能猜到我要说到教育工学。单看教育工学，无非是关注教育理论和教育实践的合理联接，把它置入教育学的整体中加以审视，就能发现它在教育学内部联接的是关于教育的哲学和科学与可用于教育的技术和艺术。具体的教育哲学思考、教育科学研究以及教育技术和艺术的探索可以是结构明晰的，但把它们加起来却不是一个结构明晰的教育学。要改变这种状况，对以上四个领域的成果做进一步的筛选和归纳是必要的，更迫切的则是在较宏观的层面理清教育学的内在逻辑。对此，我的认识就是一贯坚持的关于教育学范围的思考，具体而言就是：教育学分历史研究、理论研究和应用研究三个领域，其中，理论研究分教育哲学和教育科学（理学）两个层次，应用研究分教育工学和教育技艺学两个层次。搁置具有独特性质的历史研究，教育学就是由"哲、理、工、艺"有机构成的教育知识整体。这样的设想容易给人一种感觉，即教育学不是一个纯粹知识的体系，而是涵盖了从想到做的每一个层次，这应是包括教育学在内的一切关于现实社会实践（行动）研究学科的共性。教育学是研究教育的，这个教育不是抽象，而是一种人"边想边做"的教育，因而，教育学一方面是针对教育的"想"，另一方面是用"想"的结果影响"做"的另一种"想"。

在教育学的文献中，我们能获得各种关于"教育（应）是什么"的理性认识，即想法，也能获得各种关于"（应）怎么做教育"的理性认识，即做法，却很难获得把想法变为做法的路径和做法如何形成的机制，质言之，就是很难获得教育工学层面的思考。由于教育工学的缺席，本有内在联系的想法和做法在人们的意识中相互割裂，在教育学那里则呈现出一定程度的无机，使得学科之"学"的意识在教育学人那里难以确立，结果是教育学人均知自己在教育学中，却对身在其中的教育学难知究竟。教育工学的缺席本质上是工程思维以及工程的态度、立场在教育学中的缺席。导致这种缺席的首要原因是基于知识论的学科传统。凡"学"必究"学理"、求真知。即使汗牛充栋的教育原则、方法的言论，其实也是关于怎么做教育的知识。工程思维的缺席最直接的效果是"教育（应）是什么"的知识和"教育（应）怎么做"的知识客观上成为两种基本平行存在的知识。发展到极致，像教育实践者这样的"非教育学人"也可以在没有学科意识的情况下进行"教育（应）怎么做"的研究，进而形成教育学研究和教育研究界限不清的局面。

工程思维及教育工学的出场，最重要的是一种提醒作用。其一，人们可以因此而意识到看起来平行存在的"教育（应）是什么"的知识和"教育（应）怎么做"的知识之间是有内在、有机联系的。能把它们有机联系起来的是教育思维、教育行动研究等具有工程思维意蕴的思想和实践活动。其二，人们还可以因此而意识到"教育学研究"和"教育研究"的性质不同。简单地说，教育学研究虽然可以有工学和技艺学的应用研究层面，但其追求的仍然是教育之学理；而教育研究即使接受了高深教育理论的指导，本质上仍是以直接或间接解决实际教育问题为目的的研究。教育工学的提醒作用在这里表现为可以让人们意识到，以解决实际教育问题为目的的教育研究，可以接受教育学内的教育工学的指导，但不属于教育学研究。

划清了教育学研究和教育研究的界限，教育学的形象就更加清晰了。现在若有人想知道教育学是怎样的，我们可以如是说：

教育学在最抽象的意义上是以教育为研究对象的。因教育是事而非物，所以教育学既包含关于教育的事实性研究，也包含关于教育的价值性思考；既有致知、致思的追求，也有致用的追求；既在形成反映教育的概念和原理，也在形成改造教育的思路和方法。就其构成要素来说，教育哲学和教育科学构成教育学的理论研究板块，教育工学和教育技艺学构成教育学的应用研究板块。理论研究致知、致思，一为人们创造关于教育的知识（本质和规律），二为人们创造关于教育的思想（价值和理想）；应用研究致用，一为人们提供化教育知识和思想为教育生产力的原理，二为人们提供具体教育操作的原理。那这些构成要素具有怎样的内在秩序呢？教育哲学运用思辨的方法寻找教育的本体、建构理想的教育；教育科学运用经验的方法探明教育的结构与功能，揭示教育内部以及教育与环境之间的因果即相关关系。教育哲学和教育科学共同构成教育学内的理论研究或称基础研究，教育学的核心知识就存在于这一板块中。由于教育学的核心知识不只满足人们认识教育的需要，还在表达教育价值和理想的同时指向教育实践，因而其价值的充分实现不能仅仅依靠人们的认识过程，还需要借助实践者的实践，以教育理论向实践转化为目的的教育工学研究就显得极为必要。教育工学一方面为实践者提供可资应用的转化原理，另一方面也进行具体转化的尝试，向实践者提供具体的教育操作模式或程序，而这些模式或程序的具体运用就是教育技术和艺术问题。可以说，因为教育工学的出场，教育学中已有的部分都找到了自己的位置。这种效果当然不是教育工学的刻意追求，也不会是教育工学的特殊功效，某种意义上近似于"三缺一"的效应。也许教育学结构的完整缺的正是基于工程思维及工程的态度、立场的教育工学。

长期以来，"教育学有什么用"的质疑声总在教育学的周围回旋，教育学人明知教育学并非一种认知游戏，但面对教育知识在教育实践中的悬置却也有口难辩。换言之，教育学人坚信教育学的价值，但对于价值的实现则缺少兴趣，他们很自然地认为教育学是负责提供教育知识的，至于自身价值的实现只好听天由命，需要教育知识的人会自己掌握并应用的。遗憾的是教育学不是哲学，也不是数学。人都可以是哲学和数学的实践者，又都可以与哲学和数学无关。即使从哲学和数学的学习中一无所获，从事教育的人们也不会怀疑哲学和数学的价值。但是面对教育学，如果他们只能获得许多即便正确和高明的教育知识，也会理直气壮地批评教育学的脱离实际。这种现象能够启示教育学自觉地把教育知识的转化问题划归自己承担，这既是学科范围自觉的拓展，也是对教育实践领域刺激的合理应答，无论怎样，客观上使得教育学的结构更加完整。

二、教育实践会更加理性

实践是人为了自身利益有意识改造客观世界的活动。为了自身利益的最大化，人是愿意提高实践活动水平的。什么样的实践活动是高水平的呢？如果把目的、过程和效果作为思考的框架，可以说立意高、效果好，同时过程合理的实践活动就是高水平的实践活动。具体地看，立意涉及活动的目的，就教育来说，是为了学生的全面发展和应试的高下两分。效果与目的应有内在的关联，活动的结果与目的越趋于一致，效果就越好。从中可知立意（目的）的关键。过程承载着目的向效果的运动，衡量其水平的指标是合理化程度，具体分为合目的的程度和合规律的程度。合于目的保证教育活动的道德性，合于规律保证教育活动的智慧性。概括起来，教育实践活动的水平集中体现在它自身所具有的理性水平上。理性一词因语境不同意义也不同。与感性对应，理性意味着获得认识结论的逻辑方式；与情感对应，理性意味着判断和解决实践问题的依据对人的自然情感的远离，在此意义上，理性几近于理智之义。依据如上的论述，教育实践活动的理性实质上意味着教育实践者能够把自己的教育作为建立在教育的道理之上，在进行教育判断和问题解决时能够依据教育的目的和规律理智处之。

反观现实的教育实践，在改革运动的推动下，在教育理论的影响下，教育者基本依据行业传统、经验及个人天赋进行教育的时代已经过去了，但要说教育者的教育实践足够理性为时尚早。如日中天的技术主义思维，使学校教师对无比具体的教育操作充满兴趣和期待，与此同时对较为宏大的教育精神和智慧敬而远之。他们之所以疏远教育的精神和智慧，说到底，是他们感觉到教育的精神和智慧过于高深，高而不实，深而无用。远离了教育的精神和智慧，他们整体上成了教育技术和艺术的载体。实践者的实际是可以理解的，正是这种可以理解的实际把他们塑造成了平面的、拒绝深刻的人。自然的，以深刻为特征的教育理论也就被束之高阁。最后的结局是，教育思想（理论）家及其思想（理论）在知识的仓库里俯拾皆是，而在仓库的外面，教育实践者及其实践常常被一些貌似精致的程序或一些近乎荒唐的经验诱惑和引导。面对这种情况，我想到以下几点：其一，教育实践具有超越传统和经验的强烈愿望；其二，超越传统和经验的、深刻的教育之思是客观存在的；其三，教育实践者的实际使得可操作的教育技术和艺术获得了显赫的地位；其四，实践者的实际是可以理解的，但他们的过于实际则是因为高深的教育精神和智慧离他们太远。所以，在教育理论的深刻和教育实践者的实际及超越传统和经验的愿望之间需要架起一座坚实的桥梁。教育工学正是基于这样一种努力。

首先，教育工学让教育理论不再停步于高深和抽象，其朝着实践方向实现教育理论内在价值的意图所牵动的工程的思维、态度和立场，让教育理论内在的实践信息能够最大程度地显现。在此过程中，人们可以借助联想和想象获得教育理论的现场感，高深和抽象的原始基础得以在人们的头脑中恢复。教育理论根本上来自于教育实践，有坚实的经验基础，是理论思维的机制抽象掉了繁复的经验细节。因最终呈现在人们眼前的教育理论并不说明抽象的过程，这才使人们难以意识到理论与经验的内在联系。运用教育工学主张的工程的思维、态度和立场，理论的深刻和抽象与日常和生动联系了起来。或许有人会建议理论最好以日常和生动的方式呈现以免去教育工学还原的劳苦，这种听起来有理的建议并不符合理论思维的实际。如果教育理论家从一开始就运用了日常的思维和生动的方式，他们是不可能创造出教育理论的，因而教育工学及其应用也不是人们自寻烦恼。创造教育理论要运用理论思维，应用教育理论则要运用工程思维，两种思维是不能僭越的，如有僭越，就会出现功能的错位，可能会加深教育实践者对教育理论的误解。

其次，在力图实现教育理论价值的过程中，教育工学创造着基于理论的教育技术和艺术，进而使纯粹、平面的技术逐渐退场。历史地考察，来自经验沉淀的教育技术和艺术曾经铸造了传统教育的辉煌，但也由于仅仅借助了经验，传统的教育技术和艺术难以实现自身的突破。回望中国历史，技术的辉煌并未随时间的推移而长足发展，深层的原因就是缺乏科学的支撑。经验之所以是经验，一方面是日常思维的结果，另一方面则是其受到经验者个人及经验产生环境的限制。而理论思维是超越日常的，其深刻和自由度是日常思维无法比拟的，从而建立在一定教育理论上的教育技术和艺术会随着教育理论的变化而发生逻辑性的修正。经验者所在的环境以及由环境决定的思维方式是难以短时期改变的，相反的，理论思维因其高度的抽象性所带来的思维自由和效率，使得理论的创新和修正可以在短时间内发生。体味现实教育中不断出现的改革，实际上源于新教育思想和理论的不断出现。相对于教育实践经验的积累，教育理论所蕴含的实践的可能性显然更为丰富，这便使教育技术和艺术的创造和变化范围更为广阔。客观而言，既有的人类教育理论和思想相当可观,然而教育实践的内核并未因此而快速发展。这中间既有教育实践者对传统和经验的依恋因素,也有教育理论难以走向实践的原因。这样看来,在节奏较快的现代教育发展中,教育工学的出现可谓正当其时。随着教育理论工学转化的成功事例逐日增多,教育实践与教育理论的联系会逐渐固化,面对实际的教育难题快速联想到教育理论会因成功的教育工学转化而成为一种条件反射。这一局面逐渐形成的过程也就是教育实践的理性水平不断提升的过程。

我们乐于见到教育实践者对教育理论的依恋,这不仅标志着教育理论可有用武之地,更标志着教育实践专业化时代的到来。教育实践专业化的社会学意义自不必说,它的自然效果是教育者及其教育的社会形象和地位的划时代提高,更重要的是其所带来的教育实践者的专业自觉。教育实践者有了专业的自觉,将意味着他们不再只是职业的而且是专业的教育工作者,意味着支撑他们教育作为的不仅有一般的生活智慧和行业经验,而且有专业的教育理论。尤其是当教育工学的应用可以让他们不再认为教育理论是与他们关系不大的远亲,果能如此,他们便不再迷信任何的技术和经验,至少要对它们做理性的考察,更为理想的情形是他们可以自觉地把自己面临的实践难题和专业的教育理论联系起来,进而自主地、创造性地运用教育理论解决实际的难题。如果他人的经验是金子,那么运用理论解决问题的能力则是点金术。有了点金术的教育实践者等于有了专业理性,有了专业理性的教育实践者所进行的则是有理论基础的教育实践。

我们也乐于见到教育理论不再尘封于历史和知识的仓库之中。教育理论以至教育学的命运多舛虽然原因多元,但与其固有的价值难以顺利实现不无关系。而其固有价值难以顺利实现虽然与教育实践者的需求程度有关,但教育学自己不涉猎"教育理论的应用"绝对是一个重要因素。在消费主导的时代,消费者越来越习惯于直接接受成熟的产品,如果有一种利益必须要消费者自己具有相当的能力才能获得,他们会不费努力地放弃。具体到教育理论和教育学,如果其价值必须借助教育实践者自己的消化、转化能力,少人甚至无人问津就是必然的结局。从这一角度看,教育学把致力于"教育理论向实践转化"的教育工学吸纳为合理的构成要素，一方面扩充了自己的功能，另一方面也就用自主的方式促进了自身价值的实现。从此，像夸美纽斯、赫尔巴特、杜威这样的教育理论家及其理论将不再是大学教育系科的教师和学生传授和接受的知识，而成为教育实践者的朋友和资源。教育实践的理性水平自然会获得空前的提升。

三、教育理论与教育实践的关系会更加和谐

教育理论与教育实践的关系长期困扰着教育领域的人们，"隔阂""两张皮"等等描述两者关系的语词充分反映了人们的困惑和忧虑，我们也可以从中体察到人们的期望，那就是两者关系的和谐。和谐并非没有冲突，而是对立的事物在动态中能够形成相互促进、互利互惠以至共同发展的局面。教育理论和教育实践必然存在着差异，理论的逻辑和实践的逻辑是截然不同的，学科的逻辑和实践的逻辑又隔了一层，如果理论家和实践者隔海相望，的确是一种平行的存在。差异首先是不相同，有时候不相同的两种事物还会是冲突的。就说教育理论，尤其是表达应然的教育理论，本质上是以对教育现实的批判为前提的，与教育现实具有天然的冲突性，在这种情况下追求教育理论与教育实践的和谐无疑是困难的。第一位的困难是理论的理性无法直接消解实践者的情感抵触。即使教育实践者在认知的意义上理解了理论，也不意味着他们会自然产生情感上的认同，因而教育改革和发展中的核心冲突主要发生在激进与保守而不是正确与错误之间。换言之，教育实践者通常并不认为改革的方向或主旨是错误的，如果他们对改革采取了消极的态度，只是因为他们不想积极。不过，他们对改革的消极态度又会在改革的推动下逐渐隐藏直至消失。到了这一阶段，教育理论与教育实践的和谐就成为纯粹的专业问题了。当态度不成问题时，教育实践者最感困惑的一般是如何把理论的好变为自己实践的好。假如我们承认在普遍的意义上教育实践者的确缺乏"化理论为德性，化理论为方法"的能力，教育学是不是就应该承担起理论向实践转化的任务呢？

在另一面，教育理论的创造者也同样在普遍的意义上缺乏把理论转化到

实践中去的能力。事实上，只有极少数的研究者在教育实践领域积极推行自己的教育方法，而这些研究者严格地讲并不是教育理论家，基础研究层面的教育理论家一般会执着于理论的创造，不会把理论转化的责任划归自己。任何人都没理由批评教育理论家的执着，严格而言，理论家的职责就是创造和修正理论，知识生产内部的合理分工为理论家的执着提供了合法性的依据。现实中，之所以出现教育理论家与教育实践者的直接接触，完全是因为教育工学的缺位。让纯粹的教育理论家去解决实际的问题，他们只能被动且不自觉地进行思维的僭越，给人的感觉是教育理论的无能，实际上是教育实践对教育理论家的误用。

  现在我们来审视教育工学的出现，它必将催生教育工程师的教育和培养，而未来的教育工程师恰恰就是要承担教育理论家没有兴趣或没有能力进行的教育理论应用和转化工作，教育理论家会因此而心无旁骛地致力于理论工作。

  关于教育理论和实践的关系，教育学术界是十分重视的，纯粹理论的思考此起彼伏，始终没有中止，切实的行动也已发生和存在。在纯粹理论的思考方面，人们在接受了哲学上关于理论与实践辩证关系的基础上，有一类思考反映为意识到教育理论和教育实践之间割裂、两张皮及不和谐的互动，并对之有担忧和否定的态度；有一类思考反映为人们在现当代哲学的启示下对两者的关系进行的更为深入的思考；还有一类思考力图确立教育理论与教育实践互动的中介。这三类思考也可以说是人们思考教育理论与教育实践关系的三个阶段，鲜明的特点是由感性到理性、由一般到具体和由探求真相到解决问题。在切实的行动方面，教育设计理论指导下的教学设计当然是最为普遍的，但还有一种数量虽少却极珍贵的是一些教育理论家选择实验学校，在实践中实现自己的教育理论。这些教育理论家通常会在实验之前或者在实验过程中完成自己理论的操作性转化任务，并实际参与对实验学校工作教育的指导和反思，思维和行动均在教育理论和教育实践之间穿梭。有趣的是纯粹的理论思考者更重视对教育理论和教育实践关系的深入认识，当自认为表达了深刻、说明了真相后，他们的思考也就结束了；切实的行动者跨越理论认识的边界进入实践领域，即使他们对理论与实践的关系也有深入的认识，其思维的焦点往往是自己的教育理论在实践中的实现。在实现的过程中，他们必定形成了把理论转化到实践中去的经验和认识，但思维的惯性和行动的目的会让他们的探索终止于自己的理论在实践中的基本实现。总之，教育工学所关心的核心问题，即基于工程思维、态度和立场的教育理论向实践的转化问题，在已有的探索中是没有成型的。

而且我们也注意到，尽管人们对教育理论和实践的关系问题高度重视，但一些理论研究领域的基本问题缺乏彻底地解决，也限制了问题的思考向教育工学方向的迈进。最为典型的是像"理论"和"实践"这两个基本概念在人们头脑中都难以清晰，又何谈在工程思维的层面思考两者的关系问题呢？可喜的是我国教育基本理论研究的视野越来越广阔，借鉴现当代哲学发展的成果，深化教育理论的研究成果越来越多，这一领域的整体水平正在提升。加上在实践中实现教育理论的实验和行动的研究成果，为进一步做工程思维层面的研究提供了更加丰富的信息，教育工学的建构条件已基本成熟。

我们还注意到，各个层面的教育改革对教育理论转化的需求逐日旺盛也成为教育工学探索的良好环境。具体而言，当改革无法避免时，教育实践者已经不满足于对教育新理念的认知和认同，他们需要理念的具体化和落实，实质上是对理论转化原理和方法的呼唤。教育理论研究者如果能够意识到这种呼唤并能为此有所作为，一定会解实践者之渴并受到他们的欢迎。理论与实践的关系是抽象的，理论家和实践者的关系则是具体的。实践者对理论的消化和转化固然需求实践者个人在学习与实践中形成的兴趣和能力，但能否获得消化和转化的原理和方法至关重要。实践者一旦具备了消化和转化理论的能力，理论在他们头脑中的形象也会改变，他们对理论家的认知和态度也会自然地好转。而理论家接收到了这样的信息，对实践者的认知和态度也会顺应性地向积极的方向变化。如此，理论和实践关系的所谓和谐也就水到渠成。

和谐的教育理论与实践的关系无疑可以激发教育理论创造的积极性，尤其可以使更多的教育理论研究指向教育实践的改善，同时，也可以激发教育实践者学习和应用教育理论的热情，进而，一个"大教育"系统也就形成了。

这里所说的"大教育"是有历史学内涵的。具体地讲，最初的教育就是大教育，没有后来的教育理论和教育实践的分离，教育实践者同时就是他们自己的教育理论家，"我想我做，边想边做"就是他们的存在状态，虽然朴素甚而幼稚，却是完整的大教育。后来，从他们中间分离出一部分专门"想"的人，这样，教育领域就有了两种人，一种是原先"想""做"一体的教育实践者，另一种就是只"想"不"做"的思考、研究者。随着时间的推移，"想"发展为极为专业的教育知识生产系统，加之思维和研究方法的进步，"想"在一定程度上可以脱离教育实践而进行。当人们习惯了这种格局后，教育概念实际指代的仍然是原初的"我想我做，边想边做"系统，"想"自然就不在教育之中了。所谓教育理论与实践的脱离，追究其历史，就是这样一个渐变的过程。应该说，后来基本脱离了教育实践的教育理论研究为人类教育认知水平提高的贡献不可磨灭，今天的教育者可以用专业而非日常的语言言说教育就得益于这样的研究。不过，教育实践系统的人们不会满足于从教育理论中不断撷取新术语，也不会满足于仅仅可以影响认知的理论和思想。实践者的实际和务实决定了他们还要从教育理论中获取行动的力量。而教育理论家对教育理论可以改变实践是充满自信的，他们固然很享受理论和思想创造的快乐，又何尝不想把自己创造的教育理论和思想化为实践的力量？只是他们已经习惯于期盼由他人来实现这种转化，所以在这一领域鲜有作为。历史走到了今天，教育实践者和教育理论家各自的愿望已经开始碰撞，因此也促生了研究型的实践者和实践型的研究者，但这样的效果与教育工学研究所追求的理想相比还是有差距的。

教育工学要追求什么样的理想呢？除了完善教育学的内在结构、助推教育实践的理性化以及促成教育理论与实践关系的更加和谐，更宏观的追求就是在新的历史平台上促进"大教育"系统的形成。站在历史的末端回顾原初朴素、幼稚的"大教育"，一个辩证、螺旋发展的教育历史景观便呈现在我们的意识中。在新的"大教育"系统中，教育理论家和教育实践者成为教育事业的同事，教育理论和教育实践则成为理论上的分析结果和实践上的分工格局。两种角色、两种领域的关系实质上成为"想者"之"想"和"做者"之

"做"的相互依存和相互促进。如果考察其功能，教育实践者属于一线的教育劳动者，教育理论家则属于为一线劳动者提供思想和理论支持的高级后勤人员。他们拥有共同的目的，那就是把教育活动推向更为文明和专业的境界。不用说，在这种高度和谐的大教育系统中，教育工学的应用发挥着重要的作用。

在本书就要结束的时候，我很愿意表明作为一个教育学学科体制下的研究者所具有的学科意识。在以往，对于理论的探索以及教育学学科的完美建构无疑是和我一样的众多教育学人的理想，而今天，由于教育工学的思考和研究，主动地、创造性地用教育理论为教育实践的改善服务已经成为新的理想元素。波兰的知识社会学家弗·兹纳涅茨基在其《知识人的社会角色》中说道："在社会科学家中间，也有某些人发出谴责之声并宣称：社会科学应该创造出一种有计划、有效地影响他们正在研究的现象的方式，以证明自己的有用性。的确，似乎有理由认为社会科学家应对他们领域中缺乏技术负有责任，他们领域中的这种情形正与相距较远的工程、医学领域构成对照。"[1]反复思索，我们关于教育工学的探索，正是在寻找有计划、有效地影响教育的方式，也正是为教育领域缺乏技术主动负责的作为。

---

[1] 弗·兹纳涅茨基著，郏斌祥译：《知识人的社会角色》，译林出版社，2000年版，第43页。

后　记

　　每完成一项任务都会有轻松之感，而这一次的轻松感在我这里却是空前的，这主要是因为教育工学从有微弱的观念至今已有 25 年。虽非 25 年为一事，但对教育工学不离不弃、旷日持久，总是一件辛苦的事。不知情者会赞叹我的执着精神，而我自己最清楚，对一个问题思考的时间跨度如此之长，不能否认个人内在的坚持，更主要的是所思考问题的复杂程度。我的确具有由个人研究习惯带来的坚持。我头脑中通常会有一个较大的课题，来自过去的灵感，通往未来的理想，与此同时还会有现时的灵感或偶然的任务带来的较小的课题。有趣的是这些较小的课题中也会有继续生长为大课题的情况，这便可能使原先较大的课题暂时中断，客观上也就延长了原先较大课题持续的时间。现在想来，如果原先的大课题可以被轻易攻克，也不会被其他的课题屡屡打断。教育工学不仅仅是艰难的，而且是我特别重视的，这是因为它关乎教育理论与教育实践的关系这一经典难题的彻底解决。从个人的兴趣出发，我更愿意在理论和思想的世界里遨游，但很早就产生的改善教育现实的意志始终没有消失，尤其是与教育实践者共同生活和工作之后，那种意志更加坚定了。我很愿意通过教育工学的研究推动教育理论向教育实践的转化，为教育实践的文明化和专业化做出有意义的努力。教育工学实际上赐予了我实现自己意志的机会。

极少有教育学者厌弃教育实践，但也极少有教育学者能够把教育理论向教育实践的转化视为与己有关的事情，这与 W. W. Charters 描述的美国二十世纪四五十年代的情形基本一致。这种情形今天仍在持续，以致热心教育理论应用的主要是教育学者之外两种人，一是有理想的教育实践者，二是自信的教学设计研究者。客观而言，前者不专业，后者太机械。所以，教育理论向教育实践的转化并不尽如人意。也有教育学者在实践领域躬身力推自己教育理论的，这无论在过去还是现在都不是一件容易的事。我由此想到了法国社会学家阿兰·图海纳的《行动者的归来》，正是一个个有改善教育现状意图的行动者，通过他们自觉的行动创造着新的教育形态。尤其是教育学者。如果无法指望他人应用自己的理论，做一个自己理论的实践者也不失为明智。很有趣的是，包括教育学者在内的热心教育理论应用的人们，几乎清一色地关注他们自己的行动对教育的影响，却对自己的行动如何有效地影响教育缺乏理论思考。这就限制了他们的行动向更广阔的人群扩散，新的教育形态的出现也就难以预期。

知识社会学家弗·兹纳涅茨基在其《知识人的社会角色》中说道："在社会科学家中间，也有某些人发出谴责之声并宣称：社会科学应该创造出一种有计划、有效地影响他们正在研究的现象的方式，以证明自己的有用性。的确，似乎有理由认为社会科学家应对他们领域中缺乏技术负有责任，他们领域中的这种情形正与相距较远的工程、医学领域构成对照。"对此，我深表赞同，同时也认为今天的教育实践对理论的需求和教育理论的丰厚积累，已经为我们在教育学中"创造一种有计划、有效地影响教育的方式，对教育（学）领域中缺乏技术负有责任"创造了良好的条件。我们的时代，教育理论相当丰富，教育实践充满了活力，两者的相向而行已成趋势。如果不想让历史重演，即不想让教育理论向教育实践的转化在较低的水平上代代重复，就应该在它们两者之间架起坚实的桥梁。教育工学的研究很像是为此而有意识展开的。实际的情形当然不是这样。正如我在书中所说，教育工学的最初念头完全缘起于对自己教育专家身份的反思，并几乎同时直觉到教育学中应有教育工学的存在。从此，教育工学的念头并未因个人境况的变化而消失，但直至

2007年才首次在《教育工学初论》中系统地表达了教育工学,距离产生最初念头的时间已有十五六年之久了。这也从一个侧面说明一个有意义的念头得以发展实属不易。自《教育工学初论》发表以来,我有了建构教育工学的追求。为了督促自己,2009年起,我为本科生开设了"教育工学"课程,一晃又是六年,这期间,艰难、困惑和喜悦交织,最终的结果是本书的完成。本书名为《教育工学——教育理论向实践转化的理论探索》,要有意识地突出两个信息,一是教育工学之于教育学科体系的意义,二是教育工学的核心内涵,即教育理论向实践的转化。我相信。教育工学是教育学与教育互动的必然产物,它的出现对教育学学科体系来说是一种补缺,对教育理论与教育实践关系的和谐则是一种福音。它要向与教育有关的人们传递一种信息,那就是困扰人们的教育理论与教育实践的关系问题至少在理论上将不再是问题。

此刻,北方的冬天来临,新的春天也不远了。依循习惯,我很快会投入到新问题的思考中,本书的出版就算是给教育工学的告别仪式吧。已经进行的思考难免幼稚,但我深知由此开始的教育工学探索意义重大,所以希望有更多的人能够理解并走进这一领域。

感谢一路支持我的妻子;感谢始终鼓励我的朋友和同事;感谢不断给我灵感的课堂和学生;感谢慧眼识珠的成知辛先生;感谢这个充满活力的时代。